# 알고리즘의 이해

박 지 연

# 머리말

알고리즘은 프로그래밍이라는 작업을 하기 위해 사전에 필요한 설계도면의 역할을 한다. 알고리즘이 완성되어 있으면 프로그래밍은 이를 토대로 특정 프로그래밍 언어로 번역하는 과정에 불과하다. 따라서 좋은 프로그램을 만들어내기 위해서는 그 기반이 되는 알고리즘을 정확하고 효율성이 있도록 작성할 수 있는 능력이 반드시 필요하다.

알고리즘을 공부한 후 이를 활용하는 방법에는 두 가지가 있다. 하나는 기존의 알고리즘들을 이해하고 이 중에 자신이 해결하려는 문제에 가장 적합한 알고리즘을 선택해서 그대로 이용하는 것이다. 또 다른 하나는 기존의 알고리즘들을 통해 공통적인 기법과 아이디어를 이해한 후, 이를 바탕으로 새로운 문제에 적용할 수 있도록 자신의 알고리즘을 개발하는 것이다. 이를 위해서는 필수적으로 기존의 알고리즘과 그 기법에 대한 충분한 이해를 필요로 한다.

컴퓨터가 소개된 이 후로 다양한 분야에서 필요한 수많은 종류의 알고리즘들이 이미 개발되어 있다. 이 중에서도 이 책에서는 보편적으로 많이 사용되거나 또는 그 설계 기법이 새로운 알고리즘의 개발에 유용하게 응용될 수 있는 내용들을 위주로 소개한다. 이 알고리즘들의 공통적인 특징은 자원의 효율성을 높일 수 있도록 설계되어 있다. 자원의 효율성을 높인다는 것은 프로그램이 실행되었을 때 공간과 시간을 최대한 적게 소모할 수 있도록 알고리즘을 설계한다는 것을 뜻한다. 이를 위해 이 책에는 알고리즘의 효율성을 측정할 수 있는 방법도 함께 제시한다.

알고리즘에 대한 좋은 서적은 시중에 많이 나와 있지만 필자의 경험에 의하면 처음 알고리즘을 대하는 학생들의 입장에서 이들의 대부분은 이해하기가 쉽지 않은 것이 사실이다. 왜냐하면 대부분의 내용이 이미 상당한 프로그래밍 능력과 수학적 능력을 기반으로 한 독자들을 대상으로 전개하기 때문이다. 이러한 어려움을 극복하기 위해서 이 책에서는 각 알고리즘의 기본구성에 대한 원리와 처리 과정을 최대한 상세하게 보이도록 노력 하였다. 또한 이와 관련한 알고리즘의 코드에 대해서도 부가적으로 설명하였다. 이 코드들은 편의상 대부분 범용적인 C/C++ 계열 언어의 표현 방식을 사용하였지만 그 내용이 특정 언어에 의존하지 않으므로 알고리즘 자체를 이해하면 다른 언어로도 쉽게 구현할 수 있다.

이 책을 공부하기 위한 가이드라인은 다음과 같다. 먼저 알고리즘을 나타낸 코드보다는 그 알고리즘의 작동원리를 우선 명확히 이해하기 바란다. 각 알고리즘의 후반에는 해당 알고리즘의 복잡도를 분석한다. 알고리즘의 효율성을 측정하기 위해서 복잡도를 소개하는 부분은 약간의 수학적 개념이 필요하다. 하지만 이에 대한 계산과정에 많은 시간을 매달릴 필요는 없다. 먼저 책의 전반에 걸쳐 소개된 알고리즘을 이해하는 것이 더 중요하다. 여러 번의 반복에 의해 각 알고리즘의 원리와 특징을 충분히 이해한 후에 그 알고리즘의 복잡도에 접근하는 것도 좋은 방법이다. 아무쪼록 이 책이 알고리즘을 이해하고 적용할 수 있는 능력을 기르기 위해서 많은 도움이 되기를 바란다.

**저자**

제 1 장

# 알고리즘 소개

알고리즘은 주어진 문제를 해결하기위해 프로그래밍이라는 구체적인 작업에 들어가기 전에 이를 어떤 구조와 방법으로 구성해갈 것인지를 생각하는 기본적인 설계에 해당한다. 이 장에서는 알고리즘의 정의와 그 역할에 대해 소개하고 알고리즘의 설계에 필요한 기본적인 고려사항에 대해 설명한다.

1.1절에서는 알고리즘의 의미를 정의하고 그 필요성 및 프로그래밍과의 관계에 대해 소개한다. 1.2절에서는 설계된 알고리즘을 바탕으로 한 프로그래밍이 적절하게 동작할 수 있도록 알고리즘이 갖춰야할 요건을 소개한다. 1.3절에서는 알고리즘을 명확하게 나타낼 수 있는 일반적인 표현방식을 소개한다. 1.4절에서는 알고리즘이 구현되어 컴퓨터에서 실행될 때 그에 필요한 자원을 개략적으로 추정할 수 있는 방법을 소개한다.

## 1.1 알고리즘이란?

범용 환경 또는 특정 분야에서 필요한 문제를 해결하기 위해서 컴퓨터(computer)를 사용하는 것은 이미 보편화된 방법이다. 이때, 컴퓨터를 이용해서 문제를 해결한다는 것은 문제의 대상이 되는 데이터(data)를 받아들이고 이를 근거로 우리가 원하는 출력을 만들어내는 것을 말한다. 이러한 데이터를 조작하고 관리하여 결과를 만드는 과정은 컴퓨터에서는 프로그램(program)에 의해 이루어지게 된다.

그렇다면 이 프로그램은 어떤 과정을 거쳐 작성되는 것일까? 먼저 컴퓨터로 문제를 해결하기 위해서는 컴퓨터에 적용할 수 있는 논리 정연한 해결 방법을 먼저 생각해보아야 한다. 논리 정연한 해결 방법이란 추후에 구체적으로 어떠한 특정 프로그래밍 언어를 사용하더라도 프로그래밍 언어들이 허용하는 명령어들의 표현 한계 내에서 구현할 수 있는 방법으로 계획하는 것을 의미한다.

주어진 문제의 해결을 위해 논리 정연한 절차에 의해 계획한 해결 방안을 정형적이고 체계적으로 기술한 것을 알고리즘(algorithm)이라고 말할 수 있으며, 기술적으로 표현하자면 알고리즘은 "문제를 해결하기 위해서 단계별로 명확하게 기술하여 나열한 일련의 명령어들의 모임"으로 정의할 수 있다. 알고리즘이란 용어는 원래 아랍의 유명한 수학자의 이름인 Abu Jafar Mohammad ibn Mush al Khwarizimi에서 유래하였다.

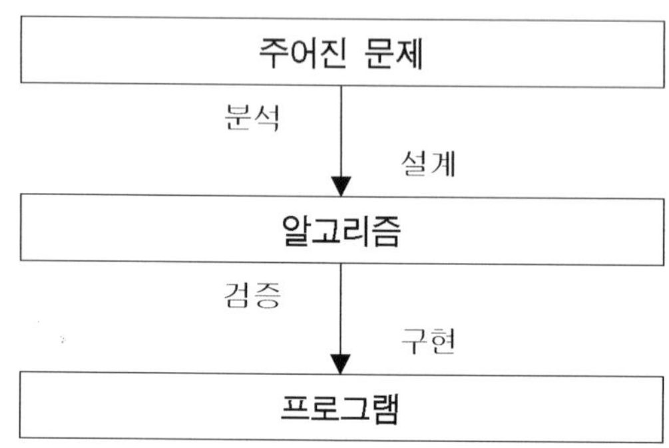


[그림 1.1] 문제 해결을 위한 절차

체계적으로 설계한 알고리즘은 입력과 입력의 처리과정에 사용될 수 있도록 문제의 대상이 되는 내용을 특정한 형태의 데이터로 표현하는 것도 포함하고 있다. 데이터의 표현은 간단하게는 단일 숫자 및 문자의 형태에서부터 이들의 나열로 이루어진 리스트(list), 트리(tree), 또는 그래프(graph) 등으로 다양하게 이루어질 수 있다.

데이터의 표현 형태는 대상이 되는 문제의 성질에 따라서 직관적으로 나타낼 수도 있고, 때로는 서로 대응관계가 해석될 수 있는 범위 내에서 적절한 형태의 데이터 구조로 변환되기도 한다. 문제의 성질에 따라 채택해야하는 데이터 구조는 알고리즘이 효율적으로 설계될 수 있도록 하기 위해서 고려해야할 중요한 부분 중의 하나이다.

알고리즘을 실질적으로 컴퓨터에 적용하여 실행하기 위해서는 이를 특정의 프로그래밍 언어로 구현하여 프로그램을 완성해야한다. 일반적으로 알고리즘 자체는 특정 프로그래밍 언어에 국한된 것이 아니므로, 이를 프로그래밍 언어로 변환할 때에는 해당 프로그래밍 언어에 대한 확실한 이해를 필요로 한다.

예를 들어 어떤 알고리즘에서 데이터 구조를 배열(array)로 설정하여 기술되어 있다고 하자. 이때, 배열 구조에서 첫 번째 요소의 첨자(index)는 프로그래밍 언어에 따라 0에서 시작할 수도 있고, 1에서 시작할 수도 있다. 만약, 자신이 작성하고자하는 특정 언어에서 정의된 배열의 첨자 순서가 주어진 알고리즘에서 편의상 기획된 첨자의 순서와 다르다면 이를 고려한 첨자의 변환을 먼저 생각한 후, 그 의미에 적합하게 구현해야할 것이다. 대부분의 경우에 첨자의 변환은 알고리즘 전반에 걸쳐 반복 수행의 횟수등과도 밀접한 관계를 가지므로 그 알고리즘에 대한 완전한 이해와 첨자의 변환이 알고리즘 전체에 미치는 영향을 세밀하게 검토해야한다.

기본적으로 모든 프로그래밍 언어는 그 기반이 보편적인 디지털 컴퓨터의 구조와 작동 원리에 따르고 있다. 알고리즘도 이러한 조건을 만족할 수 있도록 설계되므로, 주어진 알고리즘을 특정 프로그래밍 언어를 사용해 완전한 프로그램으로 변환 또는 작성하는 것은 경험이 충분한 프로그래머(programmar)라면 문제가 되지 않는 부분이다. 중요한 점은 알고리즘의 초기 설계과정에서 간과되어 처리된 부분이 있다면 이를 근거로 하여 완성된 프로그램이 실행될 때에는 예상치 못한 치명적인 문제점과 오류(error)를 초래할 수가 있다는 점이다.

알고리즘 자체에 이미 문제가 있다면 이를 구현한 프로그램에 대한 디버깅(debugging) 작업을 통해서는 이들이 쉽게 발견되지 않을 뿐만 아니라, 이 과정에 소모되는 프로그래머의 시간과 노력을 무의미하게 만들 수도 있다. 따라서 프로그램의 구현 이전에 그 기반이 되는 알고리즘을 먼저 철저히 검증하고 그 알고리즘의 전체적인 흐름과 세부적인 데이터의 처리와 변화 과정에 대한 세심한 이해와 분석이 반드시 필요하다.

주어진 알고리즘을 이해하고 필요에 따라 새로운 알고리즘을 고안하고 설계하는 능력을 기르기 위해서는 먼저 기존에 존재하는 알고리즘을 되도록 많이 접하는 것이 가장 빠른 길 일 것이다. 알고리즘의 종류는 무한하다고 말할 수 있을 정도로 많이 존재하지만, 이 책에서는 가장 보편적으로 많이 활용되거나 기본적인 설계 전략이 몇 가지의 공통점을 가지고 있는 알고리즘들을 대상으로 주로 소개하겠다. 다양한 기법에 의해 구성된 여러 종류의 알고리즘을 충분히 접하다 보면 유용한 알고리즘을 효율적으로 설계할 수 있는 능력을 기를 수 있을 것이다.

## 1.2 알고리즘의 요건

알고리즘은 어떤 문제를 해결하기위해서 나열한 계산적인 절차이며, 이 절차가 실행되면 주어진 문제에서 요구하는 결과를 얻을 수 있어야 한다. 문제의 각 사례에서 포함하고 있는 숫자 또는 문자들의 모임은 알고리즘이 받아들이는 입력이 되고, 알고리즘이 수행된 후에 얻을 수 있는 결과는 문제에 대한 해답이며 이는 알고리즘의 출력으로 생각할 수 있다.

예를 들어, "순서에 관계없이 나열된 친구들의 이름을 가나다순에 의해 정렬하여 다시 작성하라."는 문제가 있다고 하자. 이 문제를 해결하기 위한 알고리즘은 '무작위순으로 나열된 친구들의 이름 리스트'를 입력으로 받은 후 설계된 절차에 의해 작업을 수행한 후 '가나다순으로 정렬된 친구들의 이름 리스트'를 출력으로 내보내면 될 것이다. 이러한 관점에서 보면 알고리즘은 문제의 특정 입력을 받아들여 특정 출력을 생성해내는 변환기로도 간주할 수 있다.

수학적으로 익숙한 표현인 $y=f(x)$를 떠올린다면 $x$라는 입력을 $y$라는 결과의 출력으로 변화시키는 함수 $f$를 알고리즘으로 생각해도 좋을 것이다. 여러 종류의 프로그래밍 언어에서 특정 기능을 행하는 부분을 함수라는 용어로 많이 표현하는 점을 기억한다면 이 의미를 쉽게 이해할 수 있을 것이다.

[그림 1.2] 알고리즘의 입력 및 출력

문제를 해결하기 위해 설계된 알고리즘이 이를 기본으로 작성할 프로그램의 기반이 되어 제대로 사용되기 위해서는 다음과 같은 몇 가지의 조건을 만족해야 한다.

### (1) 입력과 출력(Input and Output)

앞에서 설명한 바와 같이 알고리즘은 외부로부터 0개 이상의 입력을 받아들이고, 1개 이상의 출력을 만들어낸다. 외부에서 받은 별도의 입력이 없는 경우(0개의 입력)에는 알고리즘 내부에서 자체적으로 생성한다는 것을 의미한다.

### (2) 정확성(Correctness)

알고리즘은 그 설계의 의도가 주어진 문제에 대한 출력인 해답을 제시하는 것인 만큼 맞는 결과를 제대로 계산하여야 한다. 이 말은 문제에서 허용하는 범위 내에서는 모든 경우의 가능한 입력에 대하여 정확한 출력을 생성해야한다는 말이다. 정확성을 입증하는 방법으로는 이론적인 체계에 의해 정립된 기법들이 존재하고 그에 따라 증명할 수도 있지만 문제가 조금만 복잡해져도 증명하는 과정이 난해하고 방대해질 수 있는 문제점이 있다.

따라서 많은 경우에 알고리즘의 상세한 분석과 병행해서 알고리즘을 구현한 프로그램의 실행 과정에서 다양한 경우의 경로를 거칠 수 있도록 충분한 테스트 과정을 거쳐 검증하는 법이 실질적인 방안으로 활용되기도 한다. 하지만 복잡한 프로그램에서는 가능한 모든 입력에 대한 테스트를 거친다는 것 또한 현실적으로 거의 불가능하므로 오류의 가능성을 완전히 배제할 수 없다.

### (3) 유한성(Finiteness)

알고리즘은 유한한 단계가 실행된 이후에는 반드시 종료될 수 있어야한다. 유한한 단계라는 의미는 그 단계가 많고 적음이 아니라 끝이 없이 실행이 계속되는 것을 허용하지 않는다는 의미이다. 이는 프로그램을 작성했을 때 프로그래머의 실수에 의해 반복이 끝나지 않는 조건을 만들었을 경우를 말하기 보다는 근본적으로 알고리즘 자체에서 예기치 못한 데이터나 상황에 의해 무한히 실행되는 가능성을 고려하지 않았을 경우를 말한다.

흥미로운 것은 "임의의 알고리즘 P가 임의의 입력 w에 대해서 반드시 종료할 수 있는지를 판단할 수 있는 알고리즘은 존재할 수 없다"는 사실이 이미 증명되어 있다는 점이다. 즉, 알고리즘 P와 그에 대한 입력 w를 두 개의 입력(P, w)으로 받아들인 후 알고리즘 P의 종료성을 검사하여 그 결과(종료할 수 있는지 또는 없는지에 대한 여부)를 결정하여 출력할 수 있는 알고리즘은 설계할 수 없다는 뜻이다.

그러나 임의의 알고리즘을 대상으로 종료 여부를 결정할 수 있는 알고리즘이 존재하지 않는다는 말이 특정 알고리즘의 종료 여부를 결정할 수 있는 특정의 방법이 없다는 것을 의미하지는 않는다. 단지, 모든 알고리즘을 대상으로 판정할 수 있는 하나의 범용 알고리즘을 만들 수 없다는 말이다. 종료 여부를 검증하는 범용 알고리즘과 이에 대한 해석과 의미는 계산이론(computational theory)분야에서 상당히 중요한 부분을 차지하나 그 내용은 우리가 지금 다루고자 하는 범위를 벗어나므로 여기에서는 생략하기로 하겠다.

### (4) 명확성(Definiteness)

알고리즘에 포함된 모든 명령어들과 절차는 정확하고 명료하게 나타나있어야 한다. 알고리즘에 기술된 구체적 또는 포괄적인 명령어들은 기본적으로 컴퓨터의 작동 원리에 기반 하는 것이어야 하므로 인간의 처리방법에 의존한 애매모호한 표현은 처리될 수 없다. 알고리즘의 수행 중에 나타날 수 있는 모든 경우에 대해서는 그 선택이 분명하여야 한다. 예를 들어 "$n$이 10에 가까운 숫자이면" 등의 명령과 같은 표현은 "가까운 숫자"란 표현이 어떤 수치인지를 명시적으로 정의하지 않는 한 사용할 수 없다는 의미이다.

### (5) 유효성(Effectiveness)

알고리즘에서 요구하는 연산은 이산적인 컴퓨터에서 처리될 수 있는 계산이어야 한다. 정수에서는 순서에 의해 어떤 정수보다 한 단계 더 큰 정수는 현재의 수에 1을 더함으로써 얻을 수 있지만, 실수에서는 현재의 수보다 큰 그 다음의 수를 요구하는 연산은 비록 알고리즘에 표현되어있더라도 이를 정확히 처리할 수 있는 방법이 없으므로 사용할 수는 없다. 또한 기본적으로 우리가 대상으로 하고 있는 데이터는 연속적(continuous)이 아니라 이산적(discrete)으로 표현할 수 있는 값에 근거해야한다는 점도 고려해야 한다.

## 1.3 알고리즘의 표현방법

알고리즘을 표현하는 방법은 여러 가지가 있을 수 있다. 처리할 내용을 전달할 수 있는 방법이면 어떠한 형태이던 가능하다. 중요한 것은 기술하는 내용이 알고리즘 내에서 처리할 절차와 데이터 및 명령을 명확히 나타낼 수 있어야한다는 점이다.

$n$개의 숫자 데이터가 순서에 관계없이 들어있는 리스트가 주어졌을 때, 이들을 오름차순으로 정렬하는 문제를 생각해보자. 이를 해결하는 알고리즘은 정렬되어 있지 않은 리스트를 입력으로 받아서 그 출력으로 정렬된 리스트를 생성하는 것이다. 이 알고리즘을 일반적인 자연어를 사용해서 표현하면 다음과 같이 할 수 있다.

"리스트에 있는 전체의 데이터 중에 가장 작은 것을 찾아 리스트의 첫 번째 데이터와 서로 위치를 바꾼다. 두 번째부터 마지막 데이터 사이의 데이터 중에서 가장 작은 것을 찾아 리스트의 두 번째 데이터와 서로 위치를 바꾼다. 이런 식으로 계속 반복하여 리스트의 모든 데이터가 정렬할 때 까지 수행한 후 종료한다."

자연어만으로 작성한 이러한 표현은 전체적으로 알고리즘의 골격은 막연하게 이해할 수 있을지 모르지만 애매모호한 부분이 많이 존재한다. 먼저, "이런 식으로 계속 반복"이라는 표현에서 개인에 따라 다음 단계에서 처리할 부분을 서로 다르게 추리할 수 있는 소지가 충분히 존재하는 셈이다. 또한, 리스트의 구조와 그 내부의 각 데이터는 어디에 어떤 식으로 저장되어 있는지를 나타내지 못하고 있다. 마찬가지로 정렬을 마치고 난 후에 정렬된 결과를 어디에 어떻게 저장해야하는지도 나타나있지 않다.

따라서 자연어로만 기술할 때는 알고리즘이 조금만 복잡해져도 제대로 나타내기가 어려워진다. 또한, 자연어로 알고리즘을 모두 완성했다하더라도 이를 근거로 특정 프로그래밍언어로 프로그램을 작성하기 위해서는 많은 부분을 재정의 하고 구체화해야하는 수고가 다시 필요하다. 알고리즘을 좀 더 정형화시키고 간략하면서도 명확하게 나타내기 위해서는 최소한의 데이터 표현도 첨가해야하고 때에 따라서는 기호나 수식도 도입할 필요가 있다.

$n$개의 숫자가 배열로 이루어진 리스트에 저장되어 있다고 하자. 배열의 이름을 A라 하고, $n$개의 숫자가 배열의 원소 A[1]에서 A[$n$]에 배정되어 있다고 정한 후에 다음과 같이 알고리즘을 다시 기술해보자.

**[알고리즘 1.1] 오름차순 정렬(1)**

```
i를 1부터 n-1까지 1씩 증가시키면서 반복
  begin
    minIndex = A[i]~A[n]사이에서 최소값 원소의 첨자
    A[i] 와 A[minIndex] 를 교환
  end
```

알고리즘 1.1은 앞에서 자연어로 기술한 내용 대신에 일반적인 프로그래머라면 이해할 수 있는 몇 가지 기호와 실행 순서의 제어에 대한 표현을 더해서 간략하지만 보다 명확하게 기술하였다. $i$는 begin과 end 사이의 명령들을 일정 횟수만큼 반복하게 하는 루프 카운트(count)이다. 여기에서는 반복의 횟수가 $n-1$번 이루어짐을 알 수 있다. 반복 구간 안에서는 $i$가 배열내의 어느 원소부터 시작할지를 결정하는 역할을 한다.

이 알고리즘은 A[$i$]에서부터 A[$n$]까지의 원소들을 비교한 후 가장 작은 원소와 A[$i$]의 원소를 서로 교환하게 한다. 첫 번째 반복에서 배열의 가장 작은 값이 A[1]로, 두 번째 반복에서 A[1]을 제외한 남은 원소들 중에 가장 작

은 값이 A[2]로 이동하면서 정렬이 하나씩 진행되어간다. 하지만 알고리즘 1.1의 내부에도 세부적인 내용이 완전히 묘사되어 있지는 않다.

먼저, begin과 end의 내부에서 A[*i*]에서 A[*n*]사이에 있는 최소값을 어떻게 찾아내는 것이 구체적으로 설명되어 있지 않다. 또한, A[*i*]와 A[minIndex]의 값을 서로 교환하는 부분에 대한 명령도 구체적으로 나열을 하지 않았다. 하지만 이러한 부분들은 경험 있는 프로그래머들에게는 이미 많이 접했거나 작성해본 적이 있는 코드들이므로 상세히 설명하지 않아도 문제가 되지 않는 부분들이다.

앞의 알고리즘에서 대상 원소들의 최소값을 찾는 과정을 좀 더 구체적으로 나타내고 전체 알고리즘을 함수의 형태로 나타내면 다음과 같다.

**[알고리즘 1.2] 오름차순 정렬(2)**

```
void Sort(DataType A[], int n)
{
  int  i, j, minIndex;

  for (i=1; i<=n-1; i++) {
    minIndex = i;
    for (j=i+1; j<=n; j++)
      if (A[j]<A[minIndex])
        minIndex = j;
    A[i]와 A[minIndex]를 교환;
  }
}
```

알고리즘 1.2에서 기술한 내용의 많은 부분이 프로그래밍 언어 중 하나인 C/C++계열의 표현을 사용하였음을 알 수 있다. 그렇다고 해서 이 알고리즘이 C/C++계열의 언어에 의해서만 구현될 수 있다는 의미는 아니다. 이 알고리즘은 특정 언어만을 위해 작성된 것은 아니며 단지 이해를 돕기 위해 보편적으로 많이 알려진 C/C++의 표현을 빌린 것뿐이다.

알고리즘 1.1에서 자연어로 표현한 전체 반복구간에 대한 명령 부분을 여기에서는 외부의 for문으로 나타내었다. 또한, 최소값 원소의 첨자를 찾는 한 라인의 문장도 여기에서는 내부의 for문과 if문 등을 이용해서 그 과정을 구체적으로 상세히 나타내었다. 여기에서 변수 minIndex는 비교할 범위 내에 있는 원소들 중에 현재까지 발견된 가장 작은 값을 가진 원소의 첨자를 저장하는 역할이다.

알고리즘 1.2에서 배열 A의 데이터 형은 특정 타입(type)을 명시하지 않고 DataType으로 선언하였다. 그 이유는 이 알고리즘은 데이터가 숫자일 때뿐 만 아니라 다른 형태일 경우에도 그 의미를 해석하여 같은 골격으로 적용할 수 있기 때문이다. 예를 들어, 정렬해야할 데이터들이 문자열이라면 if문의 비교 부분인 ‘A[$j$]<A[minIndex]’ 대신에 A[$j$]와 A[minIndex]의 두 문자열을 사전적인 순서로 비교할 수 있는 함수로 대치하면 된다.

이 알고리즘에서 A[$i$]와 A[minIndex]를 교환하는 구체적인 명령도 더욱 구체화 시킬 수 있지만 연습으로 남겨놓았다. 알고리즘 1.1이나 1.2와 같이 보편적으로 이해할 수 있는 프로그래밍언어에서의 표기법과 자연어로 된 표현, 또는 필요하다면 수학적인 기호 등을 함께 사용하여 알고리즘을 나타낸 코드를 의사코드(pseudo code)라고도 한다.

알고리즘 1.2에서 주의할 점은 배열의 첨자가 0이 아닌 1에서 시작하는 것으로 간주한 부분이다. 그 이유는 문제에 따라서 또는 사람이 이해하기에는 이 방법이 더 편한 경우가 많기 때문이다. 만약 C/C++와 같이 배열의 첨자가 0에서 시작해서 $n-1$로 끝나는 언어인 경우에는 이 알고리즘을 프로그램으로 구현하기 전에 이 첨자들을 어떻게 변환할 것인가도 고려해 보아야 한다.

가장 간단한 방법으로는 A[0]에서 A[$n$]까지의 원소가 있는 배열로 가정한 후, A[0]은 전혀 사용하지 않고 알고리즘에서 표현된 대로 1에서 $n$까지를 이용하는 것이다.

또는, A[0]에서 A[$n-1$]까지의 배열로 처리하되 다음과 같은 부분에서

```
for (i=1; i<=n-1; i++) {
   ...
   for (j=i+1; j<=n; j++)
      ...
}
```

$n-1$과 $n$을 아래와 같이 변환해도 마찬가지의 결과를 얻을 수 있다.

```
for (i=0; i<=n-2; i++) {
   ...
   for (j=i+1; j<=n-1; j++)
   ...
}
```

알고리즘을 얼마나 상세히 나타낼 것인가는 필요한 전체 알고리즘이 얼마나 복잡한가에 따라 결정하면 된다. 제법 복잡한 알고리즘은 필연적으로 그 내용이 길어질 수밖에 없는데, 이에 불구하고 모든 부분을 상세히 나타내다 보면 전체적인 이해성이 더 떨어질 염려도 있다. 만약 앞에서 다룬 데이터의 정렬 과정이 차지하는 비중이 전체 알고리즘에서 극히 일부분이라면 알고리즘 1.1의 정도로만 나타내어도 이를 바탕으로 필요한 프로그래밍을 하는데 문제가 없다고 봐도 좋다.

알고리즘 1.2는 조금만 더 코드를 상세히 수정하면 그 자체가 완전한 프로그램의 전체 코드가 될 수도 있다. 이와 같이 특정 프로그래밍 언어로 작성된 완전한 프로그램도 하나의 알고리즘으로 볼 수 있다. 그 코드의 내용만 충분히 이해할 수 있다면 이를 바탕으로 다른 프로그래밍 언어로도 같은 역할을 수행하는 프로그램을 작성할 수도 있기 때문이다.

이외에도 알고리즘을 표현하는 여러 가지 방법은 전산학 또는 공학 관련의 책 또는 자료에서 많이 접할 수 있을 것이다. 경험이 있는 독자들은 여러 가지의 형태로 표현된 알고리즘을 이미 보았을 것이라 짐작한다. 이 책에서도 알고리즘 1.2와 유사한 형식 뿐 만 아니라 필요에 따라 이해를 돕기 위해서는 수학적 수식, 집합 등도 이용해서 알고리즘을 나타낼 것이다.

## 1.4 알고리즘의 성능

문제를 해결하기 위해 알고리즘을 설계한 후, 알고리즘에 필요한 조건을 만족하고 주어진 문제에 대한 해답을 정확하게 도출하는지를 확인했다면, 이제는 이 알고리즘의 성능에 대해서 관심을 가질 필요가 있다. 알고리즘의 성능은 이를 구현된 프로그램이 실행되는 동안 얼마나 많은 공간적 자원과 시간적 자원을 요구하는가에 따라 결정된다. 물론, 이러한 자원을 조금이라도 더 적게 요구하는 알고리즘이 더 좋은 성능을 가졌다고 할 수 있다.

공간적 자원이란 컴파일된 프로그램을 이루는 명령어들과 이 프로그램이 실행되는 동안 필요한 데이터들이 차지하는 공간, 그리고 프로그램의 제어와 임시적으로 정보를 저장하기 위해 필요로 하는 공간 등을 말한다. 시간적 자원이란 알고리즘이 구현된 프로그램의 실행이 시작되어 종료 될 때 까지 걸리는 시간을 의미한다. 이 중에서도 시간적 자원을 얼마나 필요로 하는 것이 일반적으로 더 관심의 대상이 되므로 이 책에서는 주로 시간에 대한 관점에서 알고리즘의 성능을 측정하는 방법을 살펴보기로 하겠다.

같은 문제를 해결하는 알고리즘이 A와 B의 두 가지가 존재한다고 가정하자. 이 두 알고리즘 중에 어느 것을 선택해서 사용하느냐는 기준은 어떤 알고리즘이 더 빠른 시간에 실행을 끝내는가에 달려있을 것이다. 따라서 두 알고리즘의 성능을 비교하는 가장 쉬운 방법은 이들을 둘 다 실제적으로 구현하여 실행시켜보고 소요되는 시간을 각각 측정하는 것이다.

간단해 보이는 이 방법은 몇 가지 문제점을 가지고 있다. 먼저, 실제 실행시간을 측정하기 위해서는 알고리즘들을 일일이 완전하게 구현하여야만 가능하다는 점이다. 또한, 같은 알고리즘이라 하더라도 구현을 하는 프로그래머의 개성에 따라 서로 상이한 코드가 만들어지므로 그 실행 결과는 프로그래머의 특성에 의존할 수도 있다. 뿐만 아니라 같은 프로그램이라고 하더라도 실행하는 컴퓨터의 하드웨어의 특징에도 영향을 받을 수 있다.

더욱이 알고리즘 A가 알고리즘 B보다 10,000개의 데이터를 처리하는데 훨씬 더 빠른 시간이 걸렸다고 하더라도 10만 개 또는 100만 개의 데이터를 처리할 때도 A가 B보다 더 빨리 결과를 낸다고 단정할 수는 없다. 심지어 같은 개수의 데이터라 할지라도 그 데이터의 내용 구성이 어떻게 되어 있는지에 따라 다른 결과가 나타날 수도 있다. 이에 관한 자세한 내용은 2장에서 설명하기로 하겠다.

알고리즘이 수행되는 동안에 걸리는 소요 시간을 예측해볼 수 있는 좀더 일반적이고 객관적인 구체적인 방법을 생각해 보자. 하나의 알고리즘에는 비교, 대입, 사칙연산 등의 여러 가지 연산 명령들이 나열되어 있다. 프로그램이 종료할 때까지 소요되는 총 시간은 이러한 각각의 연산 명령들이 하나씩 실행되는데 걸리는 시간의 총 합이 된다.

이해를 돕기 위해서 알고리즘1.2의 일부분만 발췌하여 간단히 변형시킨 다음의 의사코드를 살펴보자.

```
minIndex = 1;
for (j=2; j<=n; j++)
   if (A[j]<A[minIndex])
      minIndex = j;
```

이 코드가 실행되는 동안 순수하게 소요되는 시간을 알아보기 위해서는 각 연산이 몇 번 실행되는지를 세어보면 된다. 현재 $n$은 5로 설정되어있고 A[1]에서 A[5]까지의 데이터가 다음과 같이 저장되어 있다고 가정하자.

25 32 20 46 15

이 알고리즘이 종료할 때까지 각 라인의 연산 명령이 실행되는 횟수는 다음과 같다.

[표 1.1] 각 라인의 연산 실행 횟수(n=5일 때)

| 1번째 라인 | 1회 |
|---|---|
| 2번째 라인 | 5회 (for문의 비교연산) |
| 3번째 라인 | 4회 |
| 4번째 라인 | 2회 (minIndex=3, minIndex=5) |

각 라인의 연산이 1회 실행되는 데 소요되는 시간을 알고 있다면 이 값에 실행 횟수를 곱해서 각 라인이 총 얼마만큼의 시간을 소모하는지를 알 수 있다. 이를 모든 라인에 대해 계산한 후 그 값을 모두 더하면 주어진 입력 데이터를 대상으로 이 알고리즘이 수행되는데 필요한 총 시간을 구할 수 있다.

따라서 알고리즘 내의 각 연산이 실행되는 횟수만을 계산해도 비교적 객관적으로 실행 시간을 측정해 볼 수 있는 근거가 된다. 이 책에서도 우리는 알고리즘의 성능 또는 효율성을 알아보기 위해서는 알고리즘 내에 있는 주요 연산의 실행 횟수를 계산한다. 이에 따라서 알고리즘의 실행시간과 알고리즘 내 주요 연산의 실행 횟수는 서로 동일한 의미로 해석하여 사용하기로 하자.

알고리즘의 실행 시간은 주어진 입력 데이터의 개수(또는 입력의 크기)에 따라 달라진다. 입력 데이터의 개수가 많을수록 알고리즘 내 각 연산의 실행 횟수가 많아지고 이에 따라 실행 시간도 늘어나게 된다. 앞에서 소개한 부분 코드를 다시 한 번 생각해보자. 여기에서 입력 데이터의 개수는 정렬해야할 데이터의 개수이므로 배열에 있는 원소의 개수가 된다. 만약, 배열의 크기 $n$이 10으로 설정되어있다면 각 라인이 실행되는 횟수는 다음과 같이 된다.

[표 1.2] 각 라인의 실행 횟수(n=10일 때)

| 1번째 라인 | 1회 |
|---|---|
| 2번째 라인 | 10회 |
| 3번째 라인 | 9회 |
| 4번째 라인 | 배열 내 데이터의 값에 따라 다름 |

표1.1과 표1.2를 비교하면 1번 라인의 연산 횟수는 입력의 크기에 관계없이 고정되어 있지만 2번과 3번 라인에 있는 연산의 실행 횟수는 입력의 크기에 따라서 달라진다는 것을 알 수 있다. 즉, 입력의 크기가 $n$일 때 2번 라인은 $n$회 실행되고, 3번 라인은 $n-1$회 실행된다.

4번째 라인의 경우에는 배열 내에 저장되어 있는 데이터의 값에 따라 실행 횟수가 달라지므로 배열의 크기만으로는 실행 횟수를 측정할 수가 없다. 예를 들어 배열이 이미 오름차순으로 정렬되어 있다면 4번째 라인은 한 번도 실행되지 않을 것이며, 만약 내림차순으로 정렬되어 있다면 실행 횟수는 9회가 될 것이다. 이에 대한 자세한 사항은 2장에서 다시 다루기로 하겠다.

임의의 알고리즘의 실행 성능을 분석하기 위해서 알고리즘에 기술되어 있는 모든 연산들의 실행 횟수를 측정하고 이를 나타내는 것은 그렇게 현실적이지 않다. 간단한 알고리즘이라 할 지 라도 내포된 연산들은 수십 개가 존재할 수 있기 때문이다. 이 대신에 알고리즘에 존재하는 연산 중에 중요한 기본 연산을 선택하고 이 연산의 실행 횟수를 측정하는 것으로 전체 알고리즘의 성능을 판단하는 것이 일반적이다.

이때, 어떤 연산을 기본연산으로 선택할 것인가에 대한 엄밀하게 규정된 규칙은 없다. 일반적으로 기본연산의 조건은 주어진 문제를 해결하기 위해서는 필수적으로 그 알고리즘에 포함되어 있어야할 뿐 아니라 통상 가장 많은 실행 횟수를 필요로 하는 연산이다. 이러한 기본 연산은 보통 한 번의 실행에 비교적 긴 실행시간을 요하는 연산이며, 결과적으로 기본연산은 총 실행시간에 가장 많은 영향을 끼치는 연산이다.

기본연산에 대한 판단은 다양한 알고리즘을 분석하는 경험을 거치면서 자연스럽게 파악할 수 있을 것이다. 앞에서 살펴본바와 같이 정렬을 위한 부분 코드에서의 기본연산은 3번째 라인의 비교연산이라 할 수 있다. 정렬을 하기 위해서는 각 데이터의 비교는 필수적인 연산이며 데이터의 타입에 따라 한 번의 실행에도 비교적 많은 실행시간(문자열일 경우에는 모든 문자를 하나씩 비교해야 함)을 요구할 수 있다. 반복문의 제어를 위해 루프 카운트를 증가시키고 이를 검사하는 연산은 실행 횟수는 많지만 그 영향이 미미하므로 기본연산으로 선택하지는 않는다.

2장에서 자세히 소개하겠지만 알고리즘의 시간적 성능을 분석하기 위해서 입력의 크기 $n$에 대한 기본 연산의 실행 횟수를 함수의 형태로 나타낸 것을 알고리즘의 시간 복잡도(time compexity)라고 부른다. 알고리즘1.2의 정렬 알고리즘 전체에 대한 시간 복잡도의 분석은 2장에서 살펴보도록 하고 여기에서는 앞에서 소개한 부분 코드만의 시간 복잡도를 나타내보자. 데이터의 개수가 $n$개 일 때 부분 코드의 기본연산인 3번째 라인의 비교연산은 항상 $n-1$회 실행되므로 시간 복잡도는 다음과 같이 표현된다.

$$T(n) = n - 1$$

이 예의 경우에는 입력의 크기가 입력 데이터의 개수 즉, 배열의 크기이지만 문제의 종류에 따라 입력의 크기는 여러 가지로 정의 될 수 있다. 예를 들어 그래프를 대상으로 한 문제는 정점과 간선의 개수가 해당 알고리즘에 대한 입력의 크기가 되며, 행렬을 대상으로 한 문제는 행과 열의 개수가 입력의 크기가 된다.

1. 알고리즘이 가져야할 조건에 대해 설명하시오.

2. 알고리즘 1.2의 오름차순 정렬 알고리즘을 더 자세히 완성한 후 이를 구현하시오.

3. 알고리즘 1.2를 바탕으로 문자열을 입력 받아 정렬하는 프로그램을 구현하시오.

4. 알고리즘의 시간적 성능을 비교하기 위해서 실제의 실행 시간만으로 측정했을 때의 문제점을 설명하시오.

5. 알고리즘의 시간 복잡도를 측정하기 위해 대상이 되는 기본 연산은 어떤 특징을 가지고 있는지 설명하시오.

제 2 장

# 복잡도의 종류와 표기법

설계한 알고리즘이 실행되는데 걸리는 시간은 알고리즘의 유용성을 결정하는 중요한 요소이다. 알고리즘이 비록 정확한 결과를 만들어내더라도 입력데이터의 양이 커짐에 따라 그에 소요되는 시간이 엄청나게 증가한다면 현실적으로 이 알고리즘을 사용하는 데에는 제한이 있을 수밖에 없다. 이 장에서는 알고리즘의 시간적인 효율성을 측정하는 구체적인 방법과 그 결과를 나타낼 수 있는 보편적인 표기법에 대해 설명한다. 이를 통해 우리는 알고리즘의 복잡도 함수와 입력의 크기에 따른 실제 실행시간과의 관계를 이해하는데 목적을 두기로 한다.

2.1절에서는 알고리즘의 복잡도를 계산하기 위해 알고리즘에 포함된 기본연산의 실행시간을 연산의 수행 횟수에 의해 추정하는 방법을 소개한다. 2.2절에서는 알고리즘의 특징에 따라 분석할 수 있는 네 가지 종류의 복잡도에 대해 소개한다. 2.3절에서는 알고리즘 분석에 의해 복잡도를 입력의 양에 따른 함수로 표현했을 때 이 함수와 실행시간의 관계를 이해하는 방법을 소개한다. 2.4절에서는 다양한 복잡도 함수들을 대표적인 카테고리로 묶어서 나타낼 수 있도록 점근적 표기법에 대해 소개한다. 2.5절에서는 시그마 표현을 이용하여 반복문내에 들어 있는 연산의 실행 횟수를 계산하는 방법을 소개한다.

## 2.1 복잡도 계산

1장에서 소개한바와 같이 알고리즘의 시간적인 성능 분석을 위해서는 이 알고리즘이 실행되는 동안 발생하는 기본연산의 실행 횟수를 측정할 필요가 있다고 하였다. 실행 횟수는 주어진 문제의 실제 입력 크기에 의존하므로 입력의 크기에 따라 기본연산의 실행 횟수를 분석해야한다. 알고리즘의 시간 복잡도에 대해 다음의 몇 개 예를 대상으로 계산해 보기로 하자.

숫자가 저장되어 있는 배열의 각 원소를 더해서 그 합을 출력해야 하는 문제를 살펴보기로 하자. 숫자들이 저장되어 있는 배열이 이 알고리즘의 입력이므로 입력의 크기는 배열에 있는 숫자들의 개수이다. 배열내의 원소들을 모두 더한 합계는 이 알고리즘의 출력이 된다.

**[알고리즘 2.1] 배열의 합**

```
number SumOfArray(number A[], int n)
{
   int i;
   number sum;

   sum = 0;
   for (i=1; i<=n; i++)
      sum = sum + A[i];
   return sum;
}
```

이 알고리즘에서 A[]는 일차원의 숫자 배열이며 더해야할 숫자들이 각 원소에 저장되어있다. $n$은 입력된 배열 A의 크기이다. number는 함수 SumOfArray가 반환하는 값의 데이터 형이다. 이 알고리즘에서는 정수와 실수 등의 특정한 타입에 대한 구분을 없애고 number로 통칭하였다. 이를 프로그램으로 구현할 때에는 실제 입력 데이터의 형에 맞게 사용하면 된다.

$n$이 10일 경우에 알고리즘의 내용을 간단히 살펴보자. for문의 반복 시작 전에 sum을 0으로 초기화 시킨 후, for문의 변수 $i$가 1에서 10까지 차례로 변하고 그 때마다 반복 구조내의 A[$i$]는 A[1], A[2], …, A[10]의 값을 가진다. 이 값이 현재의 sum값에 더해짐으로써 반복구조를 빠져나올 때에는 누적된 총합을 sum이 가지게 되는 아주 간단한 알고리즘이다.

$i=1$일 때 : sum = 0 + A[1]

$i=2$일 때 : sum = 0 + A[1] + A[2]

...

$i=10$일 때 : sum = 0 + A[1] + A[2] + ⋯ + A[10]

이 알고리즘에서는 sum에 원소 A[$i$]의 값을 더하는 덧셈연산을 기본연산으로 볼 수 있다. 이 덧셈연산의 실행횟수를 살펴보면

$i=10$일 때 : sum = 0 + A[1] + A[2] + ⋯ + A[10]

에서 볼 수 있듯이 총 10회가 일어난다. 배열의 크기가 $n$이라면 덧셈 연산의 총 실행횟수가 $n$회 일어난다는 것은 쉽게 짐작할 수 있다. 따라서 이 알고리즘의 시간복잡도는 다음과 같이 된다.

$$T(n) = n$$

코드를 그대로 분석해도 for문에 의해 반복이 한 번 일어날 때마다 덧셈연산이 1회 발생하므로 $n$번 반복되면 $n$회가 발생한다는 것을 알 수 있다. 이를 입력의 크기와 실행시간과의 관계로 해석한다면 입력의 크기가 10배로 늘어나면 이 알고리즘의 실행 시간도 그에 비례해서 10배로 늘어난다는 것을 의미한다. 물론, 이는 입출력과 실행 대상 시스템의 제어에 따르는 다양한 시간적 요소를 배제하고 추정하는 것이지만 전체적인 알고리즘 분석의 의미에서는 문제가 되지 않는다.

앞의 알고리즘의 결과는 우리가 일반적으로 10개의 숫자의 덧셈을 행할 때 필요한 덧셈 횟수와는 조금은 다르다는 것을 느낄 수도 있을 것이다. 즉, 3개의 수를 더할 때 우리가 하는 계산은 2개의 덧셈을 필요로 한다. 중요한 문제는 아니지만 이 방식으로 처리하려면 알고리즘 2.1을 다음과 같이 부분적으로 변형하면 된다.

```
sum = A[1];
for (i=2; i<=n; i++)
  sum = sum + A[i];
```

sum의 초기치를 0이 아니라 배열 A의 첫 번째 값 A[1]으로 정하고, 이 후에 반복문에서 i를 2부터 시작하게 함으로써 첫 번째 값 A[1]을 0에 더하는 1회의 연산을 제거하였다. 이 경우에는 첫 번째 덧셈 연산만 생략되므로 덧셈 연산의 총 횟수는 다음과 같이 된다.

$$T(n) = n - 1$$

행렬의 곱셈은 과학과 공학의 분야에서 필요에 따라 빈번하게 요구되는 계산이다. 행렬의 계산에 대해 좀 더 친숙해지기 위해 먼저 행렬의 덧셈부터 살펴보자.

r개의 행과 c개의 열로 이루어진 두 개의 행렬을 서로 더해 그 결과를 출력하는 알고리즘을 생각해 보자. 입력은 숫자로 채워진 2차원의 배열이며 입력의 크기는 이들 배열의 행과 열의 수를 나타내는 r과 c의 값이다. 출력은 이 두 배열을 더한 배열이 된다. 여기에서 r은 행을 의미하는 row의 약자이고, c는 열을 의미하는 column의 약자이다.

### [알고리즘 2.2] 행렬의 덧셈

```
void MatrixSum(number M1[][], number M2[][],
               number M3[][], int r, int c)
{
  int i, j;

  for (i=1; i<=r; i++)
    for (j=1; j<=c; j++)
      M3[i][j] = M1[i][j] + M2[i][j];
}
```

이 알고리즘에서 행렬 $M_1$과 $M_2$2는 서로 더해야 할 입력 행렬이며 $M_3$는 두 행렬의 합을 계산한 후 그 결과를 저장할 출력 행렬이다. $r$과 $c$는 입력되는 행렬의 크기를 말하므로 이들이 이 알고리즘에서 입력의 크기가 된다. $r$과 $c$는 둘 다 알고리즘의 실행시간에 영향을 미치므로 예 2.1과는 달리 이 알고리즘에서 실행시간을 결정하는 입력의 크기는 $r$과 $c$의 두 가지가 된다.

알고리즘을 살펴보면 두 개의 for문 중 에서 외부의 for문에서 사용한 변수 $i$는 1부터 하나씩 증가하면서 행렬의 각 행을 가리킨다. 즉, 첫 번째 반복에서 $i$가 1일 때는 1행을, 두 번째 반복에서 $i$가 2일 때는 2행을 처리하기 위한 숫자를 나타낸다. 이 반복은 $r$번째 행을 마지막으로 끝난다.

내부의 for문의 변수 $j$는 현재 계산하고 있는 $i$번째 행에서 각 열을 가리키면서 하나씩 증가하게 되어있다. 따라서 현재 $i$가 2인 상태에서 $j$가 3이라면 첨자 $[i][j]$는 행렬의 2번째 행과 3번째 열에 있는 원소를 가리킨다. 따라서 알고리즘은 $M_1$과 $M_2$의 행렬에 대해 같은 행, 같은 열에 있는 두 원소를 서로 더해서 $M_2$의 원소에 저장한 후, 다음 행으로 계속 진행하게 되어있다.

이 알고리즘에서 덧셈연산을 기본연산으로 정하고 이 연산의 실행 횟수를 $i$의 값에 따라 살펴보면 다음과 같다.

$i=1$일 때(1행) : $j$가 1열에서 c열까지 한 번씩 실행함으로 c회

$i=2$일 때(2행) : $j$가 1열에서 c열까지 한 번씩 실행함으로 c회

…

$i=r$일 때(r행) : $j$가 1열에서 c열까지 한 번씩 실행함으로 c회

각 행에 대해서 덧셈연산은 c회 실행하고 행의 개수는 총 $r$개이므로 이 알고리즘의 시간복잡도는 다음과 같이 나타낼 수 있다.

$$T(r,c)=r\times c$$

알고리즘의 코드만으로 해석하면 내부의 for문에 의해 한 번 반복될 때마다 덧셈연산은 1회 실행되고, 이 반복은 $c$회 일어난다. 또한 외부의 for문에 의해 내부의 for문은 $r$번 반복하므로 덧셈연산은 총 $r\times c$회 일어나게 된다.

이제 두 행렬의 곱셈을 처리하는 문제를 생각해 보자. 두 행렬의 곱셈을 위한 조건만 만족한다면 행과 열의 개수가 다른 행렬의 곱셈을 해 볼 수도 있지만 여기에서는 간단히 생각하기 위해서 행과 열의 개수가 같은 정방 행렬의 곱셈만을 대상으로 하자.

$n$개의 행과 $n$개의 열을 가지는 두 개의 정방 행렬을 입력으로 받아들여서 행렬 곱을 계산하여 출력하는 문제이다. 행과 열의 개수가 동일하므로 입력의 크기는 행과 열의 개수를 나타내는 $n$이고, 출력은 두 행렬의 곱인 이차원 행렬이다.

2행과 2열을 가지는 두 행렬의 곱셈을 하는 예는 다음과 같다.

$$\begin{bmatrix} 2 & 3 \\ 4 & 5 \end{bmatrix} \times \begin{bmatrix} 6 & 7 \\ 8 & 9 \end{bmatrix} = \begin{bmatrix} 2\times6+3\times8 & 2\times7+3\times9 \\ 4\times6+5\times8 & 4\times7+5\times9 \end{bmatrix} = \begin{bmatrix} 36 & 41 \\ 64 & 73 \end{bmatrix}$$

행렬 A와 B를 곱한 후 이들 곱셈의 결과 행렬이 C라고 하자. 행렬 C의 원소 값은 다음과 같이 계산한다.

C[1][1] = A[1][1]×B[1][1] + A[1][2]×B[2][1]

C[1][2] = A[1][1]×B[1][2] + A[1][2]×B[2][2]

C[2][1] = A[2][1]×B[1][1] + A[2][2]×B[2][1]

C[2][2] = A[2][1]×B[1][2] + A[2][2]×B[2][2]

계산을 잘 살펴보면 행렬 C의 1행과 1열의 원소 값은 행렬 A의 1행과 행렬 B의 1열의 값들에 의해 결정된다. 마찬가지로 C의 2행과 1열의 값은 행렬 A의 2행과 행렬 B의 1열에 의해 결정된다는 것을 알 수 있다. 따라서 행렬 C의 원소의 값을 결정하기 위해서는 행렬 A에서 같은 행에 있는 원소와 행렬 B에서 같은 열에 있는 원소를 고려하면 된다.

즉, C[1][2]의 값은 A[1][$k$]에 해당하는 값과 B[$k$][2]에 해당하는 값의 곱으로 이루어진다. 여기에서 각 행렬은 $n$개의 행과 $n$개의 열로 이루어진 정방행렬이므로 $k$가 가질 수 있는 값은 1에서 $n$까지 이다. 마찬가지로 행렬 C의 $i$번째 행과 $j$번째 열의 원소 값인 C[$i$][$j$]의 값은 A[$i$][$k$]에 해당하는 원소의 값과 B[$k$][$j$]에 해당하는 원소의 곱으로 계산된다.

이때 $k$는 1에서 $n$까지 변할 수 있으므로 이 원소 쌍들의 곱을 계속 더하면 된다. $n$이 3이라면 C[2][3]은 행렬 A의 2번째 행의 원소들인 A[2][1], A[2][2], A[2][3]과 행렬 B의 3번째 열의 원소들인 B[1][3], B[2][3], B[3][3]을 차례로 곱한 후 그 결과를 계속 더하면 된다.

행렬의 덧셈과 마찬가지로 C의 각 원소들을 처리하기 위해서는 각 행을 변수 $i$에 의해 차례로 반복하고 $i$행의 각 열을 변수 $i$에 의해 차례로 가리키게 할 수 있도록 하면 된다.

```
for (i=1; i<=n; i++)
   for (j=1; j<=n; j++)
```

중첩된 두 개의 for문 내부에는 C[$i$][$j$]의 값을 계산하도록 해야 한다. 이는 A[$i$][$k$]와 B[$k$][$j$]의 곱셈들을 더하는 작업이며 k가 1에서 $n$까지 반복되어야 하므로 for문을 하나 더 필요로 한다. 이를 정리하면 알고리즘을 다음과 같이 나타낼 수 있다.

**[알고리즘 2.3] 정방행렬의 곱셈**

```
void MatrixProd(number A[][], number B[][],
                   number C[][], int n)
{
   int i, j, k;

   for (i=1; i<=n; i++)
      for (j=1; j<=n; j++)
```

```
    {
      C[i][j] = 0;
      for (k=1; k<=n; k++)
        C[i][j] = C[i][j] + A[i][k]×B[k][j];
    }
}
```

이 알고리즘에서 기본연산을 원소의 곱셈 연산으로 정하고 실행 횟수를 측정해 보자. 행렬 C의 각 원소 값을 계산하기 위해서는 행렬 A의 원소 $n$개와 이에 대응하는 행렬 B의 원소를 한 쌍씩 곱해야 한다. 따라서 행렬 C의 원소 한 개의 값을 구하기 위해서는 $n$개의 곱셈을 필요로 한다.

$n$행과 $n$열을 가지는 행렬 C에는 총 $n \times n = n^2$개의 원소가 있으므로 모든 원소의 값을 구하기 위한 곱셈연산의 실행 횟수는 $n^3$이 된다. 따라서 이 알고리즘의 시간복잡도는 다음과 같이 나타낸다.

$$T(n) = n^3$$

알고리즘 2.3에서 덧셈 연산에 대한 복잡도를 생각해보자. 이 알고리즘에서 곱셈연산이 일어나는 라인의 식이 실행될 때마다 덧셈 연산도 1회 실행되므로 덧셈 연산을 대상으로 한 시간복잡도도 곱셈 연산과 마찬가지의 결과를 얻는다.

$n$개의 데이터가 저장되어 있는 배열에서 이들 데이터를 오름차순으로 정렬하는 문제이다. 만약 저장되어 있는 데이터가 숫자라면 작은 숫자에서 큰 숫자의 순서로 정렬하고, 문자열이라면 가나다 또는 알파벳 등의 사전적 순서에 의해 오름차순으로 정렬하면 된다. 입력의 크기는 데이터가 저장된 일차원 배열 내 원소들의 개수인 $n$이고, 출력은 데이터가 오름차순으로 정렬된 배열이다.

이 문제에 대한 알고리즘은 1장에서 알고리즘의 표현 방법에 대해 설명하면서 이미 소개하였다. 또한, 이 알고리즘의 일부분만을 대상으로 연산의 실행 횟수에 대해서도 소개한 바 있다. 여기에서는 알고리즘 전체에 대한 시간 복잡도를 살펴보기로 하자. 이 알고리즘은 간단한 정렬 알고리즘의 하나로 많이 알려져 있으며 선택정렬(selection sort)이라고 한다.

**[알고리즘 2.4] 선택 정렬**

```
void SelectionSort(DataType A[], int n)
{
  int  i, j, minIndex;

  for (i=1; i<=n-1; i++) {
    minIndex = i;
    for (j=i+1; j<=n; j++)
      if (A[j] < A[minIndex])
        minIndex = j;
    A[i]와 A[minIndex]를 교환;
  }
}
```

이 알고리즘에서 A는 입력된 배열이며 원소의 개수는 $n$이다. 이 알고리즘의 첫 번째 단계에서는 배열의 전체 원소 중에 가장 작은 값을 찾아 A[1]에 위치시키고, 두 번째 단계에서는 A[1]을 제외한 나머지 원소들 중에서 가장 작은 값을 찾아 A[2]에 위치시킨다. 이와 같은 과정을 $n-1$ 단계까지 계속하면 배열의 원소들은 오름차순으로 위치하게 된다.

알고리즘에서 $i$는 각 단계를 나타내기 위한 변수이다. $j$는 배열에서 A[$i$]보다 뒤에 위치한 원소들을 하나씩 가리키고 minIndex는 그 중에서 최소값을 가지는 원소의 위치이다. 입력 배열 A의 값이 다음과 같을 때 알고리즘의 처리 과정을 살펴보자.

| [1] | [2] | [3] | [4] | [5] | [6] |
|---|---|---|---|---|---|
| 47 | 17 | 37 | 7 | 67 | 27 |

[그림 2.1] 입력 배열의 초기 값

$i=1$일 때 초기에 A[1]이 최소값으로 간주되어 minIndex는 이 원소의 위치인 1로 설정된다. 이후에 $j$가 2에서 6으로 하나씩 증가하면서 A[$j$]의 값이 현재까지의 최소값인 A[minIndex] 보다 작을 경우마다 A[$j$]가 새로운 최소값이 되고 그 위치인 $j$가 새로운 minIndex가 된다.

$i=1$일 때 minIndex의 값에 변화가 일어나는 과정만을 살펴보면 $j$가 2일 때 A[2]<A[1] 이므로 minIndex=2가 되고, $j$가 4일 때 A[4]<A[2] 이므로 minIndex=4가 된다. 따라서 for문의 마지막 명령(교환)에 의해 A[1]과 A[4]를 서로 바꾸면 다음과 같이 되어 전체 원소 중에 가장 작은 값이 배열의 처음 위치에 자리하게 된다.

| [1] | [2] | [3] | [4] | [5] | [6] |
|---|---|---|---|---|---|
| 7 | 17 | 37 | 47 | 67 | 27 |

[그림 2.2] 첫 반복(i=1)이 끝난 상태의 배열

$i$의 값이 1에서 5까지 변하는 동안 각 단계가 완료된 내용을 보이면 그림 2.3과 같다. 그림에서 빈칸 부분은 이미 정렬된 위치의 원소들을 의미한다.

| | A[1] | A[2] | A[3] | A[4] | A[5] | A[6] |
|---|---|---|---|---|---|---|
| 초기 | 47 | 17 | 37 | 7 | 67 | 27 |
| i=1 | *7 | 17 | 37 | 47 | 67 | 27 |
| i=2 | | *17 | 37 | 47 | 67 | 27 |
| i=3 | | | *27 | 47 | 67 | 37 |
| i=4 | | | | *37 | 67 | 47 |
| i=5 | | | | | *47 | 67 |

[그림 2.3] 반복의 단계별 결과

이제 이 알고리즘 전체에 대한 시간 복잡도를 구해보자. 측정해야할 기본연산은 원소들의 값들을 비교하는 비교연산 'if (A[$j$]<A[minIndex])' 이며 알고리즘이 종료할 때까지 이 연산이 실행되는 횟수를 계산하면 된다.

그림 2.3의 정렬과정을 살펴보면 이 예와 같이 배열내 원소가 6개가 있을 경우에 $i=1$일 때 5회, $i=2$일 때 4회, $i=3$일 때 3회, $i=4$일 때 2회, $i=5$일 때 1회의 비교가 각각 일어난다. 따라서 총 비교횟수는 5+4+3+2+1이 되어 15회가 발생한다. 이를 바탕으로 원소의 개수가 $n$일 경우에 $i$의 값에 따른 비교 횟수는 다음과 같이 추정할 수 있다.

$i=1$ 일 때 : $n-1$회

$i=2$ 일 때 : $n-2$회

$i=3$ 일 때 : $n-3$회

…

$i=n-2$ 일 때 : 2회

$i=n-1$ 일 때 : 1회

따라서 이들을 모두 더한 값이 비교연산의 총 실행 횟수가 된다. 이를 정리하면

$$1+2+3+\ldots+(n-3)+(n-2)+(n-1)=\frac{(n-1)n}{2}$$

이므로 이 알고리즘의 시간복잡도는 다음과 같이 표현된다.

$$T(n)=\frac{n(n-1)}{2}$$

지금까지 우리는 몇 가지 알고리즘의 예를 통해서 이들의 시간복잡도를 분석하여 살펴보았다. 시간복잡도를 구한 후에는 그 결과가 무엇을 의미하는지를 생각해보자. T(n)은 입력의 크기가 $n$일 때 알고리즘이 실행되어 종료

할 때까지 기본연산이 총 몇 번 실행되는가를 측정한 횟수이다. 그리고 이 횟수는 해당 알고리즘의 실행시간과 직결된다고 하였다.

입력의 크기가 1,000인 실제 데이터를 대상으로 어떤 알고리즘을 실행했을 때 소요된 시간이 0.1초가 걸렸다고 가정하자(입력의 크기라는 표현 대신에 이해를 돕기 위해서 데이터의 개수가 1,000개라고 생각해도 좋다). 만약 처리해야할 데이터의 개수가 10배가 더 많아져서 10,000개를 대상으로 이 알고리즘을 실행하면 얼마나 더 걸릴 것으로 예상해야 할까? 데이터의 개수만 생각하면 소요되는 시간도 10배가 되어 1초 정도라고 단순하게 예상할 수도 있을 것이다. 하지만 그렇지 않다.

총 실행시간은 알고리즘에 있는 각 연산이 실행되면서 걸린 시간의 합이 되므로 이는 결국 각 연산이 실행된 횟수와 비례하게 되어있다. 그렇다면 연산의 실행 횟수가 얼마나 더 늘어나는지를 조사하면 소요되는 실행시간을 예측해 볼 수 있다.

시간 복잡도가 $T(n)=n$인 알고리즘의 경우에는 데이터의 개수(입력의 크기)가 1,000개일 때 기본연산의 실행 횟수는 1,000회이다. 이 알고리즘에 10,000개의 데이터를 입력으로 하여 실행하면 기본연산은 10,000회 실행할 것이다. 연산의 실행 횟수가 10배로 늘어나면 총 실행 시간도 0.1초에서 1초로 늘어나게 되므로 시간은 10배가 더 걸리는 셈이 된다.

이제 알고리즘의 시간복잡도가 $T(n)=n^2$ 일 경우를 생각해 보자. 이 알고리즘에서는 데이터의 개수가 1,000개일 때 기본연산의 실행 횟수는 1,000,000회가 된다. 만약 10,000개의 데이터를 입력하면 이 알고리즘에서 기본연산은 100,000,000회 실행될 것이며, 이는 데이터의 개수가 1,000개일 때 보다 실행횟수는 100배가 더 많아진 수치이다. 따라서 데이터의 개수가 10,000개일 경우에는 1,000개일 경우보다 총 소요 시간은 100배가 더 많아지게 되어 0.1초에서 10초로 늘어나게 된다. 즉, 데이터의 개수는 10배가 많아졌지만 실행시간은 100배가 더 길어지는 결과를 보인다.

입력의 크기가 증가함에 따라 실행시간이 어떻게 변화하는지를 표 2.1에 나타내었다.

[표 2.1] 입력의 크기에 따른 실행시간의 변화

| 시간 복잡도 | 입력의 크기 증가 | 실행시간의 증가 |
|---|---|---|
| $T(n) = n$ | 10배 | 10배 |
| $T(n) = n^2$ | 10배 | 100배 |
| $T(n) = n^3$ | 10배 | 1000배 |

물론, 하나의 알고리즘에는 기본연산 외에도 많은 연산들이 존재하므로 이 시간에 대한 수치를 정확하게는 측정할 수 없지만 이 결과를 개략적인 추정으로 사용하는 데에는 문제가 없다. 정리하면, 알고리즘의 시간복잡도는 입력의 크기가 변함에 따라 실행시간에 대한 영향을 예측하게 해 줌으로써 알고리즘의 효율성과 실용성에 대한 근거를 제시하는 중요한 척도가 된다.

## 2.2 복잡도의 분석 종류

지금까지 살펴본 알고리즘의 복잡도에 따르면 실행시간은 입력의 크기에 따라 결정되는 것을 알 수 있었다. 따라서 복잡도 함수 T($n$)은 입력의 크기 $n$에 대한 함수로 표현할 수 있음을 보았다. 배열의 합을 구하는 알고리즘 2.1과 배열의 원소를 정렬하는 알고리즘 2.4는 배열에 있는 원소의 개수가 이들 알고리즘의 실행시간을 결정하였다. 행렬의 합을 구하는 알고리즘 2.2는 행과 열의 크기를 나타내는 r과 c의 값이, 정방 행렬의 곱을 구하는 알고리즘 2.3은 행 또는 열의 개수 $n$이 실행시간을 결정하였다.

이와 같이 알고리즘의 실행 시간이 입력의 크기만으로 결정되는 경우에, 이 알고리즘의 복잡도는 동일한 입력의 크기에서는 그 시간 복잡도가 항상 일정하다는 의미에서 일정-경우의 복잡도(every case complexity)라고도 말한다. 하지만, 모든 알고리즘이 입력의 크기만으로 일정하게 그 복잡도를 나타낼 수 있는 것은 아니다. 이에 대해서 다음의 예제를 통해 살펴보자.

순서에 관계없이 저장된 데이터로 구성된 배열에서 특정 원소 값의 위치(배열에서 원소의 첨자)를 알고자 하는 문제이다. 입력은 $n$개의 데이터가 들어 있는 배열이며, 찾고자 하는 데이터는 x로 표현하자. 배열에서 데이터 x를 발견하면 배열 내의 위치를 출력하면 된다. 만약, x와 같은 값을 가진 원소가 발견되지 않으면 배열의 어떤 위치에도 해당하지 않는다는 의미로 0을 출력하기로 한다.

**[알고리즘 2.5] 순차 탐색**

```
int SequentialSearch(DataType A[], int n, DataType x)
{
  int loc;

  loc = 1;
  while (loc<=n and A[loc]≠x)
    loc = loc+1;
  if (loc > n)
    loc = 0;
  return loc;
}
```

이 문제는 배열의 데이터들이 특정 순서에 관계없이 저장되어 있으므로 배열의 처음부터 끝까지 데이터 x와 원소들의 값을 일일이 비교하여 찾는 수밖에 없다. 알고리즘 2.5에서 loc는 배열의 각 원소를 가리키기 위한 변수이며 1부터 배열의 마지막 원소인 $n$까지 하나씩 증가하면서 A[1]에서 A[$n$]까지의 모든 원소들과 x를 비교하게 되어있다.

이 알고리즘의 기본연산은 while문의 조건식에서 배열의 원소와 x값을 서로 비교하는 연산인 A[loc]≠x 로 정하자. 이 연산의 실행 횟수를 분석하기 위해 입력 배열 A의 실제 값들이 다음과 같다고 가정하자. 이 예에서 입력의 크기를 나타내는 $n$의 값은 배열 내 데이터의 개수인 6이다.

| A[1] | A[2] | A[3] | A[4] | A[5] | A[6] |
|---|---|---|---|---|---|
| 57 | 17 | 27 | 7 | 37 | 47 |

[그림 2.4] 입력 배열 내 원소들의 값

만약 탐색해야 할 x의 값이 57이라면 변수 loc가 1일 때 while의 조건에 의해 'A[loc]≠x'의 비교연산이 한 번 실행되자마자 그 결과가 거짓이 되어 while 반복문을 벗어나게 된다. 따라서 비교연산이 1회만 실행되고 알고리즘은 종료하게 된다.

x의 값이 43이라면 loc는 7까지 증가되어서야 'loc<=n'의 결과가 거짓이 되기 때문에 비로소 while문을 벗어나게 된다. 따라서 while문내의 비교연산은 6회를 실행한 셈이다. 혹, loc가 7일 경우에도 일단은 'A[loc]≠x'의 비교연산도 같이 실행하므로 7회를 실행하는 것으로 생각할 수도 있을 것이다.

그러나 논리적 AND 연산을 실행하는 경우에 연산항 중 한 쪽만 거짓이 되면 전체 연산의 결과는 거짓이 되므로 일단 한 쪽의 연산항이 거짓으로 판명되면 불필요한 나머지 연산항에 대한 평가를 생략해도 무방하다. 이를 단축연산이라고 하며 효율적인 코드를 생성하기 위해 컴파일러에 의해 처리된다.

A and B : A가 거짓이면 B의 평가 없이 연산의 결과는 거짓

A or B : A가 참이면 B의 평가 없이 연산의 결과는 참

따라서 x의 값이 43이라면 loc가 7이 되었을 때 'loc<=n'의 결과가 거짓임이 판명되고 'A[loc]≠x'의 평가는 생략하게 하므로 추가적인 1회의 비교 연산은 고려할 필요가 없게 된다. 이를 감안하지 않더라도 여기에서 다루는 1회의 추가 연산은 전체적인 분석에 그 영향이 거의 없으므로 필요에 따라 이를 무시해도 문제가 되지는 않는다.

알고리즘의 종료시점에 변수 loc는 배열 내에 x와 같은 데이터가 저장된 위치이며 알고리즘의 출력이 된다. while문을 탈출한 후 loc가 6보다 큰 경우에는 배열 A에서 $x$와 같은 값을 못 찾은 경우에만 해당하므로 문제의 정의에 따라서 0을 출력하게 된다.

순차탐색 알고리즘에서는 검색하고자 하는 데이터 x가 입력 배열의 어디에 저장되어 있는가에 따라서 기본연산의 실행 횟수 또는 알고리즘의 실행시간이 차이가 나게 된다. $x$와 동일한 데이터가 배열의 첫 번째 요소인 A[1]에 있다면 실행 횟수는 1회, 마지막 위치인 A[6]에 있거나 아예 배열 내에 그 값이 존재하지 않는다면 6회의 실행을 거친 후 알고리즘이 종료하게 된다.

즉, 이 알고리즘에서는 입력으로 들어오는 배열의 크기가 같다고 하더라도 배열 내에 어떤 값들이 저장되어 있느냐에 따라 알고리즘의 실행 시간은 달라진다. 따라서 이 알고리즘의 실행시간은 입력의 크기뿐만 아니라 입력 데이터의 내용에 따라서도 달라질 수 있으므로 이 알고리즘의 복잡도는 일정-경우 복잡도로 분석할 수 없다. 순차탐색 알고리즘과 같이 하나의 일률적인 복잡도로 분석할 수 없는 특징을 가진 알고리즘은 최선의 경우와 최악의 경우, 평균적인 경우의 세 가지 종류로 나누어서 생각해 볼 수 있다. 순차탐색의 예를 대상으로 각 종류에 대해 살펴보자.

최선-경우 복잡도(best case complexity)는 같은 입력의 크기에 대해 알고리즘에서 기본연산의 실행 횟수가 가장 적게 발생할 경우의 입력 내용을 가정했을 때 분석한 복잡도를 의미한다. 알고리즘 2.5의 순차탐색 알고리즘에서는 배열의 첫 위치인 A[1]에 우연히 찾고자하는 데이터 $x$가 있는 경우가 이에 해당한다. 이런 경우 입력의 크기에 관계없이 기본연산인 비교 연산은 항상 1회만 실행된 뒤 종료한다. 따라서 이 알고리즘의 최선-경우 시간복잡도는 다음과 같이 나타난다.

$$T(n) = 1$$

최악-경우 복잡도(worst case complexity)는 입력의 크기가 같더라도 기본연산의 실행 횟수가 가장 많이 발생하는 경우의 입력 내용을 가정해서 분석한 복잡도를 의미한다. 순차탐색 알고리즘에서는 크기가 $n$인 배열에서 배열의 마지막 요소인 A[$n$]에 $x$와 같은 데이터가 저장되어 있던지 또는 배열 내에 $x$와 같은 데이터가 존재하지 않는 경우가 이에 해당한다. 두 경우 모두 배열 내의 모든 데이터와 한 번 씩은 비교를 실행하고 종료하게 되므로 총 $n$번의 비교연산을 실행하게 된다. 따라서 이 알고리즘의 최악-경우 시간 복잡도는 다음과 같이 나타낼 수 있다.

$$T(n) = n$$

최악-경우 복잡도와 최선-경우 복잡도가 입력 데이터의 특정 경우를 대상으로 알고리즘의 복잡도를 분석하는데 반해, 평균-경우 복잡도(average case complexity)는 가능한 입력 데이터의 모든 경우에 대한 평균적인 실행 시간을 분석하는 것이다. 이를 위해서는 먼저 입력 가능한 데이터의 값에 대한 범위를 설정해야 할 뿐만 아니라 각 데이터 값들의 발생 확률에 대한 분포를 알 수 있어야 한다. 알고리즘을 적용할 실제적인 대상 문제에 따라 데이터의 범위와 확률 분포가 달라지므로 정확성을 높이기 위해서는 응용분야에서 발생하는 데이터들의 특징에 따라 세밀하게 분석해야한다.

이해를 간단히 하기 위해서 여기에서는 찾는 데이터 x가 배열의 각 위치에서 발견될 확률이 동일하다고 가정하고 순차탐색 알고리즘의 평균-경우 복잡도를 구해보도록 하자. 먼저, 데이터 x가 배열내의 어디엔가는 반드시 존재하는 경우로만 한정하여 생각해 보자.

비교연산의 평균 실행 횟수를 구하기 위해서는 배열의 각 위치에서 $x$가 발견될 확률과 이를 발견하기까지 소요된 비교연산의 횟수를 알면 된다. $n$개의 위치에서 $x$가 발견될 확률을 동일하게 가정했으므로 각 위치의 확률은 $1/n$이 된다. 발견될 때까지 실행된 비교연산의 횟수는 $x$가 발견된 배열내의 위치와 같으므로 이들을 모두 나타내면 표 2.2와 같다.

[표 2.2] 각 위치에서의 발견 확률 및 비교식의 실행 횟수

| | [1] | [2] | [3] | … | [n-1] | [n] |
|---|---|---|---|---|---|---|
| 확률 | $\frac{1}{n}$ | $\frac{1}{n}$ | $\frac{1}{n}$ | … | $\frac{1}{n}$ | $\frac{1}{n}$ |
| 실행 횟수 | 1 | 2 | 3 | … | $n-1$ | $n$ |

따라서 비교연산의 평균 실행 횟수는 다음과 같이 계산한다.

$$1\times\frac{1}{n}+2\times\frac{1}{n}+3\times\frac{1}{n}+\ldots+(n-1)\times\frac{1}{n}+n\times\frac{1}{n}$$
$$=\frac{1}{n}\times[(1+2+3+\ldots+(n-1)+n]$$
$$=\frac{1}{n}\times\frac{n(n+1)}{2}$$

이를 정리하면 평균-경우 복잡도는 다음과 같다.

$$T(n)=\frac{n+1}{2}$$

이 결과는 데이터 x가 항상 배열 내에 존재할 경우만을 대상으로 한 것이다. 각 위치에서 발견될 확률을 모두 동일하게 가정하였으므로 직관적으로도 전체 데이터의 약 절반 정도를 비교해야할 것이라는 추정과 일치함을 알 수 있다.

이번에는 찾고자 하는 데이터가 배열 내에 존재하지 않을 경우도 함께 포함하여 살펴보자. 탐색할 데이터가 리스트 내에 존재할 확률은 응용 분야에 따라 크게 상이할 수 있으므로 이 확률을 p라고 가정하자. 그러면 배열의 각 위치에서 x가 발견될 확률은 p/n이 된다. 이제 데이터가 존재하지 않는 경우의 확률과 이에 따른 실행횟수만 더 고려하면 된다. 가정에 의해 발견되지 않을 확률은 1-p 이고, 이때의 실행 횟수는 $n$회 이다. 따라서 비교연산의 평균적인 실행 횟수는 다음과 같이 계산된다.

$$[1\times\frac{p}{n}+2\times\frac{p}{n}+\ldots+(n-1)\times\frac{p}{n}+n\times\frac{p}{n}]+n\times(1-p)$$

$$=\frac{p}{n}(1+2+3+\ldots+n)+n(1-p)$$

이를 정리하면 평균-경우 복잡도는 다음과 같다.

$$T(n)=(1-\frac{p}{2})n+\frac{p}{2}$$

여기에서 p를 1로 설정하면 이는 배열 내에 x가 반드시 존재한다는 의미이므로 앞서 분석한 경우의 결과인 (n+1)/2과 같아짐을 검증할 수 있다. 만약, p를 0이라 하면 배열 내에 x가 존재하지 않음을 의미하고, 이는 최악의 경우에 해당하므로 그 결과는 최악-경우 복잡도인 $n$과 동일하다는 것을 알 수 있을 것이다.

이제까지 순차탐색의 예와 같이 알고리즘의 실행시간이 입력의 크기에 따라 일정하게 측정할 수 없을 때에는 입력 데이터의 내용에 따라 세 가지의 경우를 분리해서 분석하는 방법을 알아보았다. 이전에 소개한 알고리즘 2.1, 2.2, 2.3, 2.4는 모두 일정-경우 복잡도를 가지는 알고리즘들이다.

알고리즘이 일정-경우 복잡도로 나타낼 수 없을 때 우리는 최선-경우 복잡도 보다는 최악-경우 복잡도와 평균-경우 복잡도에 더 많은 관심을 가진다. 순차탐색의 예에서 보다시피 최선-경우 복잡도에 따라 실행시간을 예측한다면 데이터의 많고 적음에 관계없이 항상 1회만 실행하므로 심지어 1억 개의 데이터를 가진 리스트에서도 순식간의 짧은 시간에 완료된다고 착각하게 만들 수 있을 것이다. 따라서 최선-경우 복잡도는 단독으로 해석되기 보다는 평균-경우 복잡도의 범위를 추정할 때 그 하한의 정도로만 참고할 수 있다.

최악-경우와 평균-경우의 복잡도는 알고리즘을 적용할 대상 문제에 따라 그 중요성의 정도가 달라질 수 있다. 구현된 프로그램의 실행이 허용된 한계 시간을 초과했을 경우에 그 결과가 치명적인 응용 분야라면, 비록 그러한 입력 또는 상황이 잦지 않다 하더라도 최대 실행시간을 감안해야 하므로 최악-경우 복잡도를 우선 고려해야할 것이다. 사람들의 안전과 관련된 시설이나 군사적 용도의 시스템에서 모니터 및 제어의 목적으로 사용되는 경우가 그 예가 될 것이다.

그러나 실행시간이 가끔은 최대가 되는 경우가 발생하더라도 이에 따라 발생하는 문제가 비교적 사소하거나 프로그램의 실행이 아주 빈번하여 그에 소요되는 평균적인 반응시간이 중요할 경우에는 평균-경우 복잡도에 관심을 가지게 된다. 또한 누적된 데이터 집합들을 대상으로 배치(batch)작업 등을 처리하는 경우에도 특정 입력 데이터에 대한 실행시간보다는 전체 데이터의 총 처리시간이 중요하므로 평균-경우 복잡도가 더 의미 있는 척도가 된다.

## 2.3 복잡도 함수의 의미

이제까지 알고리즘의 시간적 효율성을 살펴보기 위해 알고리즘이 수행되는 동안 기본 연산의 실행 횟수를 근거로 한 복잡도를 분석하는 방법을 알아보았다. 이 복잡도는 데이터의 개수에 따라 실행시간이 얼마나 걸리는지를 입력의 크기 $n$에 대한 함수로 나타난다. 이 함수가 어떤 의미를 가지는지에 대해서는 앞에서 $n$, $n^2$, $n^3$과 같은 비교적 단순한 형태의 함수들을 예로 들어 설명했었다.

이와 같이 알고리즘의 복잡도 형태가 단순하게 나타날 때는 이들 알고리즘의 시간적 효율성을 서로 비교하는 것이 어렵지 않다. 이 세 가지의 알고리즘들 모두가 같은 문제를 해결하는 알고리즘들이라면 가장 효율적인 알고리즘은 실행시간이 $n$인 알고리즘일 것이다. 그러나 대부분의 알고리즘은 그 복잡도의 형태가 이들과 같이 간단하게 나타나지는 않는다.

비교적 간단한 알고리즘인 선택정렬의 복잡도와 순차탐색의 평균-복잡도(배열에 $x$가 존재하는 경우)의 예만 보더라도 다음과 같이 나타났음을 기억할 것이다.

선택정렬 : $\frac{1}{2}n^2 - \frac{1}{2}n$

순차탐색 : $\frac{1}{2}n + 1$

이외에도 이 책의 전반에 걸쳐 우리는 여러 개의 항과 계수들을 포함하는 다양한 형태의 복잡도 함수를 보게 될 것이다. 이들 함수들의 각 항과 계수를 일일이 생각하며 알고리즘의 효율성에 대해 판단하는 것은 상당히 번거로운 일이 아닐 수 없다. 대신에 우리는 이들의 해석을 간단히 하기 위하여 몇 개의 큰 카테고리로 나누어서 분류하는 방법을 택한다. 이 방법에 대해 소개하기 전에 우선 복잡도를 나타내는 함수에서 각 항의 계수가 실행시간에 미치는 영향을 알아보자.

같은 문제를 해결할 수 있는 두 개의 알고리즘 A와 B가 있다고 하자. 그리고 두 알고리즘의 기본 연산의 실행을 분석한 결과 다음과 같은 복잡도를 가지고 있다고 가정하자.

알고리즘 A의 복잡도 : $T(n) = \frac{1}{2}n^2$

알고리즘 B의 복잡도 : $T(n) = 100n$

알고리즘 A는 $n$에 대한 2차 함수이며 그 계수는 1/2로 비교적 작은 값을 가지고, 이에 반해 알고리즘 B는 $n$에 대한 1차 함수로 나타나지만 그 계수는 100이라는 큰 값을 갖는 셈이다. 두 알고리즘에서 기본 연산의 실행 횟수를 입력 데이터의 개수 $n$에 따라 나타내어 보면 다음과 같다.

[표 2.3] 데이터양의 증가에 따른 A, B의 실행 횟수

| 데이터의 개수 $n$ | A의 실행 횟수 $\frac{1}{2}n^2$ | B의 실행 횟수 $100n$ |
|---|---|---|
| 50 | 125 | 5,000 |
| 100 | 5,000 | 10,000 |
| 150 | 11,250 | 15,000 |
| 200 | 20,000 | 20,000 |
| 250 | 31,250 | 25,000 |

| 300 | 45,000 | 30,000 |
|---|---|---|
| 350 | 61,250 | 35,000 |
| 400 | 80,000 | 40,000 |

표 2.3을 보면 알고리즘 A와 B를 비교했을 때 입력 데이터의 개수 $n$이 200보다 작을 경우에는 알고리즘 A의 실행 횟수가 작으므로 더 짧은 시간에 처리된다. 그러나 $n$이 200보다 클 경우에는 알고리즘 A의 실행 횟수가 알고리즘 B의 실행 횟수보다 점점 더 많아지는 경향을 볼 수 있다. 그 이유는 알고리즘 B의 함수에서 $n$의 값이 작을 때에는 100이라는 계수가 차지하는 역할이 커지만 $n$의 값이 커갈수록 전체 실행횟수에 계수가 미치는 영향은 상대적으로 작아지기 때문이다.

이는 복잡도 함수에서 그 계수의 값이 100과 같이 비교적 큰 값을 가지더라도 입력 데이터의 개수가 일정량 이상 증가함에 따라, $n$과 같이 일차함수로 표현되는 복잡도를 가지는 알고리즘 B가 $n^2$과 같이 2차 함수로 표현되는 알고리즘 A보다 더 빠른 시간에 실행된다는 것을 말한다. 이와 반대로 이들 알고리즘을 적용해야 할 문제가 항상 제한된 개수를 가지는 적은 양의 입력 데이터만으로 이루어져 있다면 우리는 알고리즘 A를 더 선호하게 될 것이다.

앞의 예에서 알고리즘 A가 B보다 더 오래 걸리게 될 수 있는 입력 데이터의 개수는 다음의 부등식을 만족하는 값을 구하면 된다.

$$\frac{1}{2} \times n^2 > 100n$$

이를 계산하면 표 2.3에서 보듯이 $n > 200$ 일 때 알고리즘 B가 A보다 더 빨리 처리하게 된다. 즉 이 두 알고리즘에서 하나의 알고리즘을 선택하게 하는 기준은 데이터의 개수가 200일 때이다. 이에 따라 알고리즘의 선택은 그 알고리즘의 복잡도를 나타내는 함수의 형태뿐만 아니라 취급하게 될 실제 입력 데이터의 개수를 함께 고려해야함을 알 수 있다.

흥미 있는 사실은 실세계에서 우리가 처리하고자 하는 문제는 시간이 갈수록 더 많은 입력 자료를 대상으로 하는 경향이 있다. 웹상에 존재하는 자료에 대해 특정 검색어로 검색을 하는 경우에 웹 사이트의 수와 이들이 가지고 있는 자료의 양은 시간이 갈수록 계속 증가하고 있다. 지도상의 위치를 대상으로 운전 경로를 찾는 문제의 경우를 살펴봐도 도로가 점점 증설되고 복잡해지면서 도로의 수와 이에 따른 분기점의 수는 늘어나게 되어 있다. 이들은 모두 알고리즘에서 입력의 크기에 해당한다. 이와 같이 컴퓨터로 처리하고자 하는 입력의 크기는 갈수록 많아지는 것이 자연스러운 현상이다. 따라서 입력 데이터의 개수가 계속 증가할 때를 고려하여 알고리즘의 효율성을 논의하는 것은 중요한 의미를 갖는다.

앞의 예에서 문제를 해결하는데 걸리는 시간으로 두 알고리즘에 있는 기본 연산의 실행 횟수를 바탕으로 비교하였다. 만약 이 두 알고리즘에서 선택한 기본 연산의 1회당 실행시간이 서로 다르다면 그 결과는 달라질 수도 있다. 실행되는 횟수는 비록 작더라도 총 실행시간은 더 길어질 수도 있다는 의미이다.

알고리즘 B에서 선택한 기본 연산이 알고리즘 A의 기본 연산보다 훨씬 시간을 더 소모한다고 가정해보자. B의 기본 연산이 1회 실행되는 시간이 A의 기본 연산의 1회 실행시간 보다 무려 100배나 더 걸린다는 것을 발견했다면 어떻게 될까? 기본 연산의 실행시간이 차이가 너무 커서 복잡도 함수에 의한 두 알고리즘의 절대적 비교는 불공평하게 보일지도 모른다. 하지만 두 알고리즘의 복잡도는 실행 횟수를 나타내므로 시간과는 독립적으로 측정된 함수이다. 이 결과에 기본 연산의 실행 횟수 당 소모되는 시간을 곱해주면 실행시간으로 변환할 수 있다.

알고리즘 B의 기본 연산의 실행시간이 알고리즘 A의 시간보다 100배가 더 소모된다면 B의 기본 연산 1회는 A의 기본연산 100회에 해당된다. A의 기본연산 1회에 걸리는 실행시간이 1(micro 또는 nano second)이라고 가정하면 B의 총 실행 시간은 총 실행 횟수에 100을 곱하면 얻을 수 있다. 이에 따라 입력 데이터의 개수에 따른 두 알고리즘의 실행시간을 비교하여 나타내면 표 2.4와 같다.

[표 2.4] 기본연산의 실행시간이 서로 다를 때 총 실행시간 비교

| 데이터의 개수 $n$ | A의 시간(=횟수) $\frac{1}{2}n^2$ | B의 횟수 $100n$ | B의 시간 $100 \times 100n$ |
|---|---|---|---|
| 10,000 | 50,000,000 | 1,000,000 | 100,000,000 |
| 15,000 | 112,500,000 | 1,500,000 | 150,000,000 |
| 20,000 | 200,000,000 | 2,000,000 | 200,000,000 |
| 25,000 | 312,500,000 | 2,500,000 | 250,000,000 |
| 30,000 | 450,000,000 | 3,000,000 | 300,000,000 |

이 표에서 알고리즘 A의 실행시간은 편의상 실행횟수와 동일한 숫자로 나타내었다. 즉, 그 값이 10일 경우에는 실행 횟수로 해석하면 10회, 실행 시간으로 해석하면 10 micro second 또는 nano second로 보면 된다. 이 표에 의하면 데이터의 개수가 20,000개 보다 적을 경우에는 알고리즘 A가 빠르지만, 데이터의 개수가 이 보다 많을 경우에는 항상 알고리즘 B가 더 짧은 시간에 실행을 완료한다는 것을 알 수 있다.

기준이 되는 데이터 개수는 다음과 같은 부등식을 만족하는 $n$을 찾아도 쉽게 구할 수 있다.

$$\frac{1}{2}n^2 > 100 \times 100n$$

이를 계산하면 알고리즘 B가 A보다 더 빨라지게 되는 데이터의 개수는 표 2.4에서 보듯이 $n > 20{,}000$일 때가 된다.

이 예를 통해 우리가 알 수 있는 것은 비록 알고리즘 B의 기본연산에 걸리는 실행시간이 A보다 훨씬 많이 걸리더라도 이들의 복잡도 함수에서 알 수 있는 상대적인 관계는 그대로 유지된다는 점이다. 알고리즘 B가 A에 비해 더 빠르게 되는 데이터의 개수는 200에서 20,000으로 달라졌지만, 이 보다 데이터의 개수가 많아지는 어떤 경우에도 알고리즘 B는 여전히 알고리즘 A보다 빨리 완료된다는 의미이다.

이를 컴퓨터의 처리 속도와 연관하여 생각해 보자. 알고리즘 B의 기본연산에 대한 실행 시간이 알고리즘 A에 비해 100배가 더 걸린다는 것은 다른 의미로 해석하면 알고리즘 B의 프로그램을 기존의 컴퓨터에, 알고리즘 A의 프로그램을 이 보다 100배 더 빠른 컴퓨터에 실행하는 것과 같은 의미를 가진다. 알고리즘 B는 기존의 컴퓨터에, 알고리즘 A는 100배 더 빠른 컴퓨터에 실행했을 때 소요되는 시간을 표 2.5에 나타내었다.

[표 2.5] 속도가 다른 두 컴퓨터에서의 총 실행시간 비교

| 데이터의 개수 $n$ | (100배 빠른 컴퓨터) A의 시간 $T(n) = \frac{1}{2}n^2$ | (기존의 컴퓨터) B의 시간 $T(n) = 100n$ |
|---|---|---|
| 10,000 | 0.5 초 | 1.0 초 |
| 20,000 | 2.0 초 | 2.0 초 |
| 30,000 | 4.5 초 | 3.0 초 |
| 40,000 | 8.0 초 | 4.0 초 |
| 50,000 | 12.5 초 | 5.0 초 |

지금까지 논의한 내용을 정리하면 기본연산에 걸리는 시간이나 컴퓨터에 의한 처리 속도의 향상만으로는 단지 알고리즘의 복잡도 함수에서 계수 값을 변화시키는 효과밖에 없다는 것이다. 따라서 알고리즘의 근본적인 효율성에는 크게 영향을 미칠 수 없다. 지금까지는 한 개의 항을 가지는 두 알고리즘을 비교할 때 두 알고리즘의 복잡도 함수에서 그 계수가 끼치는 영향에 대해 살펴보았다. 이제 알고리즘의 복잡도가 여러 개의 항으로 표현되는 경우에 대해서 알아보자.

예를 들어 어떤 알고리즘의 시간 복잡도가 다음과 같을 때 함수의 각 항이 전체 값에 미치는 영향을 조사해 보자. 각 항을 별도로 취급하자면 각각 3차, 2차, 1차의 차수를 가지는 함수와 마지막인 상수항으로 구성되어 있다.

$$T(n) = n^3 + 10n^2 + 100n + 1000$$

이 알고리즘에서 입력 데이터 개수의 변화에 따라 각 항에 해당되는 실행 횟수의 값들을 나타내면 표 2.6과 같다. $n$의 값에 대해 각 항에 의해 계산된 수치들의 합이 이 알고리즘의 총 실행 횟수가 된다. 이 예에서 차수가 낮아질수록 계수 값을 크게 설정한 점도 주목하자.

[표 2.6] 함수의 각 항에 의한 실행 횟수

| 데이터 개수 $n$ | 1번째 항 $n^3$ | 2번째 항 $10n^2$ | 3번째 항 $100n$ | 4번째 항 1,000 |
|---|---|---|---|---|
| 1 | 1 | 10 | 100 | 1,000 |
| 10 | 1,000 | 1,000 | 1,000 | 1,000 |
| 100 | $10^6$ | $10^5$ | $10^4$ | $10^3$ |
| 1,000 | $10^9$ | $10^7$ | $10^5$ | $10^3$ |
| 10,000 | $10^{12}$ | $10^9$ | $10^6$ | $10^3$ |
| 100,000 | $10^{15}$ | $10^{11}$ | $10^7$ | $10^3$ |

예를 들어, 데이터의 개수가 1일 때에는 각 항의 합을 계산한 1+10+100+1000=1,111 이 알고리즘의 종료까지 실행된 기본연산의 횟수이다. $n=1$과 같이 데이터의 개수가 아주 적을 때에는 전체 실행 횟수 값에서 상수항이 절대적인 영향을 미치고 각 항의 차수가 높아질수록 그 값의 영향은 미미하다. 그러나 $n=100,000$과 같이 $n$의 값이 커질수록 차수가 높은 항이 전체에 미치는 영향이 점차적으로 커짐을 알 수 있다.

복잡도 함수에서 가장 높은 차수를 가지는 첫 번째 항이 전체 실행 횟수에서 차지하는 비율을 표 2.7에 나타내었다. 이 비율의 값은 이해를 돕기 위해서 정확한 값이 아닌 근사치를 사용하였다.

[표 2.7] 전체 실행 횟수에 대한 $n^3$ 항의 영향

| 데이터 개수($n$) | $n^3$ 항의 비율(근사치) |
| --- | --- |
| 1 | 1/1,000 |
| 10 | 1/4 |
| 100 | 9/10 |
| 1,000 | 99/100 |
| 10,000 | 999/1,000 |
| 100,000 | 9,999/10,000 |

$n$이 100을 넘어설 때부터 첫 번째 항이 전체 값에서 차지하는 비율은 절대적이다. 의도적으로 다른 차수의 항에 계수를 크게 설정했음에도 불구하고 데이터의 개수가 많아짐에 따라 첫 번째 항이 전체 실행 횟수를 좌우한다는 의미이다. 이런 결과에서 알 수 있듯이 알고리즘을 분석할 때에는 최고 차수를 갖는 항만으로도 해당 알고리즘의 시간적인 효율성을 대표할 수 있다.

우리는 여태까지 알고리즘에 포함된 많은 연산 중에 다른 연산들은 배제한 채 기본 연산의 실행 횟수만을 측정하여 그 복잡도를 분석하였다. 이에 대한 근거도 조금 전에 논의한 바와 같이 차수가 다른 각 항이 미치는 시간적 영향의 관점에서 이해할 수 있다.

예를 들어 알고리즘에 포함된 연산으로 A, B, C, D 네 개가 있다고 가정하자. 기본 연산인 A의 실행이 $n^3$회, 그 외의 연산 B가 $n^2$회, C가 $n$회, D가 1회 발생하는 것으로 분석되었다고 하자. 각 연산이 1회 실행하는데 걸리는 시간이 A가 1, B가 10, C가 100, D가 1000 이라고 한다면 이 알고리즘이 실행하는 총 시간을 정리하면 다음과 같다.

$$n^3 + 10n^2 + 100n + 1000$$

이는 방금 우리가 다룬 예의 복잡도와 같다. 그렇다면 마찬가지 방법에 의해 이 알고리즘도 데이터의 양이 증가할수록 $n^3$항이 전체적인 시간을 좌우할 것이다. 이는 결국 기본 연산의 실행 횟수만을 측정한 첫 번째 항만을 가지고 분석해온 우리의 논의가 무리가 없다는 의미이다.

## 2.4 점근적 표기법

이 절에서는 알고리즘의 복잡도를 간단하면서도 보편적으로 나타낼 수 있는 방법으로 O(big-o), Ω(omega), Θ(theta) 표기법에 대해 소개하기로 하겠다.

**[정의 2.1]**

모든 $n \geq n_0$에 대해 $f(n) \leq c \times g(n)$을 만족할 수 있는 양의 상수 $c$와 $n_0$가 존재할 경우에

$$f(n) = O(g(n))$$

과 같이 표기한다.

정의만의 해석으로는 그 의미를 이해하기가 쉽지 않을 수 있다. 다음의 예제들을 통해 살펴보자.

**예 2.6**

$f(n) = 3n$이고 $g(n) = n^2$이라면 $c = 1$, $n_0 = 3$일 때 모든 $n \geq 3$에 대해 $3n \leq 1 \times n^2$의 관계를 만족하므로 $3n = O(n^2)$이라고 표기할 수 있다. 이때, 반드시 c와 $n_0$의 값이 1과 3일 필요는 없다. c와 $n_0$의 값이 3과 1일 경우에도 모든 $n \geq 1$에 대해 $3n \leq 3n^2$의 관계가 성립된다. 즉, 이 정의를 만족하는 c와 $n_0$의 어떠한 조합이라도 하나 이상 존재함을 보일 수 있으면 된다.

**예 2.7**

$f(n) = 3n^2$이고 $g(n) = n^2 + 2n$일 경우에도 $f(n) = O(g(n))$으로 표기할 수 있다. c=3, $n_0$=1 일 때 $3n^2 \leq 3 \times (n^2 + 2n)$은 항상 성립하기 때문이다.

$f(n)=n^2$이고 $g(n)=3n$이라면 $f(n)=O(g(n))$이라고 표기할 수 없다. 왜냐하면 $n^2 \leq c\times(3n)$을 만족시키기 위해 아무리 큰 c를 설정하더라도 $n$의 수가 어떤 한계를 넘어가면 $n^2$이 $c\times(3n)$의 값 보다 커지기 때문이다. 즉, 모든 $n \geq n_0$에 대해 성립해야하는 조건을 위배하게 된다.

$O$ 표기법의 수학적 의미를 정리하면 $f(n)=O(g(n))$으로 표기하기 위해서는 함수 $f(n)$에서 가장 큰 차수가 함수 $g(n)$에서 가장 큰 차수보다 크지 않아야 한다는 것이다. $O$ 표기법을 사용한 함수들의 예는 다음과 같다.

$$3n+12=O(n^2+3)$$

$$4n^3+n^2+10=O(n^4+2n-5)$$

$$n^2+5n=O(n^2+3)$$

$$2n^2+3n-7=O(n^2)$$

이 예들은 $O$ 표기법의 정의에 따라서 모두 옳은 표현이지만 알고리즘의 복잡도를 논할 때에는 마지막 예에서 보이듯이 $O(n^2)$과 같이 $g(n)$을 하나의 항만으로 간략하게 표시한다. 즉, 계수가 없는 하나의 항으로 표시한다는 의미이다. 이런 표기법을 사용하면 여러 개의 항을 가지는 알고리즘의 복잡도 함수를 중요도가 가장 높은 항의 차수만으로 간단하게 그 의미를 나타낼 수 있다.

어떤 알고리즘의 복잡도가 $f(n)$이고 만약, $f(n)=O(g(n))$으로 표기할 수 있다면, 이는 이 알고리즘이 입력 데이터의 개수가 많아지더라도 실행시간의 관점에서 $g(n)$보다는 커지지 않다는 것을 의미한다. 이러한 의미에서 $g(n)$은 어떤 알고리즘에 대한 복잡도 $f(n)$의 점근적인 상한(upper bound)을 나타내어 준다. 즉, 이 알고리즘에 의한 시간적 성능은 아무리 나빠도 $g(n)$보다 더 느리지는 않다는 것을 의미한다.

$f(n)=O(n^2)$이라면 $f(n)$은 $O(n^3)$, $O(n^4)$으로도 표기할 수 있을 것이다. 하지만 알고리즘의 복잡도를 논할 때에는 그 범위의 정확성을 나타내기 위해서 $f(n)=O(n^2)$이라고 표기하는 것이 보편적인 방법이다. 이 표기법으로 알고리즘의 복잡도를 크게 분류해서 나타내면 알고리즘의 성능을 쉽게 판단할 수 있다. $O$표기법에 많이 쓰이는 함수들의 형태를 실행시간이 빠른 순으로 나열하면 다음과 같다.

$$O(1),\ O(\log n),\ O(n),\ O(n\log n),\ O(n^2),\ O(n^3),\ O(2^n)$$

$n$이 충분히 커다는 가정 하에서 어떤 알고리즘의 복잡도가 $O(n)$이라면 이는 $O(1)$이나 $O(\log n)$보다는 늦지만, $O(n\log n)$이나 $O(n^2)$보다는 빠르다는 것을 나타낸다. $O(1)$은 상수(constant) 시간, $O(\log n)$는 로그(logarithmic) 시간, $O(n)$은 선형(linear) 시간, $O(n^2)$은 2차(quadratic) 시간, $O(2^n)$은 지수(exponential) 시간이라고 부른다. 또한, 지수 시간을 제외한 나머지 종류의 시간들에 대해 총칭해서 다차(polynomial) 시간이라고 한다.

이 함수들의 관계는 $n$이 증가함에 따라 함수의 값이 어떻게 변하는지를 보면 알 수 있다. 표 2.8은 $n$의 값이 1, 2, 4, 8, 16, 32와 같이 두 배로 증가할 때마다 각 함수의 값이 실질적으로 얼마나 증가하는지를 나타낸다. 주목할 것은 지수함수인 $2^n$의 값은 $n$의 값이 증가함에 따라 다차 함수들에 비해서 급격히 빠른 속도로 그 값이 커진다는 것이다.

[표 2.8] $n$의 증가에 따른 함수 $f(n)$의 변화

| $n$ | $f(n)$ | | | | | |
|---|---|---|---|---|---|---|
| | $\log n$ | $n$ | $n\log n$ | $n^2$ | $n^3$ | $2^n$ |
| 1 | 0 | 1 | 0 | 1 | 1 | 2 |
| 2 | 1 | 2 | 2 | 4 | 8 | 4 |
| 4 | 2 | 4 | 8 | 16 | 64 | 16 |
| 8 | 3 | 8 | 24 | 64 | 512 | 256 |
| 16 | 4 | 16 | 64 | 256 | 4,096 | 65,536 |
| 32 | 5 | 32 | 160 | 1,024 | 32,768 | 4,294,967,296 |

1초에 10억 회의 기본 연산을 처리할 수 있는 컴퓨터를 사용한다고 가정하자. 표 2.8에 따르면 입력 데이터의 개수가 32개 일 때 $2^n$의 복잡도를 가지는 알고리즘은 기본 연산만으로도 약 43억 회의 연산이 수행되어야만 한다. 이때 걸리는 시간은 약 4.3초에 해당한다. 이는 32개의 아주 적은 데이터 개수일 때의 결과임으로 데이터의 개수가 더 많아지면 이 알고리즘이 필요한 실행 시간은 상상을 초월할 정도로 커진다.

매초에 10억 회의 연산을 실행하는 컴퓨터에서 서로 다른 복잡도를 가지는 알고리즘을 수행할 때 걸리는 시간을 표 2.9에 나타내었다. $n$이 50보다 클 경우에 $2^n$의 복잡도를 가지는 알고리즘은 적어도 13일 이상이 걸리므로 실용성이 거의 없다고 볼 수 있다. 혹시 이 컴퓨터보다 1000배 빠른 컴퓨터를 가지고 이들을 실행한다면 문제가 달라질 수 있다고 생각할 지도 모른다.

하지만, 속도가 1000배 빨라지더라도 복잡도가 $2^n$인 알고리즘은 $n$이 100일 경우에 걸리는 $4 \times 10^{13}$년의 실행시간을 $4 \times 10^{10}$년으로 줄이는 효과 밖에 가질 수 없다는 것을 명심해야한다. 즉, 1,000배라는 컴퓨터의 속도는 이 함수에서 계수의 값만 1/1000로 감소시키는 역할을 한다.

[표 2.9] $n$의 증가에 따른 각 알고리즘의 실행시간(나노 초)

| $n$ | $f(n)$ | | | | | |
|---|---|---|---|---|---|---|
| | $\log n$ | $n$ | $n\log n$ | $n^2$ | $n^3$ | $2^n$ |
| 10 | 0.003 | 0.01 | 0.03 | 0.1 | 1.0 | 1.0 |
| 20 | 0.004 | 0.02 | 0.09 | 0.4 | 8.0 | 1.0ms |
| 30 | 0.005 | 0.03 | 0.15 | 0.9 | 27.0 | 1.0s |
| 40 | 0.005 | 0.04 | 0.21 | 1.6 | 64.0 | 18.3min |
| 50 | 0.006 | 0.05 | 0.28 | 2.5 | 125.0 | 13day |
| 100 | 0.007 | 0.10 | 0.66 | 10.0 | 1.0ms | $4 \times 10^{13}$year |
| 1000 | 0.010 | 1.00 | 9.96 | 1.0ms | 1.0s | $21 \times 10^{283}$year |
| 10000 | 0.013 | 10.00 | 130.00 | 100.0ms | 16.7min | |

**[정의 2.2]**

모든 $n \geq n_0$에 대해 $f(n) \geq c \times g(n)$을 만족할 수 있는 양의 상수 c와 $n_0$가 존재할 경우에

$$f(n) = \Omega(g(n))$$

과 같이 표기한다.

이는 앞에서 보인 $O$ 표기법의 정의와 상반되는 개념으로 $f(n)$과 $g(n)$사이에서 부등호의 방향만 바뀐 것이다.

**예 2.9**

$f(n) = n^2$이고 $g(n) = 3n$이라면 $c = 1/3$, $n_0 = 1$일 때 모든 $n \geq 1$에 대해 $n^2 \geq (1/3) \times (3n)$의 관계를 만족하므로 $n^2 = \Omega(3n)$이라고 표기할 수 있다. 이때에도 반드시 c와 $n_0$의 값이 1/3과 1일 필요는 없다. c와 $n_0$의 값이 1과 3일 경우에도 모든 $n \geq 3$에 대해 $n^2 \geq 1 \times (3n)$의 관계가 성립된다. 즉, 이 정의를 만족하는 c와 $n_0$의 어떠한 조합이라도 하나 이상 존재함을 보일 수 있으면 된다.

**예 2.10**

$f(n) = 3n$이고 $g(n) = n^2$이라면 $f(n) = \Omega(g(n))$이라고 표기할 수 없다. 왜냐하면 $3n \geq c \times n^2$을 만족시키기 위해 아무리 작은 c를 설정하더라도 $n$의 수가 어떤 한계를 넘어가면 $3n$이 $c \times n^2$의 값 보다 클 수 때문이다. 즉, 모든 $n \geq n_0$에 대해 부등식이 성립해야하는 조건을 위배하게 된다.

$\Omega$ 표기법의 수학적 의미를 정리하면 $f(n) = \Omega(g(n))$으로 표기하기 위해서는 함수 $f(n)$의 가장 큰 차수가 $g(n)$의 가장 큰 차수보다 작지 않아야 한다는 것이다. $\Omega$ 표기법을 사용한 함수들의 예는 다음과 같다.

$n^2+3=\Omega(3n+12)$

$3n^3+n^2+4n+10=\Omega(2n^3+2n-5)$

$n^2+5n=\Omega(n^2+n+3)$

$4n^2+3n-7=\Omega(n^2)$

어떤 알고리즘의 복잡도가 $f(n)$이고 만약, $f(n)=\Omega(g(n))$으로 표기할 수 있다면, 이는 입력 데이터의 개수가 많아지더라도 실행시간의 관점에서 $f(n)$이 $g(n)$보다는 작아지지는 않는다는 것을 의미한다. 이러한 의미에서 $g(n)$은 이 알고리즘의 복잡도 $f(n)$의 점근적인 하한(lower bound)을 나타내어 준다. 즉, 이 알고리즘에 의한 시간적 성능은 아무리 좋아도 $g(n)$보다 더 빠르지는 않다는 것을 말한다.

$f(n)=\Omega(n^4)$이라면 $f(n)$은 $\Omega(n^2)$, $\Omega(n^3)$으로도 표기할 수 있다. 하지만 알고리즘의 복잡도를 논할 때에는 $O$ 표기법과 마찬가지로 그 범위의 정확성을 나타내기 위해서 $f(n)=\Omega(n^4)$이라고 표기하는 것이 보편적인 방법이다.

**[정의 2.3]**

모든 $n \geq n_0$에 대해 $c_1 \times g(n) \leq f(n) \leq c_2 \times g(n)$을 만족할 수 있는 양의 상수 $c_1$, $c_2$, $n_0$가 존재할 경우에는

$$f(n)=\Theta(g(n))$$

과 같이 표기한다.

**예 2.11**

$f(n)=3n^2$이고 $g(n)=n^2+2n$일 경우에 $f(n)=\Theta(g(n))$으로 표기할 수 있다. 먼저, $c_2=3$, $n_0=1$일 때 $3n^2 \leq 3\times(n^2+2n)$은 항상 성립한다. 또한, $c_1=1$, $n_0=1$일 때 $1\times(n^2+2n) \leq 3n^2$은 항상 성립한다. 따라서 $c_1=1$, $c_2=3$,

$n_0 = 1$일 때 $1 \times (n^2 + 2n) \leq 3n^2 \leq 3 \times (n^2 + 2n)$은 항상 성립하므로 $3n^2 = \Theta(n^2 + 2n)$으로 표기할 수 있다.

또는 $c_1 = 2$, $n_0 = 4$일 때도 $2 \times (n^2 + 2n) \leq 3n^2$는 항상 성립한다. 이 경우에는 $c_1 = 2$, $c_2 = 3$, $n_0 = 4$일 때 $f(n) = \Theta(g(n))$이 성립한다. 앞서 언급한바와 같이 $f(n) = \Theta(g(n))$이 됨을 증명하기 위해서는 정의를 만족하는 $c_1$, $c_2$, $n_0$의 조합이 하나라도 존재하는 것을 보이면 된다.

**예 2.12**

$f(n) = 3n$이고 $g(n) = n^2$이라면 $f(n) = \Theta(g(n))$이라고 할 수 없다. 정의를 만족하는 $c_1$, $n_0$가 존재하지 않기 때문이다. 역으로 $f(n) = n^2$ 이고 $g(n) = 3n$일 경우에도 정의를 만족하는 $c_2$, $n_0$가 존재하지 않으므로 $f(n) = \Theta(g(n))$이라 할 수 없다.

$\Theta$ 표기법의 의미를 정리하면 $f(n) = \Theta(g(n))$으로 표기하기 위해서는 함수 $f(n)$에서 가장 큰 차수가 $g(n)$에서 가장 큰 차수와 같아야 한다는 것이다. $\Theta$ 표기법을 사용한 함수들의 예는 다음과 같다.

$$\frac{1}{2}n = \Theta(3n + 12)$$

$$4n^3 + n^2 + 10 = \Theta(\frac{1}{2}n^3 + 2n - 5)$$

$$n^2 + 5n = \Theta(n^2 + n + 3)$$

$$4n^2 + 3n - 7 = \Theta(n^2)$$

어떤 알고리즘의 복잡도가 $f(n)$이고 만약, $f(n) = \Theta(g(n))$으로 표기할 수 있다면, 이는 이 알고리즘이 실행시간의 관점에서 $g(n)$보다 늦지도, 빠르지도 않고 $g(n)$ 정도임을 의미한다. $\Theta$ 표기법의 정의에서 보다시피 $f(n) = \Theta(g(n))$이 되기 위해서는 $f(n) = O(g(n))$과 $f(n) = \Omega(g(n))$의 두 관계를 모두 만족해야한다. 따라서 $f(n)$을 가지는 알고리즘은 입력 데이터의 개수가 많아짐에 따라 늦어도 $g(n)$, 빨라도 $g(n)$ 정도의 성능을 가진다는 것을 의미한다.

## 2.5 Σ 표현과 계산

알고리즘이 for문이나 while문과 같이 반복적인 제어 구조를 가지고 있을 때 반복문 안에 내포된 특정 연산의 총 실행횟수는 반복문의 반복 횟수와 밀접한 관계가 있다. 반복 횟수를 구하기 위해서는 연속적인 숫자의 총합을 나타내는 Σ(시그마)를 이용하면 대부분의 경우에 쉽게 표현할 수 있다. 이 절에서는 알고리즘의 복잡도를 계산하기 위해 참고가 될 수 있도록 몇 가지 간단한 예만 알아보기로 한다.

예를 들어, 1을 5회 더하는 경우는 다음과 같이 표현한다.

$$\sum_{i=1}^{5} 1 = 1+1+1+1+1$$

또한, 1에서 10까지의 정수를 더하는 경우는 다음과 같이 나타낸다.

$$\sum_{i=1}^{10} i = 1+2+3+ \ldots +9+10$$

알고리즘의 분석에서 시그마 표현의 편리성은 반복문의 제어 변수명을 그대로 사용하여 실행 횟수를 나타낼 수 있다는 점이다.

```
for (i=1; i<=n; i++)
    연산 A;
```

반복문 for에 의해 변수 $i$가 1에서 $n$까지 하나씩 증가할 때 마다 연산 A가 1회 실행되므로 연산 A의 총 실행횟수는 다음과 같이 나타내고 계산하면 된다.

$$\sum_{i=1}^{n} 1(\text{회}) = 1+1+\ldots+1 = 1\times n = n$$

예 2.14

```
for (j=2; j<n; j++) {
    연산 A;
    연산 A;
}
```

반복문의 제어 변수 $j$는 2부터 $n-1$까지 하나씩 변하고 한 번의 반복에 연산 A는 2회 실행된다. 따라서 연산 A의 총 실행횟수는 다음과 같이 계산하면 된다.

$$\sum_{j=2}^{n-1} 2(\text{회}) = 2+2+\ldots+2 = 2\times(n-2) = 2n-4$$

예 2.15

```
for (i=1; i<=n; i++)
    for (j=1; j<=n; j++) {
        ...
        for (k=1; k<=n; k++)
            연산 A;
    }
```

이와 같이 연산 A가 중첩된 반복문내에 있을 때에는 외부의 반복문부터 시작해서 차례로 Σ로 나타낸 후, 계산은 우측에서 좌측으로 하나씩 해결해나가면 된다.

$$\sum_{i=1}^{n}\sum_{j=1}^{n}\sum_{k=1}^{n}1(\text{회}) = \sum_{i=1}^{n}\sum_{j=1}^{n}n = \sum_{i=1}^{n}n^2 = n^3$$

**예 2.16**

```
for (i=1; i<=n-1; i++)
  for (j=i+1; j<=n; j++)
    연산 A;
```

이 알고리즘은 지금까지 살펴본 예와는 다르게 내부에 있는 for문의 제어변수 $j$는 외부 for문의 제어변수 $i$의 값에 따라 결정된다. 이에 대한 연산 A의 실행 횟수를 $i$와 $j$의 값에 따라 일일이 나열해서 계산할 수도 있겠지만, $\Sigma$ 표현을 이용해서 다음과 같이 계산하면 훨씬 간단하다는 것을 알 수 있을 것이다.

$$\begin{aligned}\sum_{i=1}^{n-1}\sum_{j=i+1}^{n}1 &= \sum_{i=1}^{n-1}(n-i) = \sum_{i=1}^{n-1}n - \sum_{i=1}^{n-1}i \\ &= n(n-1) - \frac{n(n-1)}{2} = \frac{n(n-1)}{2}\end{aligned}$$

1. 알고리즘 2.3의 정방행렬 곱셈에서 덧셈연산의 실행 횟수가 $n^3 - n^2$이 될 수 있도록 이 알고리즘을 수정하시오.

2. 100개의 데이터를 입력으로 받아 처리하는데 알고리즘 A, B, C 모두 1초가 걸렸다. 입력 데이터가 두 배로 늘어 200개가 되었다면 세 알고리즘은 각각 몇 초가 걸릴지 예상하시오. A, B, C의 복잡도는 다음과 같다.

   A : $n$ , B : $n^3$ , C : $2^n$

3. $2n^2 + 3n - 7 = \Theta(n^2)$임을 보이시오.

4. 1,000명의 직원 데이터를 처리하는 작업이 보통 10초가 걸렸다. 직원 수가 10,000명으로 늘어날 것을 대비해서 이전보다 10배 빠른 컴퓨터를 도입하려고 결정했다. 이 결정의 문제점이 무엇인지 설명하시오.

5. 알고리즘 A와 B의 복잡도는 다음과 같다. 데이터의 개수가 얼마일 때부터 알고리즘 B가 A보다 더 빨라지는가?

   A : $\frac{1}{4}n^2$ , B : $50n$

6. 복잡도 함수의 점근적 표기법에서 가장 큰 차수의 항만 고려해도 되는 이유는 무엇인가? 이를 정리하여 설명하시오.

7. 다음의 부분 알고리즘에서 연산 A의 실행 횟수를 측정하시오.

```
for (i=1; i<=n; i++) {
   for (j=1; j<=n-1; j++)
      연산 A;
   for (k=1; k<=n-1; k++)
      연산 A;
}
```

8. 다음의 부분 알고리즘에서 연산 A의 실행 횟수를 측정하시오.

```
for (i=1; i<n-1; i++)
   for (j=1; j<=i; j++)
      연산 A;
```

제 3 장

# 재귀 및 설계 기법

주어진 문제에 대해 효과적인 알고리즘을 쉽게 생각해낼 수 있는 경우도 있겠지만 대부분의 경우에는 효율적이면서 새로운 알고리즘을 설계하는 것은 상당히 어려운 작업이다. 따라서 기존의 알고리즘에서 이용한 문제의 성질 및 공통적인 기법을 관찰하는 것은 알고리즘의 이해와 설계에 많은 도움이 될 수 있다.

이 장의 전반부에서는 재귀적 알고리즘에 대해 자세히 설명한다. 재귀의 개념은 알고리즘의 설계와 프로그래밍의 구현에서 필수적으로 등장하는 요소이므로 이에 대한 이해를 명확하게 하는 것이 필요하다. 후반부에서는 널리 알려진 일반적인 알고리즘 설계기법 중에서 분할 정복법, 욕심쟁이 방법 및 동적 프로그래밍에 대해서 설명한다. 이 책의 전반에 걸쳐서 비록 문제의 종류는 서로 다르지만 같은 설계 기법을 적용한 알고리즘들을 종종 접하게 될 것이다.

3.1절에서는 문제의 해결과정을 재귀적으로 처리하기 위해 필요한 재귀알고리즘의 성질과 조건에 대해 먼저 알아본다. 다음으로 재귀 호출의 과정을 이해하기 위해서 재귀 함수의 구현과 실행 과정을 설명한 후 이를 하노이타워 문제에 적용하는 사례를 보인다. 3.2절에서는 간단하면서 보편적으로 사용되는 설계기법들 중에 분할 정복법(divide and conquer), 욕심쟁이 방법(greedy method) 및 동적 프로그래밍(dynamic programming)의 원리와 특성에 대해 소개한다. 또한 각 기법에 대한 이해를 돕기 위해서 최대 최소값 문제, 배낭 문제 및 피보나치 수열 문제를 다룬다.

## 3.1 재귀적 알고리즘

### 3.1.1. 재귀적 사고

재귀(recursion)는 문제를 같은 형태의 작은 문제로 축소해서 원래의 큰 문제를 해결해가는 방식(3.2절에 소개할 분할 정복법)에 많이 사용된다. 어떤 문제를 같은 형태의 문제로 줄여서 처리한다는 개념은 초보자에게는 쉽지 않은 부분이다. 왜냐하면 일반적인 반복문이나 조건식 검사 등의 경우와는 다르게 그 구조와 수행 과정을 이해하기 위해서 변화되는 부분을 하나씩 따라가는 과정이 너무 복잡해지기 때문이다. 따라서 재귀에 의한 방법에 익숙해지기 위해서는 충분한 시간과 연습을 통해 알고리즘의 세부 사항에 관계없이 전체적인 재귀 흐름을 직관적으로 이해할 수 있도록 해야 한다.

재귀의 의미를 이해하기 위해 다음의 예를 생각해보자. 어떤 큰 조직의 책임자로 있으면서 10,000가지 종류의 물건에 대해서 조사하고 각 물건에 대한 보고서를 하나씩 작성하는 업무를 맡았다고 가정하자. 아무리 업무능력이 뛰어나더라도 빠른 시간에 이들을 전부 자신이 혼자 처리하는 것은 거의 불가능할 것이다.

이와 같이 혼자 모든 일을 처리하는 것이 어려울 경우에는 다른 사람에게 업무를 분담하여 처리하게 하는 것이 일반적이다. 큰 조직은 직급에 따라 모든 직원들이 계층적으로 이루어져 있으므로 총 책임자는 자신의 하위 부서의 책임자 10명을 선정하여 각자가 1,000가지씩의 업무를 처리하도록 지시한다. 그리고 이들이 각자 맡은 일들을 처리한 후에 완성된 보고서를 취합하여 정리하면 총 책임자의 임무는 완료된다.

그런데 각 부서의 책임자도 각자가 1,000가지의 보고서를 다 완성하기에는 업무의 양이 너무 많을 것이다. 이들은 어떻게 이 일들을 처리해야할까? 이들도 똑같은 방법을 이용해서 자신의 부하직원들 10명에게 자신이 맡은 할당량을 나누어서 100가지씩의 업무를 분담시키면 된다.

이와 같이 각 직원이 자신이 맡은 업무의 양이 적정한 수준을 초과하면 자신의 부하 직원 10명을 선정하여 업무를 나누어 위임한다. 이런 식으로 업무가 계속 내려가다 보면 한 사람이 위임받는 업무의 양이 점점 작아져서 언젠가는 적절한 수준에 도달할 것이다. 만약 10개 이하의 보고서는 한 사람이 혼자 처리할 수 있다면 10개 이하의 업무를 맡은 직원은 더 이상 부하 직원들에게 위임할 필요 없이 자신이 처리할 수 있을 것이다.

이 방식을 개략적으로 나타내면 다음과 같다.

**[알고리즘 3.1] 개략적인 재귀 알고리즘**

```
void Work(int n)
{
   if (n<=10) {
      업무를 처리한다.
   }
   else {
      10명의 부하 직원들을 선정한다.
      각 부하 직원에게 n/10 에 해당하는 업무를 처리하게 한다.
      각 부하 직원에 의해 처리된 업무 결과들을 취합한다.
   }
}
```

이 알고리즘에서 관심을 가져야 할 중요 부분 중 하나는 "각 부하 직원에게 n/10 에 해당하는 업무를 처리하게 한다."이다. 이 부분은 원래의 문제를 작은 크기의 문제로 다시 만드는 것과 마찬가지이다. 새로 만들어진 이 문제는 "*n*개의 업무를 처리한다"라는 원래의 문제와 작업의 본질은 같고 단지 *n*의 값이 원래 문제보다 작다는 것이다. 문제의 본질도 같고 그 해결방법도 같기 때문에 새로운 문제를 처리하기 위해서는 원래 함수를 호출하여 처리하면 된다. 따라서 이 부분의 코드는 다음과 같이 대치한다.

```
Work(n/10);
```

처리해야할 업무의 양이 많을 경우에 이와 같이 자기에게 주어진 방식과 똑같은 방식으로 업무를 처리하기 위해서 자신의 함수를 다시 호출하는 것을 재귀호출(recursive call)이라고 한다.

이 알고리즘에서 주의 깊게 보아야할 또 다른 부분은 "n<=10일 경우에는 업무들을 처리 한다"이다. 만약 이 알고리즘에서 이러한 조건이 없다면 자신에게 주어진 업무의 양을 무조건 1/10로 나눈 다음에 이를 부하 직원들에게 위임하는 과정은 끝없이 반복하여 내려갈 것이다. 이를 구현한 실제 프

로그램을 실행하게 되면 무한적인 호출로 인해 시스템의 자원을 다 소모하게 되고 결국은 비정상적으로 시스템이 정지하게 된다.

이를 방지하기 위해서 재귀적 알고리즘에는 반드시 재귀호출을 일으키는 부분과 그렇지 않은 부분이 조건식 등에 의해 분리되어서 따로 존재해야 한다. 앞의 알고리즘에서는 else 부분이 재귀호출을 발생하는 코드가 들어있는 부분이고 if 부분이 그렇지 않은 부분에 해당한다. 이와 같이 재귀 알고리즘에는 입력에 따라 재귀호출을 더 이상 하지 않고 끝낼 수 있는 조건이 존재해야하며 이를 종료조건(terminate condition)이라고 한다.

지금까지의 설명을 바탕으로 일반적으로 재귀적 알고리즘을 설계할 때에 고려해야할 사항은 다음의 두 가지로 정리할 수 있다. 첫째, 재귀호출이 한 번 이루어질 때마다 처리할 문제는 계속 작아져야 한다는 점이다. 둘째, 재귀호출이 무한히 계속되지 않고 최종적으로는 끝이 날 수 있도록 종료조건이 있어야 한다는 점이다.

### 3.1.2. 재귀 호출

실제적으로 재귀 호출을 이용하는 간단한 예를 살펴보자. 누승(factorial)을 구하는 문제는 주어진 정수 $n$에 대해 $n!$의 값을 계산하면 된다. 정수 $n$의 누승 $n!$은 1부터 $n$까지의 수를 연속적으로 곱한 값이다.

$$0! = 1$$

$$n! = 1 \times 2 \times \ldots \times (n-1) \times n$$

누승을 계산하는 알고리즘은 for문의 반복 구조를 이용해서 간단하게 해답을 구할 수 있다. 이는 반복문을 사용하는 가장 기초적인 예로 많이 등장하는 1에서 $n$까지의 수를 합산하는 알고리즘에서 덧셈연산을 곱셈연산으로 대치하면 된다.

**[알고리즘 3.2] 팩토리얼 계산(1)**

```
int Factorial(int n)
{
  int product, i;

  product = 1;
  for (i=1; i<=n; i++)
    product = product * i;
  return product;
}
```

이 문제를 주의 깊게 살펴보면 다음과 같은 성질을 발견할 수 있다.

$$n! = n \times (n-1) \times (n-2) \times \ldots \times 2 \times 1$$

이므로 이를 재귀적으로 나타내면 다음과 같다.

$$n! = n \times (n-1)!$$

즉, 5!은 5×4!이 되고, 4!은 4×3!이 된다. 이 계산을 계속 따라가다 보면 결국에는 1!은 1×0!이 되고, 0!은 누승 문제의 정의에 따라 1이 된다. 이는 원래 문제 $n$에 대한 누승은 $n-1$에 대한 누승 문제로 축소하고, $n-1$에 대한 누승은 $n-2$에 대한 누승으로 축소하는 방식이므로 문제의 본질은 유지시킨 채로 그 크기만 계속 감소시킬 수 있다는 점을 말한다. 이때 0!은 더 이상 문제를 축소할 필요 없이 그 값을 직접 계산하면 되므로 종료조건에 해당한다. 이에 대한 식을 정리하면 다음과 같다.

$n! = 1,$ $\quad$ $n = 0$인 경우

$n! = n \times (n-1)!,$ $\quad$ $n \geq 1$인 경우

참고로 말하자면 우리는 이 문제의 재귀적 성질을 이끌어내기 위해서 이 관계식을 유도해 내었지만 수학에서는 원래부터 이 재귀식을 누승의 정의로 사용하고 있다. 이제 이 식에서 누승 표현인 !(factorial)을 함수의 이름 Fact

로 대치하면 재귀식의 형태를 그대로 번역하여 알고리즘 3.3과 같이 재귀 함수로 나타낼 수 있다.

**[알고리즘 3.3] 팩토리얼 계산(2)**

```
int Fact(int n)
{
  if (n==0)
    return 1;
  else
    return n*Fact(n-1);
}
```

이 함수가 실제로 어떻게 실행되는지 재귀 호출의 과정을 살펴보기로 하자. 재귀 호출은 매개변수(n)의 값만 바뀐 채 함수 전체의 코드를 호출한 지점에 그대로 복사하여 실행하는 것으로 간주하면 된다. n=2일 때를 가정하자. Fact(2);에 의해 이 함수가 실행되면 else안의 2×Fact(1)을 수행하게 된다. 이 곱셈의 연산은 Fact(1)이 실행되어 그 값이 결정될 때까지는 이 지점에서 보류된다. Fact(1)의 결과값은 Fact 함수를 다시 호출하여 그 결과를 return문에 의해 반환 받았을 때 알 수 있다.

함수 Fact(1)의 실행도 else문의 1×Fact(0)의 곱셈 연산에서 일단 보류되고 Fact 함수를 호출한다. 함수 Fact(0)의 실행은 더 이상의 지연 없이 종료조건(n==0)에 의해 결과값 1을 반환하면서 끝난다. 이 값이 결정됨에 따라 직전에 보류되었던 지점인 1×Fact(0)의 연산을 재개해서 그 값은 1×1이 된다. 마찬가지로 이 연산이 끝나면 이전에 보류되었던 지점인 2×Fact(1)의 연산을 재개하고 그 값인 2×1을 반환한다.

4!을 구하기 위해서는 이 함수의 외부에서

```
result = Fact(4);
```

와 같이 호출하면 된다. 이때 발생하는 각 재귀호출과 그 결과의 반환에 대한 수행 순서는 그림 3.1과 같다.

| Fact(4) | 4! 호출 |
|---|---|
| 4*Fact(3) | 3! 호출 |
| 3*Fact(2) | 2! 호출 |
| 2*Fact(1) | 1! 호출 |
| 1*Fact(0) | 0! 호출 |
| 1 | 1 반환 |
| 1*1 | 1 반환 |
| 2*1 | 2 반환 |
| 3*2 | 6 반환 |
| 4*6 | 24 반환 |

[그림 3.1] 함수 Fact의 재귀호출과 반환 과정

재귀적 알고리즘의 장점은 재귀 함수의 원리와 수행과정이 어느 정도 익숙해지면 문제를 해결하는 전체 과정을 직관적으로 나타낼 수 있고 그에 따라서 코드가 간결하다는 점이다. 반면에, 재귀 호출이 일어날 때마다 필요한 정보를 스택에 저장하는 작업 등이 내부적으로 발생하기 때문에 부가적인 시간과 공간을 필요로 하는 단점도 있다.

여기서 소개한 누승을 계산하는 문제에서는 반복문을 이용한 알고리즘 3.2와 재귀 함수를 이용한 알고리즘 3.3은 둘 다 시간 복잡도가 $O(n)$으로 동일하게 나타난다. 두 알고리즘의 시간 복잡도가 같은 경우에는 재귀 호출에 의한 추가적인 부담 때문에 반복문을 사용한 알고리즘이 좀 더 효율적이라고 할 수 있다.

## 3.1.3. 하노이 타워

하노이 타워(Hanoi tower)라고 불리는 이 문제는 재귀적 알고리즘으로 해결하는 대표적인 문제 중의 하나이다. 하노이 타워는 세 개의 기둥과 서로 다른 크기를 가진 $n$개의 원반으로 구성된다. 세 개의 기둥은 세워놓은 순서에 따라 왼쪽에서부터 1, 2, 3으로 번호를 지정하고, 초기에 $n$개의 원반은 기둥 1에 지름이 큰 원반이 아래에 오도록 모두 쌓아놓는다.

하노이 타워 문제는 기둥 1에 쌓인 모든 원반들을 가장 오른쪽에 있는 기둥 3에 모두 옮기는 문제이다. 이 문제에서 지켜야할 규칙은 원반은 한 번에 하나씩만 옮길 수 있으며, 모든 원반은 세 기둥이외의 위치에는 놓을 수 없고, 어떠한 원반도 자신보다 작은 원반 위에는 놓을 수가 없다는 것이다. 이 문제에 대한 해답은 기둥 1의 원반들을 모두 기둥 3으로 옮길 수 있도록 그 순서를 차례대로 제시하면 된다.

[그림 56.2] 하노이 타워의 초기 상태

$n=1$이라면 그 해답은 생각할 필요도 없다. 기둥 1의 원반을 기둥 3으로 옮기면 된다.

$n=2$일 때에도 간단하다. 기둥 1의 작은 원반을 중간에 있는 기둥 2로 옮기고, 기둥 1의 큰 원반을 기둥 3으로 옮긴 후, 기둥 2에 있는 작은 원반을 기둥 3으로 다시 옮기면 해결된다.

$n=3$이라면 해답은 조금 더 어려워지지만 하나씩 고려해보면 다음과 같은 해답을 어렵지 않게 얻을 수 있을 것이다.

1. 기둥 1의 원반을 기둥 3으로 이동
2. 기둥 1의 원반을 기둥 2로 이동
3. 기둥 3의 원반을 기둥 2로 이동
4. 기둥 1의 원반을 기둥 3으로 이동
5. 기둥 2의 원반을 기둥 1로 이동
6. 기둥 2의 원반을 기둥 3으로 이동
7. 기둥 1의 원반을 기둥 3으로 이동

$n=4$라면 이 문제는 제법 복잡해진다. 이제는 원반을 옮기는 순서를 하나씩 생각하기 보다는 문제의 구조와 해결과정에 필요한 규칙을 조사할 필요가 있다. 먼저 생각할 것은 출발 기둥의 가장 아래에 있는 큰 원반을 목표 기둥으로 옮기는 작업이 이 문제의 해결 과정에 반드시 포함되어야 한다는 것이다. 또한, 가장 큰 원반을 옮기기 위해서는 이 원반의 위에 있는 작은 원반들을 일단은 출발 기둥과 목표 기둥이 아닌 남아 있는 기둥에 모두 옮겨놓아야만 한다. 그런 후 가장 큰 원반을 목표 기둥으로 옮기면 된다. 이다음에는 한 기둥에 있는 나머지 원반들을 모두 목표 기둥으로 옮기면 된다.

4개의 원반을 옮기는 과정을 정리해보자. 기둥 1에서 4번째 원반(가장 큰 원반)을 기둥 3으로 옮기기 위해서는 먼저 위에 있는 3개의 원반을 기둥 1에서 기둥 2로 모두 옮겨야한다. 그 다음에 기둥 1에 있는 4번째 원반(가장 큰 원반)을 기둥 3으로 이동한다. 그 다음에는 기둥 2에 있는 3개의 원반을 기둥 2에서 기둥 3으로 모두 옮기면 이 문제는 해결된다. 이 과정에서 3개의 원반을 모두 옮기는 작업은 두 번(기둥 1에서 기둥 2로, 기둥 2에서 기둥 3으로) 일어난다. 이 두 번의 작업은 출발 기둥과 도착 기둥의 번호만 다를 뿐 $n=3$인 문제와 동일한 방식으로 처리할 수 있다.

이제 이 작업을 일반화 시켜보자. 현재 $n$개의 원반이 쌓여있는 기둥을 출발기둥, 이 원반들을 이동시켜 도착해야할 기둥을 도착 기둥, 중간에 경유지로 활용할 수 있는 기둥을 경유 기둥으로 표현하면 이 문제를 풀기 위해서는 다음과 같은 과정을 재귀적으로 계속 수행하면 된다.

1. $n-1$개의 원반들을 출발 기둥에서 경유 기둥으로 옮긴다.

2. 남아있는 1개의 원반을 출발 기둥에서 도착 기둥으로 이동한다.

3. $n-1$개의 원반들을 경유 기둥에서 도착 기둥으로 옮긴다.

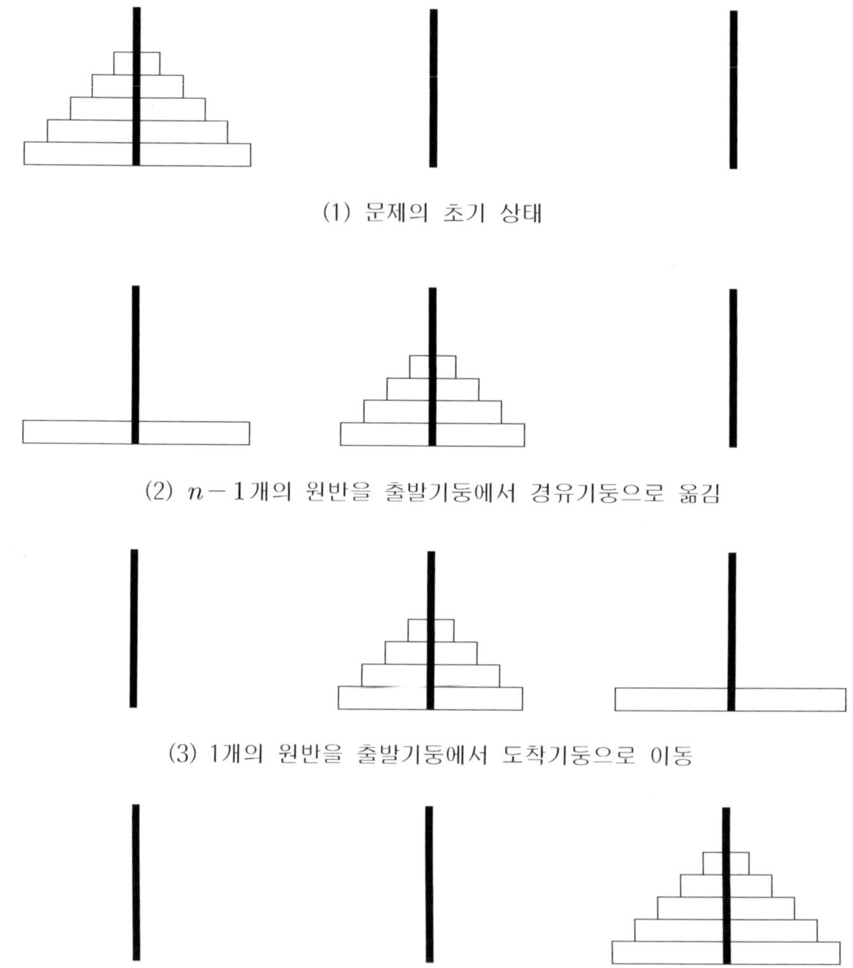

(1) 문제의 초기 상태

(2) $n-1$개의 원반을 출발기둥에서 경유기둥으로 옮김

(3) 1개의 원반을 출발기둥에서 도착기둥으로 이동

(4) $n-1$개의 원반을 경유기둥에서 도착기둥으로 옮김

[그림 3.3] 하노이 타워의 해결 과정

재귀 알고리즘이 받아들이는 처음 문제는 $n$개의 원반을 옮기는 것이지만 이를 해결하는 과정에서는 문제의 크기를 줄여서 $n-1$개의 원반을 옮기는 문제들로 변환한다. 재귀적으로 이 문제를 처리함에 따라 이 문제의 크기는 계속 줄어들면서 $n-2, n-3, \cdots, 2, 1$개의 원반 문제로 변한다. 원반의 개수가 1개가 되면 더 이상 재귀호출을 하지 않고 출발 기둥에서 도착 기둥으로 직접 옮기면 된다. 이는 이 재귀호출의 종료조건은 원반의 개수가 1일 경우로 정한다는 것을 의미한다.

종료조건과 그림 3.3의 각 단계를 바탕으로 재귀적 알고리즘을 작성하면 다음과 같이 된다.

### [알고리즘 3.4] 하노이 타워

```
void HanoiTower(int n, int from, int to)
{
  int temp;

  if (n==1)
    Print(from, "->", to);
  else {
    temp = 6 - from - to;
    HanoiTower(n-1, from, temp);
    Print(from, "->", to);
    HanoiTower(n-1, temp, to);
  }
}
```

이 알고리즘에서 입력 $n$은 원반의 개수, from은 출발기둥의 번호, to는 도착기둥의 번호이다. 함수 HanoiTower 내의 지역 변수 temp는 출발기둥과 도착기둥의 번호에 의해 구할 수 있는 경유 기둥의 번호이다. 경유기둥의 번호는 6-from-to와 같이 계산하여 결정할 수 있다.

[표 3.1] 경유 기둥(temp)의 번호

| 출발 기둥(from) | 도착 기둥(to) | 경유 기둥(temp) |
|---|---|---|
| 1 | 2 | 3 |
| 1 | 3 | 2 |
| 2 | 1 | 3 |
| 2 | 3 | 1 |
| 3 | 1 | 2 |
| 3 | 2 | 1 |

이 알고리즘에서 Print는 결과를 출력하는 함수의 의미이므로 이 알고리즘을 구현할 때에는 사용하는 프로그래밍언어에서 지정된 함수를 이용하면 된다. 이 알고리즘의 실행은 함수 HanoiTower의 외부에서 다음과 같이 호출하면 된다.

HanoiTower(n, 1, 3);

$n=4$일 때를 가정하여 HanoiTower(4, 1, 3)을 실행하면 그 결과로 재귀 호출 HanoiTower(3, 1, 2)와 HanoiTower(3, 2, 3)을 발생시킨다. 이들은 다시 Hanoi Tower(2, 1, 3), HanoiTower(2, 3, 2)와 HanoiTower(2, 2, 1), HanoiTower(2, 1, 3)을 각각 재귀적으로 호출한다. 이 과정을 재귀 트리로 나타내면 그림 3.4와 같다.

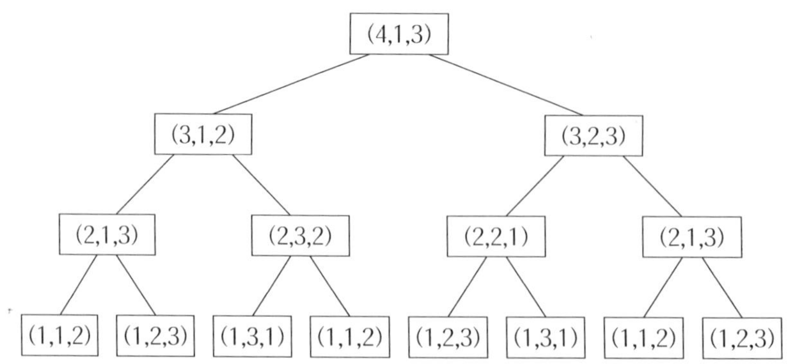


[그림 3.4] HanoiTower(4, 1, 3)에 대한 재귀 트리

하노이 타워의 알고리즘 자체는 간략하지만 원반의 개수가 많아질수록 그 실행시간은 엄청나게 소요된다. 여기에서 실행 시간은 원반의 이동 횟수를 측정하는 것과 마찬가지의 의미이다. 예를 들어 $n=3$일 경우 3개의 원반을 도착 기둥으로 옮기기 위해서 원반을 총 7회 이동해야한다. 또한 그림 3.4에서 보이는 예와 같이 $n=4$일 경우 원반의 이동 횟수는 총 15회가 필요하다.

$n$개의 원반을 옮기기 위해서는 $n-1$개의 원반을 옮기는 작업을 두 번해야 한다. 한 번은 출발기둥에서 경유기둥으로, 다른 한 번은 경유기둥에서 도착기둥으로 옮기는 작업이다. 여기에 더해서 출발기둥에 있는 $n$번째 원반을 도착기둥으로 1회 이동해야한다. $n$개의 원반을 옮기는데 필요한 이동 횟수를 T(n)이라고 한다면 다음의 식이 성립한다.

$$T(1) = 1$$

$$T(n) = 2T(n-1) + 1, \qquad n \geq 2 \text{ 인경우}$$

여기서 T(n)은 $n-1$개의 원반을 두 번(출발기둥에서 경유기동으로, 경유기둥에서 도착기둥으로) 옮기기 위해 필요한 이동 횟수 2T($n-1$)과 가장 큰 원반을 출발기둥으로 이동시키는 횟수 1을 더한 값으로 정의되었다. 또한 T(1)은 1개의 원반만을 이동하는 문제이므로 그 이동 횟수는 1회로 결정된다. 이러한 형태의 식을 순환 방정식(recurrence equation)이라고 한다. 이를 계산하는 방법 중의 하나는 함수 T로 표현되는 항이 없어질 수 있도록 우변을 다음과 같이 반복적으로 전개하는 것이다.

$$\begin{aligned}
T(n) \quad &= 2T(n-1) + 1 \\
&= 2^2 T(n-2) + 2 + 1 \\
&= 2^3 T(n-3) + 2^2 + 2 + 1 \\
&= 2^4 T(n-4) + 2^3 + 2^2 + 2 + 1 \\
&\cdots \\
&= 2^{n-1} T[n-(n-1)] + 2^{n-2} + 2^{n-1} + \ldots + 2^2 + 2^1 + 1 \\
&= 2^{n-1} T(1) + 2^{n-2} + 2^{n-1} + \ldots + 2^2 + 2^1 + 1 \\
&= 2^{n-1} + 2^{n-2} + 2^{n-1} + \ldots + 2^2 + 2^1 + 1 \\
&= 2^n - 1
\end{aligned}$$

따라서 $T(n) = O(2^n)$이 된다. 이는 지수함수의 형태이므로 $n$이 상당히 커지면 그에 대한 해답을 구하는 것이 비현실적임을 알 수 있다. 재미있는 전설에 의하면 64개의 원반을 준비한 후 하노이 타워 문제에 따라서 실질적으로 이 원반들을 직접 옮기는 일을 완료하면 세상의 끝이 온다는 말이 있다. 이를 위해서는 $2^{64}-1$회 만큼 원반을 움직여야 가능하므로 이 일에 걸리는 세월을 상상하면 전설의 의미도 이해할 수 있을 것이다.

## 3.2 알고리즘의 설계 기법

### 3.2.1. 분할 정복 기법

분할 정복법(divide and conquer)에 따른 설계의 특징은 문제의 크기를 작게 나누어서 좀 더 쉽게 해결할 수 있는 상태로 변환하는데 있다. 이 방법은 주어진 원래 크기의 문제를 분할하여 몇 개의 작은 부분 문제로 만든 후 이 부분 문제들을 먼저 해결한다. 그런 후 이들의 해답을 결합해서 원래 문제의 해답을 완성한다. 만약 분할된 부분 문제들의 크기가 커서 이들의 해결이 여전히 쉽지 않을 경우에는 각 부분 문제들에 대해 분할 정복법을 다시 적용한다. 이 과정은 각 부분 문제들이 간단히 해결될 수 있는 상태에 이를 때까지 계속 반복된다.

분할 정복기법을 이용해서 문제를 분할하면 새로 발생되는 부분 문제는 비록 그 크기는 작아지더라도 원래 문제의 형태와 구조를 그대로 유지하는 경향이 있다. 이는 각각의 부분 문제도 전체 문제에 적용했던 것과 마찬가지의 방법에 의해 순환적으로 해결할 수 있다는 것을 의미한다. 각 부분 문제는 문제의 크기가 충분히 작아져서 직접적인 해결방법으로 그 해답을 구할 수 있을 때가 되면 더 이상 분할하지 않는다. 앞서 설명한 3.1절의 재귀적 함수는 분할 정복 기법을 위한 구현 기술이다.

하나의 문제가 분할될 때 한 번에 생성되는 부분 문제의 개수는 문제의 성질에 따라 달라질 수도 있지만 분할 정복법을 사용하는 많은 알고리즘이 문제의 크기를 두 개의 부분 문제로 분할하므로 이를 가정하여 생각해보기로 하자. $p$를 해결해야할 원래 문제라고 생각하고 이를 분할하면 $p_1$과 $p_2$의 부분 문제가 생성된다고 할 때, 분할 정복기법에 의한 알고리즘을 추상적으로 표현하면 다음과 같다.

**[알고리즘 3.5] 분할 정복법에 대한 추상적 알고리즘**

```
DivideAndConquer(p)
{
  if (p가 해결가능)
    solution = p의 해답;
  else
    p를 p1과 p2로 분할;
    s1 = DivideAndConquer(p1);
    s2 = DivideAndConquer(p2);
    solution = s1과 s2를 결합;
  return solution;
}
```

이 알고리즘에서 함수 DivideAndConquer의 입력 $p$는 해결할 문제를 말하고, 계속 분할되는 문제들 $p_1$과 $p_2$도 동일한 방법에 의해 반복적으로 처리해야하므로 이 기법은 자연스럽게 알고리즘의 내부에 재귀적 호출을 포함하게 된다. 분할된 문제 $p_1$과 $p_2$는 재귀호출에 의해 이 기법의 반복적인 입력 문제에 해당한다. if문의 조건식에 있는 '$p$가 해결가능'의 의미는 문제 $p$의 크기가 충분히 작아져서 더 이상 재귀적으로 처리하지 않고 직접 해결가능하다는 것을 의미한다.

문제의 종류에 따라서 문제를 분할하는 부분이 복잡할 수도 있고 이들의 해답을 결합하는 과정이 복잡할 수가 있다. 이에 대해서는 이 책에서 소개하는 분할 정복기법에 관련된 여러 가지의 알고리즘들을 경험하면서 비교하기 바란다.

주어진 배열의 원소들 중에서 최소값과 최대값을 찾는 문제를 생각해보자. 먼저 분할 정복기법을 사용하지 않는 알고리즘은 다음과 같다.

**[알고리즘 3.6] 최대값과 최소값 찾기**

```
void MaxMin1(number A[], int n,
             number *max, number *min)
{
  int i;

  *max = A[1];
  *min = A[1];
  for (i=2; i<=n; i++) {
    if (A[i]>*max)
      *max = A[i];
    if (A[i]<*min)
      *min = A[i];
  }
}
```

이 알고리즘에서 A는 입력 배열, $n$은 이 배열에 있는 전체 원소의 개수이다. max와 min은 이 알고리즘의 출력인 최대값과 최소값이며 이 함수의 외부에 선언되어 있어야한다. 100개의 원소를 가지는 배열 A의 최대값과 최소값을 구하는 경우라면 다음과 같이 호출하면 된다.

```
MaxMin1(A, 100, &max, &min);
```

알고리즘의 내용은 아주 간단하다. 먼저 첫 번째 원소를 최대값 max와 최소값 min으로 설정한 후 for 반복문에서 이 값과 배열내의 각 원소를 차례로 비교한다. 만약 현재까지 구한 최대값보다 크거나 최소값보다 작은 원소가 발견되면 max와 min의 값을 갱신한다. 따라서 배열의 마지막까지 이 과정을 거치면 max와 min은 배열 전체의 최대값과 최소값을 가진다.

이 알고리즘의 복잡도를 계산하기 위해서 기본연산은 원소들의 비교식으로 정하자. 비교연산이 일어나는 부분은 반복문내에서 A[$i$]와 max 및 A[$i$]와 min을 비교하는 if문의 조건식이다. 반복 변수 $i$에 의해 for문은 $n-1$회 반복하고 한 번 반복될 때마다 2회의 비교연산이 발생하므로 비교연산의 총 실행횟수는 $2(n-1)$회가 된다.

같은 문제를 이제 분할 정복법에 의해서 설계해보자. 먼저 알고리즘 3.5에서 설명한 바와 같이 직접적으로 즉시 해결을 할 수 있는 배열의 크기를 설정해보자. 만약 원소의 개수가 1개라면 이 값은 최대값이자 최소값이 된다. 2개의 원소로 구성된 배열이라면 두 원소를 서로 비교하여 큰 값은 최대값, 작은 값은 최소값으로 간단히 결정할 수 있다. 따라서 배열의 크기가 1개 또는 2개인 경우가 직접적으로 해답을 구할 수 있는 크기에 해당한다.

이 보다 더 큰 배열은 분할 정복기법에 따라서 배열의 전체 크기를 작게 나누어서 해결한다. $n$개의 원소를 갖는 배열 (A[1], A[2], ⋯ A[$n$])을 문제 $p$라고 한다면 이들을 두 개의 문제 $p_1$과 $p_2$로 분할한다. 그러면 배열 A의 중간지점의 원소를 기준으로 앞부분의 원소들로 이루어진 부분 배열의 문제 $p_1$과 뒷부분의 원소들로 이루어진 부분 배열의 문제 $p_2$로 나뉜다. 만약 $p_1$과 $p_2$의 문제 크기(분할된 부분 배열의 원소 수)가 2보다 크다면 다시 분할을 하게 된다. 이 과정은 부분 문제의 크기가 2보다 작거나 같을 때까지 알고리즘을 재귀적으로 호출함으로써 처리된다.

문제 $p$를 최종적으로 해결하는 해답은 부분 문제 $p_1$과 $p_2$의 해답을 결합함으로써 만들어진다. 부분 문제 $p_1$과 $p_2$가 재귀적 호출 과정을 거쳐 이미 해결이 되었다면 전체 배열의 절반에 해당하는 두 부분 배열은 그에 따른 최대값과 최소값이 구해졌을 것이다. 원래의 문제 $p$는 두 부분 문제 $p_1$과 $p_2$의 해답인 최대값과 최소값들을 서로 비교하면 해답을 얻을 수 있다. 즉, $p_1$의 최대값과 $p_2$의 최대값 중 더 큰 값이 $p$의 최대값이 된다. 마찬가지로 $p_1$의 최소값과 $p_2$의 최소값 중 더 작은 값이 $p$의 최소값이 된다.

이 과정을 정리하여 알고리즘을 기술하면 다음과 같다.

**[알고리즘 3.7] 분할 정복법에 의한 최대 및 최소값**

```
void MaxMin2(int i, int j, number *max, number *min)
{
  number max1, max2, min1, min2;
  int mid;

  if (i==j) {
    *max = A[i];
    *min = A[i];
  }
  else if (i==j-1) {
    if (A[i]>A[j]) {
      *max = A[i];
      *min = A[j];
    }
    else {
      *max = A[j];
      *min = A[i];
    }
  }
  else {
    mid = (i+j)/2;
    MaxMin2(i, mid, &max1, &min1);
    MaxMin2(mid+1, j, &max2, &min2);
    *max = Maximum(max1, max2);
    *min = Minimum(min1, min2);
  }
}
```

이 알고리즘에서 문제의 입력 배열인 A와 출력 max와 min은 함수의 외부에 전역적으로 선언한다. $i$와 $j$는 배열 A에서 최대값과 최소값을 구할 대상 원소들의 범위를 결정한다. 즉, 함수 MaxMin2는 A[$i$]에서 A[$j$]까지의 원소들을 대상으로 최대값과 최소값을 구한다. 만약 100개의 원소로 이루어진 배열 A의 전체 원소들을 대상으로 최대값과 최소값을 구한다면 다음과 같이 호출하면 된다.

```
MaxMin2(1, 100, &max, &min);
```

함수 MaxMin2는 크게 두 부분으로 나누어진다. 함수의 앞부분은 해답을 구해야할 부분 배열의 크기가 직접 해결 할 수 있을 정도로 작은 경우에 처리할 내용이다. $(i == j)$의 경우는 원소가 1개인 부분 배열이며, $(i == j-1)$의 경우는 원소가 2개인 부분 배열에 해당한다.

함수의 뒷부분은 입력된 배열내 원소의 개수가 2보다 많을 경우 배열을 절반으로 나눈 후 분할된 두 부분 배열을 대상으로 함수 MaxMin2를 재귀적으로 호출하는 부분이다. 변수 mid는 입력 배열을 분할하기 위해서 A[$i$]와 A[$j$]사이의 중간 지점을 계산한다. 이때 $(i+j)/2$의 식에 의해 mid가 정수값이 아니면 소수점이하의 값을 버리고 정수 부분만 취하면 된다.

배열 A[$i$]~A[$j$]는 A[$i$]~A[mid]와 A[mid+1]~A[$j$]의 두 부분 배열로 분할된 후 동일한 방식에 의해 해결하기 위해서 MaxMin2 함수로 다시 입력된다. MaxMin2함수의 실행 순서에 의해서 2개의 재귀호출 명령이 끝나면 max1과 min1은 첫 번째 부분배열의 최대값과 최소값, max2와 min2는 두 번째 부분배열의 최대값과 최소값을 가진다. 이 값들 을 서로 비교하여 더 큰 값을 max에, 작은 값을 min에 지정하면 전체 배열에 대한 해답을 최종적으로 얻게 된다. 내부에 표현된 함수 Maximum과 Minimum은 두 개의 원소를 비교하여 최대값 또는 최소값을 반환하는 간단한 함수이므로 이에 대한 설명은 생략하겠다.

8개의 원소를 가진 배열 A를 대상으로 MinMax2 함수를 호출하여 해답을 처리해 가는 과정을 나타내면 그림 3.5와 같다.

| [45 7 2 36 61 25 22 15] | | | |
|---|---|---|---|
| 분 할 | | | |
| [45 7 2 36] | | [61 25 22 15] | |
| 분 할 | | 분 할 | |
| [45 7] | [ 2 36] | [61 25] | [22 15] |
| max=45<br>min=7 | max=36<br>min=2 | max=61<br>min=25 | max=22<br>min=15 |
| 결 합 | | 결 합 | |
| [45 7 2 36] | | [61 25 22 15] | |
| max=45<br>min=2 | | max=61<br>min=15 | |
| 결 합 | | | |
| [45 7 2 36 61 25 22 15] | | | |
| max=61<br>min=2 | | | |

[그림 3.5] 알고리즘의 처리과정

이제 알고리즘 3.7의 복잡도를 계산해보자. 먼저 이를 간략하게하기 위해서 $n$이 2의 지수형태의 수인 $n=2^k$로 가정하자. 이때 $k$는 0보다 크거나 같은 정수이므로 $n$은 1, 2, 4, 8, 16 … 과 같은 값을 가진다. $n$이 1이나 2일 경우에는 이 알고리즘의 종료조건에 해당하므로 비교식은 0회 또는 1회 발생한다. $n>2$일 경우에는 $n/2$개를 입력으로 하는 두 번의 재귀호출과 함수 Maximum, Minimum으로 인한 2회의 비교식이 발생한다. 이에 따라 이 알고리즘의 복잡도는 다음의 순환방정식으로 나타낼 수 있다.

$$T(n)=0, \quad n=1\text{인 경우}$$

$$T(n)=1, \quad n=2\text{인 경우}$$

$$T(n)=T(\frac{n}{2})+T(\frac{n}{2})+2, \quad n>2\text{인 경우}$$

이 순환 방정식을 반복적으로 전개하여 계산하면 다음과 같이 된다.

$$
\begin{aligned}
T(n) &= 2T(\frac{n}{2})+2 \\
&= 2^2T(\frac{n}{2^2})+2^2+2 \\
&= 2^3T(\frac{n}{2^3})+2^3+2^2+2 \\
&\cdots \\
&= 2^{k-1}T(\frac{n}{2^{k-1}})+2^{k-1}+2^{k-2}+\ldots+2^3+2^2+2 \\
&= 2^{k-1}T(2)+2^{k-1}+2^{k-2}+\ldots+2^3+2^2+2 \\
&= 2^{k-1}+2^k-2 \\
&= \frac{n}{2}+n-2 \\
&= \frac{3}{2}n-2
\end{aligned}
$$

따라서 이 알고리즘의 복잡도는 $O(n)$이다.

직접적인 알고리즘 3.6의 복잡도와 분할과 정복법에 의한 알고리즘 3.7을 엄밀히 비교하면 알고리즘 3.7이 시간적인 면에서 약간은 더 좋아보일지도 모른다. 그러나 알고리즘 3.7은 재귀적 호출이 반복해서 일어남에 따라 스택에 관련된 작업을 내부적으로 계속 처리해야하는 인한 부담을 가지게 된다. 따라서 이 두 알고리즘에 대해 절대적인 시간적 성능을 비교하는 것은 별 의미가 없다고 볼 수 있다. 여기에서는 분할 정복법에 의한 설계를 이해하는 데에 목적이 있다.

### 3.2.2. 욕심쟁이 기법

최적화 문제(optimization problems)는 문제의 조건을 만족하는 여러 개의 해 중에서 정해진 목적 함수를 최대화 혹은 최소화하는 해(solution)를 찾는 문제이다. 이러한 종류의 문제는 일반적으로 입력을 구성하는 데이터에서 얻을 수 있는 여러 개의 부분 집합 중에서 하나의 부분 집합이 그 최적해가

된다. 욕심쟁이 방법(greedy method)은 최적 해답을 구성할 수 있는 집합을 만들기 위해서 필요한 원소를 각 단계마다 하나씩 선택해 나간다. 이 기법의 특징은 선택을 해야 하는 매 순간마다 현재의 상태에서 가장 좋아 보이는 원소를 선택하는 전략을 취한다.

욕심쟁이라는 표현에서 약간은 부정적인 느낌을 가질 수도 있겠지만 많은 경우에 이 방식은 좋은 전략이 되기도 한다. 각 순간에 한해서 지역적으로 가장 좋아 보이는 선택이 모여서 전역적으로도 가장 좋은 최종의 해답에 이르는 문제가 많이 있기 때문이다. 이때 '지역적'이란 의미는 각 단계에서 과거와 미래 단계를 고려하지 않고 현재 상태에서만 판단하는 기준을 말한다. '전역적'의 의미는 모든 단계를 거친 후에 문제 전체에 대한 해답의 판단 기준을 의미한다. 욕심쟁이 기법에 의한 알고리즘은 비록 모든 최적화 문제를 해결할 수는 없지만 많은 경우의 문제에 쉽게 적용할 수 있는 기법중의 하나이다.

이제 욕심쟁이 기법을 적용할 수 있는 문제의 예로써 배낭문제를 알아보자. 배낭 문제는 $n$개의 물건과 이 물건들을 담을 수 있는 배낭이 있을 때 어떤 물건들을 선택해서 배낭에 넣으면 배낭 안에 있는 물건들의 총 가격이 가장 크게 되는가에 대한 문제이다. 이때 배낭에 넣을 수 있는 최대 무게가 제한되어있으므로 배낭 안에 넣은 물건들의 총 무게는 이 제한 무게를 넘지 않아야한다.

지금 소개하려고하는 문제는 배낭 문제(knapsack problem) 중에서도 부분(fractional) 배낭 문제라고 한다. 그 이유는 물건을 배낭에 넣을 때 물건 전체가 아닌 일부분만을 넣는 것도 허용하기 때문이다. 예를 들어, 어떤 물건의 가격이 100원이라면 이 물건의 1/4만 배낭에 넣는 것도 가능하며 이때 이 물건으로 인한 값어치는 25원이 된다.

부분 배낭 문제를 정리하여 설명하면 다음과 같다.

$n$ : 물건의 개수

$m$ : 배낭이 견딜 수 있는 제한 무게

$p_i$ : $i$번째 물건의 가격

$w_i$ : $i$번째 물건의 무게

$x_i$ : $i$번째 물건이 배낭에 포함된 정도

여기에서 $x_i$는 $0 \leqq x_i \leqq 1$의 조건을 가진다. $i$번째 물건 전체가 배낭에 포함되었다면 $x_i = 1$, 전혀 포함되지 않는다면 $x_i = 0$이 된다. 만약 $i$번째 물건의 절반만 배낭에 넣는다면 $x_i = 1/2$이 된다. 주어진 문제에서 물건의 종류가 총 4개라면 배낭 안 물건들의 총 가격은 다음과 같이 계산할 수 있다.

$$p_1x_1 + p_2x_2 + p_3x_3 + p_4x_4$$

이때 배낭 안 물건들의 총 무게는 다음과 같이 계산된다.

$$w_1x_1 + w_2x_2 + w_3x_3 + w_4x_4$$

배낭에 포함된 물건들이 이 문제의 해답 후보가 되기 위해서는 배낭 안 물건들의 총 무게가 배낭의 제한 무게보다는 크지 않아야한다.

이제 부분 배낭문제를 식으로 나타내면

$$\sum_{i=1}^{n} w_ix_i \leqq m, \quad (0 \leqq x_i \leqq 1)$$

인 조건에서

$$\sum_{i=1}^{n} p_ix_i$$

를 최대화 할 수 있도록 $x_1, x_2, \cdots, x_n$의 값을 정하는 것이 된다.

예를 들어 배낭의 제한 무게 $m = 15\text{kg}$이고 각 물건의 무게와 가격이 다음과 같이 주어졌다고 가정하자.

| | 가격 | 무게 |
|---|---|---|
| 1번째 물건 | 60원 | 4kg |
| 2번째 물건 | 45원 | 9kg |
| 3번째 물건 | 21원 | 7kg |
| 4번째 물건 | 12원 | 3kg |

이 문제에 대한 해답을 구한다는 것은 주어진 물건 중에 어떤 물건을 선택해서 배낭에 넣을 것인가에 대한 것이다. 이제 최종 해답을 구성해 가기 위해 욕심쟁이기법에 의해 하나씩 물건을 선택할 때 고려할 전략을 생각해보자. 그리고 물건을 하나씩 선택할 때에는 사전에 결정한 전략에 따라 현 상태에서 가장 좋아 보이는 물건을 넣기로 한다.

고려해 볼 수 있는 첫 번째 전략으로는 물건을 선택해야 하는 각 단계마다 가격이 가장 비싼 물건을 선택하는 것이다. 이는 물건이 하나 추가될 때마다 배낭안의 총 가격이 가장 빠르게 증가할 수 있는 방법이다. 선택의 첫 단계에서는 가장 비싼 물건인 1번째 물건을 넣는다. 두 번째 단계에서 현재 남은 물건 중 가장 비싼 물건인 2번째 물건을 넣는다. 이제 배낭의 여유무게가 2kg만 남았으므로 현재 남은 물건 중 가장 비싼 3번째 물건은 일부분만 넣을 수가 있다. 따라서 3번째 물건은 물건의 2/7에 해당하는 부분만 넣을 수 있다. 이에 따른 해답은 $x_1 = 1$, $x_2 = 1$, $x_3 = 2/7$, $x_4 = 0$로 나타낼 수 있다. 이에 따른 배낭 안 물건들의 총 가격은 다음과 같다.

$$60 \times 1 + 45 \times 1 + 21 \times 2/7 + 12 \times 0 = 111$$

두 번째 전략으로는 매 순간마다 무게가 적은 물건을 선택하는 것이다. 이는 물건이 하나 추가될 때마다 배낭안의 총 무게가 가장 느리게 증가할 수 있는 방법이다. 이에 따라 매 순간마다 남아있는 물건 중 가장 가벼운 물건을 선택하여 배낭에 넣는다면 4번째, 1번째, 3번째, 2번째의 물건들이 차례로 선택된다. 이때 마지막에 들어가는 2번째 물건은 배낭의 여유무게 때문에 1/9에 해당하는 부분만 넣을 수 있다. 이에 따른 해답은 $x_1 = 1$, $x_2 = 1/9$, $x_3 = 1$, $x_4 = 1$이 된다. 따라서 배낭 안 물건들의 총 가격은 다음과 같이 된다.

$$60 \times 1 + 45 \times 1/9 + 21 \times 1 + 12 \times 1 = 98$$

앞의 두 전략에 의한 해답들은 문제의 조건은 위반하지 않았지만 최적의 해답은 아니다. 문제를 좀 더 주의 깊게 살펴본다면 이보다 더 나은 전략을 생각할 수 있다. 즉, 배낭에 매 순간 물건을 집어넣을 때 무게의 증가에 비해서 가격이 최대한 많이 증가하는 전략이 최적의 해답을 가져올 수 있다는 것을 알 수 있다. 이를 위해서는 각 물건에 대한 단위 무게당 가격을 계산한 후 이 값이 더 큰 순서로 물건을 선택하여 배낭에 넣으면 된다.

| | 가격 | 무게 | 가격/무게 |
|---|---|---|---|
| 1번째 물건 | 60원 | 4kg | 15원/kg |
| 2번째 물건 | 45원 | 9kg | 5원/kg |
| 3번째 물건 | 21원 | 7kg | 3원/kg |
| 4번째 물건 | 12원 | 3kg | 4원/kg |

이 전략에 의해 물건을 집어넣는다면 선택의 각 단계에서 1번째, 2번째, 4번째 물건의 순서로 배낭에 집어넣는다. 마지막에 넣는 4번째 물건은 배낭의 여유가 2kg만 허용할 수 있으므로 2/3부분만 들어간다. 이에 대한 해답은 $x_1 = 1$, $x_2 = 1$, $x_3 = 0$, $x_4 = 2/3$이 된다. 이 배낭 안 물건들의 총 가격은 다음과 같다.

$$60 \times 1 + 45 \times 1 + 21 \times 0 + 12 \times 2/3 = 113$$

따라서 이 문제에서 최적의 해답은 $x_1 = 1$, $x_2 = 1$, $x_3 = 0$, $x_4 = 2/3$이며 최대가격은 113원이 된다.

단위 무게당 가장 비싼 물건의 순서로 선택하는 세 번째 전략을 바탕으로 작성한 욕심쟁이 알고리즘은 다음과 같다.

### [알고리즘 3.8] 부분 배낭문제에 대한 욕심쟁이 기법

```
void Knapsack(number x[], int n, number m)
{
  int i;
  number tw;

  for (i=1; i<=n; i++)
    x[i] = 0;

  tw = m;
  for (i=1; i<=n; i++) {
    if (w[i]>tw)
      break;
    x[i] = 1;
    tw = tw - w[i];
  }
  if (i<=n)
    x[i] = tw/w[i];
}
```

이 알고리즘에서 입력 $m$은 배낭의 제한 무게, $n$은 물건의 개수, 출력 배열 $x$는 각 물건의 포함정도를 나타낸다. 가격 배열 p와 무게 배열 w는 외부에 전역적으로 선언되어 있어야한다. 또한 두 배열 p와 w는 이미 단위 무게 낭 가격이 큰 순서로 물건들이 정렬되었다고 가정한다.

for문의 반복에서 변수 $i$는 각 단계에서 $i$번째 물건을 선택하는 것을 뜻한다. 각 단계에서 현재 배낭이 버틸 수 있는 여유 무게 $tw$가 현재 선택된 $i$번째 물건의 무게보다 크면 $i$번째 물건 전체를 배낭에 넣는다. 그렇지 않다면 for문을 빠져나온 후 if문에 의해 그 물건의 일부분만 배낭에 넣는다.

알고리즘 3.8의 복잡도는 for문 내에서 무게의 비교 또는 뺄셈 연산을 중 어떤 연산을 택하더라도 그 횟수는 마찬가지이다. $n$번째 물건까지 고려해야

하는 최악의 경우에 이들은 for문에 의해 $n$번 실행된다. 따라서 이 알고리즘의 복잡도는 $O(n)$이 된다.

욕심쟁이 기법은 이 문제와 같이 매 순간 지역적인 최선의 선택을 통해 만들어진 최종의 해답이 최적해를 가져다 줄 때에는 유용하게 쓰일 수 있다. 그러나 지역적인 최적의 선택이 모여서 전역적인 최적해를 늘 보장하는 것은 아니다. 배낭 문제의 또 다른 종류인 0-1 배낭 문제만 하더라도 부분배낭문제에 이용한 욕심쟁이 기법을 사용해서 최적의 해답을 구할 수 없다.

### 3.2.3. 동적 프로그래밍 기법

분할 정복법과 유사하게 동적 프로그래밍(dynamic programming) 방식도 부분문제의 해답을 이용하는 방식으로 문제를 해결한다. 분할 정복법은 독립적인 부분 문제로 문제를 나눠가면서 이들을 재귀적으로 해결한 후 이들의 해답을 결합하여 원래 문제를 해결하는 방식을 취한다. 이에 반해, 동적 프로그래밍 방식은 나누어진 부분 문제가 완전히 독립적이지 않아서 이 부분문제들의 결과를 공유할 수 있는 경우에 적합하다.

만약 부분문제를 공유할 수 있는 경우에도 분할 정복법을 사용하게 되면 재귀호출에 인해 동일한 부분 문제를 독립적으로 처리하게 되므로 같은 작업을 여러 번 반복해서 처리하는 결과가 발생한다. 이런 경우에 동적 프로그래밍은 부분 문제를 먼저 해결한 후에 이에 대한 결과를 저장하고 필요할 때 나중에 이용함으로써 재계산을 방지하는 방식을 취한다.

가장 간단한 예로 피보나치(Fibonacci) 수열에서 항의 값을 구하는 문제를 다뤄보자. 피보나치수열은 다음과 같이 정의된다.

$$f_0 = 0$$

$$f_1 = 1$$

$$f_n = f_{n-1} + f_{n-2}, \qquad n \geq 2\text{인 경우}$$

이 수열을 나열해보면 다음과 같다.

$$0,\ 1,\ 1,\ 2,\ 3,\ 5,\ 8,\ 13,\ \cdots$$

이 수열에서 특정 항의 값을 계산하여 구해보자. 만약 $f_5$의 값을 계산하기 위해서는 다음과 같은 순서로 구하면 된다.

$f_0 = 0$

$f_1 = 1$

$f_2 = f_1 + f_0 = 1 + 0 = 1$

$f_3 = f_2 + f_1 = 1 + 1 = 2$

$f_4 = f_3 + f_2 = 2 + 1 = 3$

$f_5 = f_4 + f_3 = 3 + 2 = 5$

이제 특정 항의 값을 계산하는 알고리즘을 생각해보기로 하자. 피보나치 수열의 정의가 이미 재귀적으로 표현되어 있으므로 이를 재귀적 알고리즘으로 구성하는 것은 아주 직관적인 작업이다. $f_0$와 $f_1$의 값은 재귀함수의 구성에서 종료조건에 의해 직접 계산하면 된다. $n > 1$인 경우에는 $f_{n-1}$과 $f_{n-2}$의 값을 재귀 호출에 의해 구한다음 그 합을 계산하면 된다.

**[알고리즘 3.9] 피보나치수열에서 특정 항의 값**

```
int fibo1(int n)
{
  if (n==0)
    return 0;
  else if (n==1)
    return 1;
  else
    return fibo1(n-1) + fibo1(n-2);
}
```

이 알고리즘에서 입력 $n$은 피보나치 수열에서 $n$번째 항을 의미하며 음이 아닌 정수이어야 한다. 이 알고리즘에 의해 재귀적으로 $f_4$의 값을 구하는 과정을 트리로 나타내면 그림 3.6과 같다.

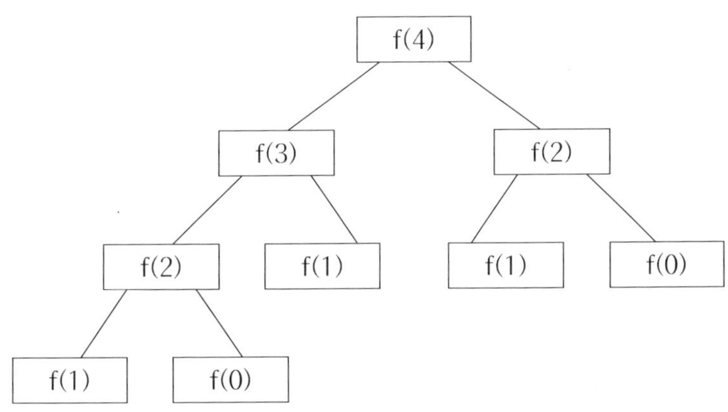


[그림 3.6] f(4)의 계산 과정

이 알고리즘은 피보나치수열의 정의에 따라 그대로 작성하였으므로 그 내용을 이해하기는 아주 쉽다. 하지만 실행시간의 관점에서는 아주 비효율적이라 할 수 있다. 알고리즘의 실행과정을 나타낸 그림 3.6에서 각 노드는 피보나치 수열에서 각 항의 값을 나타낸다. 루트에 있는 $f_4$의 결과값을 구하기 위해서는 이 노드들의 값을 모두 알아야만 한다.

그림 3.6에서 $f_4$의 값을 최종적으로 구하기 위해 계산된 항의 개수는 9개이다. 그 중 $f_0$는 2회, $f_1$은 3회, $f_2$는 2회씩 트리에 나타나므로 이들 항의 값은 여러 번 반복되어 계산된 것을 알 수 있다. 그 이유는 $f_3$과 $f_2$에 대한 재귀호출이 각각 별도로 이루어지기 때문에 필요한 항의 값들이 이미 계산된 적이 있더라도 그 결과를 공유해서 활용할 수가 없기 때문이다. 만약 $n$의 값이 더 커진다면 이러한 중복 계산은 훨씬 더 늘어나게 된다.

$f_n$을 구하기 위해 나타낸 트리에서 노드의 총 개수를 T(n)이라고 하자. 그림 3.6을 참고하면 $f_3$을 구하기 위한 노드의 개수 T(3)=5, $f_2$를 구하기 위한 노드의 개수 T(2)=3이 된다. 따라서 $f_4$를 구하기 위한 노드의 개수 T(4)

는 T(3)+T(2)+1이 되어 총 9개가 된다. 이를 $n$에 대해 일반화하여 정리하면 다음과 같은 관계가 성립한다.

$T(0) = 1$

$T(1) = 1$

$T(n) = T(n-1) + T(n-2) + 1$, $n \geq 2$인 경우

여기서 $n \geq 2$인 경우 $T(n-1) \geq T(n-2)$이므로 $T(n)$은 다음과 같이 전개할 수 있다.

$$\begin{aligned} T(n) &> 2T(n-2) \\ &> 2 \times 2 \times T(n-4) \\ &> 2 \times 2 \times 2 \times T(n-6) \\ &\cdots \\ &> 2 \times 2 \times 2 \times \ldots \times 2 \times T(0) \end{aligned}$$

이를 정리하면 피보나치 수열에서 $n$번째 항을 구하기 위해 계산해야할 노드의 개수는 다음과 같이 된다.

$$T(n) > 2^{\frac{n}{2}}$$

이는 $n$이 40정도만 되더라도 노드의 개수가 최소한 1,000,000개를 넘는 것을 말한다.

$$T(n) = \Omega(2^{\frac{n}{2}})$$

이므로 실행시간이 지수시간의 형태가 됨에 따라 $n$의 값이 클수록 계산에 필요한 시간이 아주 빠르게 증가한다는 것을 알 수 있다.

이제 이를 동적프로그래밍 기법을 이용한 알고리즘으로 수정하여 작성해보자. $f_4$의 값을 구하기 위해서는 $f_3$과 $f_2$의 값을 구해야한다. $f_4$를 전체 문제라고 본다면 $f_3$과 $f_2$는 문제 $f_4$를 풀기위한 부분 문제가 된다. 마찬가지로

$f_3$의 부분 문제는 $f_2$와 $f_1$로 구성된다. 여기에서 $f_2$는 문제 $f_4$와 문제 $f_3$가 공유할 수 있는 동일한 부분 문제에 해당한다. 이와 같이 동일한 부분문제는 중복되게 계산되지 않도록 구성해야할 필요가 있다.

동적프로그래밍 방식에서는 부분문제들을 한 번 계산한 후에는 특정 장소에 저장하고, 이 부분문제의 해가 필요할 때 이를 다시 계산하지 않고 이전에 저장해둔 결과를 이용한다. 이를 위해서는 큰 문제를 해결하기 위해 하향식으로 작은 문제에 접근하는 재귀호출의 방식보다는 작은 문제를 먼저 해결한 후 이 해를 상위의 큰 문제에서 사용하는 방식이 필요하다. 지금 다루고 있는 피보나치수열에서는 부분 문제 $f_{n-2}$와 $f_{n-1}$을 먼저 계산하고 이후에 $f_n$의 계산은 이들의 값을 사용하도록 하면 된다.

일반적으로 동적프로그래밍에서 부분 문제의 값을 저장하는 장소는 배열의 형태가 된다. 피보나치문제에서는 일차원 배열을 이용하여 가장 작은 부분문제인 $f_0$에서 시작해서 $f_n$까지의 값을 상향식으로 구해나갈 수 있다. 이는 배열 $f$를 사용해서 왼쪽에서 오른쪽으로 진행하면서 각 원소를 채워가는 것을 말한다.

| 배열 f | f[0] | f[1] | f[2] | f[3] | … | f[n] |
|---|---|---|---|---|---|---|
| 항의 값 | 0 | 1 | f[1]+f[0] | f[2]+f[1] | … | f[n-1]+f[n-2] |

이를 바탕으로 동적프로그래밍에 의한 알고리즘을 작성하면 다음과 같다.

### [알고리즘 3.10] 동적프로그래밍에 의한 특정 항의 값

```
int fibo2(int n)
{
  int i;
  int f[0..n];

  f[0]=0;
```

```
    f[1]=1;
    for (i=2; i<=n; i++)
      f[i] = f[i-1] + f[i-2];
    return f[n];
}
```

여기에서 f[0..n]는 첨자 0에서 시작하여 n으로 끝나는 배열을 의미한다. 이 알고리즘에서 각 항의 값을 구하는 지정문의 개수를 살펴보자. for 반복문에 들어가기 전에 $f_0$과 $f_1$의 값을 구하는 2개의 지정문이 있다. for문 내에서는 2부터 $n$까지 지정문이 반복 실행되므로 총 $n-1$회가 된다. 따라서 $f_n$을 구하기 위한 총 실행횟수는 $2+(n-1)=n+1$회가 된다. 따라서 이 알고리즘에서 계산하는 항의 개수는 다음과 같다.

$$T(n) = n + 1$$

이는 알고리즘 3.9에서 계산한 노드의 개수와 비교하면 엄청난 차이를 가진다. 예를 들어 $n$이 40일 때 알고리즘 3.9가 최소 1,000,000개 이상의 항을 계산해야하는데 비해 이 알고리즘은 41개의 항만 계산하면 된다는 의미이다. 이와 같이 문제의 구조가 부분문제의 중복계산을 포함하고 있을 때 동적프로그래밍 기법에 의해 이를 제거함으로써 알고리즘의 효율성을 많이 향상시킬 수 있다.

일반적으로 동적프로그래밍 방식은 욕심쟁이 기법과 마찬가지로 많은 종류의 최적화 문제에 유용하게 사용된다. 최적화 문제에 적용하는 방식과 이를 이용하는 알고리즘들에 대해서는 5장과 6장에서 몇 개의 예를 통해 다시 소개하기로 하고 여기서는 동적프로그래밍의 원리와 효과에 대해서 간단히 소개하였다.

1. 1에서 $n$까지를 전부 더해서 그 합을 출력하는 알고리즘을 재귀 함수를 이용해서 작성하시오.

2. 하노이 타워 알고리즘을 직접 구현하여 실행하고 $n$의 개수에 따른 실제 시간을 측정해서 비교하시오.

3. 하노이 타워 알고리즘에서 원반을 이동하는 횟수를 카운터 할 수 있도록 코드를 수정하시오. $n$의 값을 다양하게 하여 실험한 후 우리가 구한 복잡도의 계산결과와 같은지 확인하시오.

4. 재귀함수는 분할 정복 방법 외에도 많이 사용된다. 1에서 $n$까지의 숫자로 이루어진 모든 순열을 출력할 수 있도록 재귀적 알고리즘을 작성하시오.

5. 분할 정복법에 의해 최대 및 최소값을 구하는 알고리즘 3.7을 프로그램으로 구현하고 그 결과를 확인하시오.

6. 입력 데이타가 다음과 같이 11개가 있을 때 알고리즘 3.7의 처리 과정을 그림 3.5와 같은 방법으로 나타내시오.

   100 14 82 34 60 79 99 46 117 55 23

7. 0 − 1 배낭 문제는 부분 배낭 문제와 동일한 문제이지만 조건이 다르다.(0 − 1 배낭 문제에서는 물건의 일부분을 넣는 것은 허용하지 않는다.) 알고리즘 3.8을 0 − 1 배낭 문제를 해결할 수 있도록 수정하시오. 또한, 수정한 알고리즘이 0 − 1 배낭 문제에서는 최적해를 도출할 수 없다는 것을 보일 수 있는 입력의 예를 작성하시오.(각 물건의 가격, 무게 및 배낭의 제한 무게)

8. 본문에서 소개한 피보나치 수열의 항을 계산하는 두 알고리즘을 프로그램으로 구현한 후 몇 개의 예를 가지고 그 실행 시간을 비교하여 확인하시오.

제 4 장

# 탐색 및 정렬 알고리즘

정렬은 알고리즘의 종류 중에서 기초적이면서도 가장 많이 이용되는 작업의 하나이다. 정렬은 특정 순서에 관계없이 나열된 데이터들의 리스트에서 모든 데이터를 원하는 순서로 재배치하는 것을 의미한다. 리스트내의 데이터는 일반적으로 몇 개의 항목으로 구성되어있으며, 이 중에 키(key)라고 부르는 특정 항목을 기준으로 각 데이터를 오름차순 또는 내림차순으로 정렬한다. 이 장에서 소개하는 알고리즘에서는 편의상 리스트를 배열로 간주하고, 데이터의 항목 중 키가 되는 항목만을 대상으로 언급한다.

4.1절에서는 정렬이 되어있는 리스트에서 빠른 시간에 원하는 데이터를 찾을 수 있는 알고리즘으로 이진 탐색을 소개한다. 이진 탐색의 결과는 정렬되어있는 데이터가 탐색 시간을 얼마나 효과적으로 감소시켜 줄 수 있는지를 보여준다. 4.2절에서는 간단한 정렬알고리즘인 버블 정렬에 대해 소개한다. 이 알고리즘은 2장에서 소개한 선택정렬과 마찬가지로 비교적 이해하기 쉬운 정렬 알고리즘에 속한다. 4.3절과 4.4절에서는 합병 정렬과 퀵 정렬에 대해 다룬다. 이 알고리즘들은 분할 정복법에 기반한 정렬 알고리즘이며 선택정렬이나 버블정렬보다 빠른 실행시간에 실행된다. 퀵 정렬은 정렬 알고리즘들 중에 가장 많이 이용되는 알고리즘이다.

## 4.1 이진 탐색

우리가 사전에서 어떤 단어를 찾는 과정을 생각해보자. 사전의 어떤 부분에 우리가 원하는 단어가 있는지를 알 수 없으므로 임의로 중간 정도에 위치한 페이지를 열어볼 것이다. 만약 그 페이지의 단어들이 사전 순서에 의해 우리가 찾는 단어보다 앞에 위치한다는 것을 안다면 찾고자 하는 단어들이 이 페이지 보다 뒤에 있다는 것을 알 수 있다. 그렇다면 우리는 이 앞의 페이지들은 찾아볼 필요가 없다는 것을 깨닫고 이 페이지의 뒷부분에 대해서만 관심을 가질 것이다.

남아있는 뒷부분의 분량에서 어느 정도의 지점에 우리는 다시 시도할 것이고 만약 그 페이지의 단어보다 우리가 찾는 단어가 앞에 있다면 남은 페이지 중에 뒷부분은 무시하고 앞부분에만 관심을 가진다. 만약, 그렇지 않다면 우리는 또 다시 뒷부분에 대해 살펴볼 것이고 이런 과정을 계속 반복한다. 이 과정을 반복할수록 우리가 고려해야 할 대상의 페이지 수는 줄어들고 마침내 우리가 찾는 단어를 찾던지 또는 사전에 없다는 것을 발견한다. 이 과정을 나타내면 다음과 같다.

(1) "알고리즘"을 찾기 위해서 사전의 대략적인 중간 부분을 열어본다.

(2) 만약, 그 페이지에 "복잡도"라는 단어가 있다면 "알고리즘"은 가나다순에 의해 이 보다 뒤에 있다는 것을 알 수 있다.

(3) 남아 있는 뒷부분("복잡도"가 있는 페이지에서 사전의 끝 부분)의 분량 중에 중간 부분을 다시 열어본다.

(4) 만약, 그 페이지에 "차수"라는 단어가 있다면 "알고리즘"은 가나다순에 의해 이 보다는 앞에 있다는 것을 알 수 있다.

(5) 남아 있는 앞부분("복잡도"가 있는 페이지에서 "차수"가 있는 페이지까지)의 분량 중에 중간 부분을 다시 열어본다.

(6) 이를 계속 반복하다 보면 우리가 찾는 범위가 점점 좁혀질 것이고 어느 순간이 되면 "알고리즘"을 결국 찾게 된다.

물론, 기본적으로 우리가 가정하고 있는 것은 사전이 가나다순에 의해 이미 정렬되어 있다는 것이다. 이때, 사람은 이 단어를 찾기 위해 정확히 페이지 수를 계산해서 열어보지는 않는다. 단지 손의 감각에 의해 적당한 페이지를 열어볼 뿐이다. 하지만 이 방법을 알고리즘으로 만들기 위해서는 명확한 기준을 필요로 한다.

이를 위해서 적당히 중간 지점이 아니라 알고리즘에서는 정확하게 절반의 위치를 찾아서 단어를 확인해야 한다. 사전과 다른 점은 각 페이지에 여러 개의 단어가 아니라 오직 하나의 단어만이 존재하고 페이지 번호는 배열의 첨자가 이를 대신하는 것으로 한다.

오름차순으로 정렬된 데이터로 이루어진 리스트에서 찾고자 하는 데이터의 위치를 알려주는 이진 탐색(binary search) 알고리즘은 다음과 같다.

**[알고리즘 4.1] 이진 탐색**

```
int BinarySearch(DataType A[], int n, DataType x)
{
  int low, mid, high;

  low = 1;
  high = n;
  while (low <= high) {
    mid = (low+high)/2;
    if (x == A[mid])
      return mid;
    else if (x < A[mid])
      high = mid - 1;
    else
      low = mid + 1;
  }
  return 0;
}
```

A[]는 정렬된 데이터가 들어 있는 배열이며, $n$은 이들 데이터의 개수이다. $x$는 이 배열에서 찾고자 하는 데이터이다. 이 알고리즘은 배열에서 x를 찾으면 배열 내에서의 x의 위치(첨자)를 반환하고, 만약 x가 존재하지 않으면 0을 반환한다.

알고리즘에서 low와 high는 데이터 x를 찾기 위해 현재 고려해야할 범위를 설정한다. 반복이 거듭될 때마다 x를 찾기 위한 범위는 A[low]에서 A[high]까지의 데이터들이다. 이때 A[1]에서 A[low-1]사이의 원소와, A[high+1]에서 A[$n$]까지의 원소는 이미 고려 대상에서 제외되어 탐색할 필요가 없는 범위의 데이터들이다.

예를 들어 배열 A가 다음과 같은 원소들로 이루어져 있다고 가정하자.

| [1] | [2] | [3] | [4] | [5] | [6] | [7] | [8] |
|---|---|---|---|---|---|---|---|
| 4 | 13 | 25 | 46 | 60 | 68 | 82 | 93 |
| low=1 | | | mid=4 | | | | high=8 |

이 예에서 찾고자 하는 데이터 x=60이라고 가정하자. 이 알고리즘에서 mid의 값이 정수가 아닐 경우에는 소수점 이하를 버리고 정수 값을 취한다. 이는 배열 내의 위치인 첨자(index)는 정수가 되어야하기 때문이다.

처음에 low는 1이고 high는 8이므로 이들의 중간 위치 mid=(1+8)/2는 4.5이므로 정수 값을 취하면 4가 된다. x와 A[mid]의 비교식은 60>A[4]가 되므로 low는 5가 된다. 반복이 다시 시작되면 low는 5, high는 8인 범위에 해당한다. 이는 A[1]에서 A[4]의 원소들은 이제 탐색의 범위에서 배제됨을 뜻한다. 따라서 탐색해야할 데이터의 범위는 다음과 같이 A[5]에서 A[8]사이로 줄어들게 된다.

| [5] | [6] | [7] | [8] |
|---|---|---|---|
| 60 | 68 | 82 | 93 |
| low=5 | mid=6 | | high=8 |

이들의 중간 위치 mid=(5+8)/2 는 6.5이므로 정수 값을 취하면 6이 된다. x와 A[mid]의 비교식은 60<A[6]이 되므로 high는 5가 된다. 반복이 다시 시작되면 low는 5, high는 5인 범위에 해당한다. 이는 이전의 mid인 6과 high인 8사이에 있는 A[6]에서 A[8]의 원소들은 탐색의 범위에서 이제는 배제됨을 뜻한다.

[5]

| 60 |
|---|

low=5

mid=5

hig=5

남아있는 범위인 A[5]와 A[5]의 사이에서 그 중간 위치는 mid=(5+5)/2인 5가 된다. x와 A[5]의 비교식에서 60==A[5]이 되고, 이는 배열 A[5]에서 x를 발견하였음을 뜻하므로, 그 위치인 5를 반환하고 알고리즘은 종료한다.

만약, 배열 A에 존재하지 않는 데이터 x를 찾는 경우에는 어떻게 될까? 같은 배열에서 x=65를 찾는 경우를 살펴보자.

1번째 while loop 에서 low=1, high=8, mid=4 이므로 65>A[4] 이다. 따라서 low=mid+1 이 되어 low=5 가 된다.

2번째 while loop 에서 low=5, high=8, mid=6 이므로 65<A[6] 이다. 따라서 high=mid-1 이 되어 high=5 가 된다.

3번째 while loop 에서 low=5, high=5, mid=5 이므로 65>A[5] 이다. 따라서 low=mid+1 이 되어 low=6 이 된다.

4번째 while loop 에서 low=6, high=5 가 되므로 while 조건의 low<=high에 위반되어 while 문을 벗어나게 되고, 알고리즘은 0을 반환하고 종료한다.

즉, 찾고자 하는 데이터 x가 배열 A에 없을 경우에 결국에는 low<=high의 조건을 위반하게 되어 0을 반환하게 된다. 그렇지 않을 경우에는 언젠가는 x==A[mid]를 만족하여 그 때의 위치 mid를 반환하고 알고리즘은 종료한다.

비록, 이진 탐색 알고리즘의 이해를 쉽게 하기 위해서 이 예에서는 찾고자 하는 데이터를 숫자로 설정하였지만, 문제에 따라 x와 배열 A는 문자열이 될 수도 있다. 만약, 문자열을 비교하는 프로그램이라면 x와 A[mid]의 비교는 부등호의 대소 관계가 아니라 문자열을 비교할 수 있는 함수로 대치하면 될 것이다.

이제 이진 탐색 알고리즘의 시간 복잡도를 생각해보자. 순차 탐색과 마찬가지로 우리는 기본 연산으로 데이터 x와 배열의 원소를 비교하는 연산을 선택한다. 이 알고리즘에서 비교 연산은 다음의 코드들에 해당한다.

```
(1)        if (x == A[mid])
(2)        else if (x < A[mid])
(3)        else
```

하지만 이들 연산을 별개의 연산으로 생각해서 따로 처리할 필요는 없다. 왜냐하면 x와 A[mid]에 대한 한 번의 비교 연산 후에 그 결과를 저장한다면 (2)else if나 (3) else에 대해 별도의 비교 연산 없이도 (1)if의 결과값에 따라 처리할 수 있기 때문이다. 이는 효율적인 코드를 생성하기 위해 컴파일러에 의해 처리되는 부분이다. 따라서 우리는 이들을 하나의 비교 연산으로 고려해도 문제가 되지 않는다.

이진 탐색 알고리즘에서는 같은 개수의 데이터를 대상으로 하더라도 배열 A에 있는 원소들의 값에 따라 비교 횟수는 달라진다. 앞의 예에서도 찾고자 하는 데이터 x가 46이라면 시작 하자마자 mid=(1+8)/2=4가 되어 46== A[4]를 만족하므로 한 번의 비교 연산만으로도 알고리즘이 끝날 수 있게 된다. 따라서 여기에서는 가장 비교가 많이 일어날 수 있는 경우를 고려한 최악-경우 복잡도를 살펴보기로 하자.

논의를 간단히 하기위해 데이터의 개수인 $n$을 2의 제곱수에 해당하는 숫자들로 가정하자. $n$이 1, 2, 4, 8, 16, 32, … 일 경우를 대상으로 하면 분석을 쉽게 해줄 뿐만 아니라 전체적인 복잡도를 추정하고자 하는 의미에서는 별 영향을 미치지 않는다.

비교 횟수가 가장 많이 일어나는 경우는 $x$가 배열 A의 원소 중에서 가장 커서 배열의 마지막에 위치하거나 또는 이보다 더 큰 값이라서 배열 내에 없는 경우에 해당한다. 이 중에서 $x$가 배열 A에서 가장 큰 값 보다 더 큰 경우를 고려해보자. 다음의 배열에서 데이터 100을 찾는 경우가 이에 해당한다.

| [1] | [2] | [3] | [4] | [5] | [6] | [7] | [8] |
|---|---|---|---|---|---|---|---|
| 4 | 13 | 25 | 46 | 60 | 68 | 82 | 93 |
| | | | mid=4 | | mid=6 | mid=7 | mid=8 |

이진 탐색에서 mid의 값은 while 루프가 반복될 때마다 mid=4, mid=6, mid=7, mid=8로 변해가면서 x==A[mid]의 비교 연산을 한 번씩 수행한다. 이후에 low가 9가 되면서 while 문을 벗어나게 되고 0을 반환한다. 이와 같이 입력 배열의 크기 $n$이 8일 경우에 비교식의 실행 횟수는

$$T(8) = 4$$

이 된다.

$n$이 1, 2, 4, 8, 16, 32, ⋯ 와 같이 변할 때 비교 연산이 얼마나 실행되는지를 살펴보자. 다음에서 나열한 mid는 실행 도중 mid가 변화하면서 가지는 값이며, 이들의 개수가 비교 연산의 실행 횟수이다.

n=1 일 때, mid=1

n=2 일 때, mid=1, 2

n=4 일 때, mid=2, 3, 4

n=8 일 때, mid=4, 6, 7, 8

n=16 일 때, mid=8, 12, 14, 15, 16

n=32 일 때, mid=16, 24, 28, 30, 31, 32

이는 $n$이 두 배로 증가할 때 마다 비교 연산은 1회 씩 더 늘어나는 것을 보여준다. 그 이유는 이진 탐색에서 비교가 한 번 일어날 때 마다 남아있는 탐색 대상의 범위는 절반으로 줄어들기 때문이다. 입력의 개수 $n$이 8개에서 두 배로 증가해서 16개가 되더라도 한 번의 비교만으로 탐색 대상의 원소 수는 다시 8개로 줄어드는 셈이 된다.

$n$을 2의 지수 형태로 다시 정리하면 비교 연산의 실행 횟수는

$n=2^0$ 일 때 1회

$n=2^1$ 일 때 2회

$n=2^2$ 일 때 3회

$n=2^3$ 일 때 4회

$n=2^4$ 일 때 5회

…

$n=2^k$ 일 때 $k+1$회

가 되고, $k=\log n$이므로 비교 연산의 총 실행 횟수는

$$T(n)=\log n+1$$

가 된다. 따라서 이진 탐색의 복잡도는 $O(\log n)$이라고 할 수 있다.

이 결과를 2장에서 다루었던 순차 탐색과 비교해보자. 순차 탐색에서는 배열내의 모든 원소보다 더 큰 $x$를 찾는 최악의 경우에 첫 원소부터 시작해서 마지막 원소까지 총 $n$번의 비교를 거쳐서야 그 결과를 알 수 있었다. 표 4.1에 순차 탐색과 이진 탐색에서 발생하는 비교 연산의 실행 횟수를 비교해서 나타내었다.

[표 4.1] 순차 탐색과 이진 탐색의 실행 횟수 비교

| $2^k$ | n | 순차 탐색 | 이진 탐색 |
|---|---|---|---|
| $2^0$ | 1 | 1 | 1 |
| $2^4$ | 16 | 16 | 5 |
| $2^8$ | 256 | 256 | 9 |
| $2^{16}$ | 65,536 | 65,536 | 17 |
| $2^{32}$ | 4,294,967,296 | 4,294,967,296 | 33 |

표 4.1에서 각 $n$의 값에 대해 2의 지수 형태로도 나타낸 것은 지수의 값과 이진 탐색의 실행 횟수와의 관계를 쉽게 파악하기 위해서이다. 이 표에서

보다시피 데이터의 개수 $n$이 많으면 많아질수록 이진 탐색의 성능이 순차 탐색에 비해 훨씬 좋다는 것을 쉽게 알 수 있다.

약 43억 개의 원소를 가지는 배열에서 순차 탐색은 약 43억 회의 비교 연산을 실행해야 하는데 반해서 이진 탐색은 33회의 비교 연산만으로 이를 처리한다. 이러한 결과는 이 두 알고리즘의 복잡도가 순차 탐색이 $O(n)$, 이진 탐색이 $O(\log n)$이라는 점에서도 예상할 수 있다. 2장에서 논의했던 복잡도 함수의 성능에 따른 순서에서 $O(\log n)$은 상수 시간 다음으로 빠른 실행 시간을 가진다.

## 4.2 버블 정렬

버블 정렬(bubble sort)은 앞서 다루었던 선택 정렬과 마찬가지로 정렬 알고리즘들 중에서는 비교적 간단한 정렬 방법이다. 먼저 10개의 카드를 가지고 이들을 왼쪽에서 오른쪽으로 오름차순으로 정렬하는 방법을 생각해보자.

(1) 왼쪽에서 첫 번째 카드와 두 번째 카드를 비교하여 만약 첫 번째 카드가 두 번째 카드 보다 크다면 두 카드의 위치를 맞바꾼다. 두 카드 중에 가장 큰 카드는 두 번째 위치에 있다.

(2) 두 번째 카드와 세 번째 카드를 비교해서 더 큰 카드를 세 번째 위치에 놓도록 한다. 이로써 첫 번째, 두 번째, 세 번째 카드 중에 제일 큰 카드가 세 번째 카드에 있다는 것을 확신할 수 있다.

(3) 이와 같은 방법으로 계속하면서 9번째 카드와 10번째 카드를 비교해서 더 큰 카드가 10번째 카드가 되도록 했다면 10번째 카드는 전체 10개의 카드 중에 가장 큰 카드가 되어있을 것이다. 이제는 남은 9개의 카드만 정렬하면 된다.

(4) 왼쪽 9개의 카드를 대상으로 같은 방법을 적용하면 9번째 카드는 10개의 카드 중 두 번째로 큰 카드가 위치할 것이다.

(5) 왼쪽부터 8개, 7개, 6개, …, 2개의 카드에 이 방법을 계속 적용하면 결국에는 모든 카드가 오름차순으로 자리 잡게 된다.

이와 같은 방법으로 버블 정렬에서는 서로 인접한 두 개의 원소를 비교해서 순서가 맞지 않으면 두 원소들의 위치를 바꾸게 하여 정렬하는 방식을 취한다. 입력 배열 A를 대상으로 생각해 보자. A[1]과 A[2]를 비교한 후 필요에 따라 위치를 바꾸고, 이어서 A[2]와 A[3], A[3]과 A[4], A[4]와 A[5], … A[9]와 A[10]을 비교하여 위치를 정리하면 마지막에는 전체 중에 가장 큰 원소가 A[10]의 위치에 밀려오게 된다.

나머지 A[1]에서 A[9]까지의 원소들은 아직은 완전하게 정렬되어 있지 않다. A[1]과 A[2]의 비교를 시작으로 해서 A[8]과 A[9]의 비교를 마친 후에야 A[1]에서 A[9]사이에서 가장 큰 원소가 A[9]으로 보내지게 된다. 마찬가지로 A[1]과 A[2]의 비교를 시작으로 해서 A[7]과 A[8]의 비교를 마친 후에 전체에서 세 번째로 큰 원소가 A[8]에 자리 잡는다. 이 과정은 A[1]과 A[2]를 비교한 후에 A[2]의 값이 결정되는 순간까지 계속되어야 한다.

다음은 $n$개의 데이터로 구성된 배열 A를 오름차순으로 정렬하는 알고리즘이다.

**[알고리즘 4.2] 버블 정렬**

```
void BubbleSort(DataType A[], int n)
{
  int  i, j;

  for (i=n-1; i>=1; i--) {
    for (j=1; j<=i; j++) {
      if (A[j] > A[j+1])
        A[j]와 A[j+1]을 교환
    }
  }
}
```

배열의 원소 개수를 6으로 가정하고 이 알고리즘을 살펴보자. $n$의 값은 6이므로 변수 $i$는 5에서 1로 하나씩 감소한다. $i$의 값이 5일 때 $j$의 값은 1에서 5까지 계속 변하면서 아래의 if문을 실행한다. 이는 $i$의 값이 5일 때 $j$의 변화에 따라 A[1]과 A[2]의 비교에서 시작해서 A[5]와 A[6]의 비교까지 반복되는 것을 의미한다.

따라서 $i$의 값이 5이고 $j$의 값이 $i$에 다다르면 배열 A의 가장 큰 값이 A[6]으로 이동하게 된다. 이와 같이 오름차순으로 정렬할 때 가장 큰 값이 계속 이동하면서 마지막으로 이동하는 모습이 마치 거품이 물 위로 떠오르는 것과 비슷하여 버블 정렬이라고 한다.

$i=5$일 때 $j$값에 따른 배열 내 원소들의 값을 단계별로 나타내면 다음과 같다.

[표 4.2] i=5일 때 j의 변화에 따른 단계별 결과

| | A[1] | A[2] | A[3] | A[4] | A[5] | A[6] |
|---|---|---|---|---|---|---|
| 초기 데이터 | 47 | 17 | 37 | 7 | 67 | 27 |
| j=1 | 17 | *47 | 37 | 7 | 67 | 27 |
| j=2 | 17 | 37 | *47 | 7 | 67 | 27 |
| j=3 | 17 | 37 | 7 | *47 | 67 | 27 |
| j=4 | 17 | 37 | 7 | 47 | *67 | 27 |
| j=5 | 17 | 37 | 7 | 47 | 27 | *67 |

한 단계를 더 나아가서 $i=4$일 때 j값에 따른 배열 내 원소들을 나타내면 다음과 같다.

[표 4.3] i=4일 때 j의 변화에 따른 단계별 결과

| | A[1] | A[2] | A[3] | A[4] | A[5] | A[6] |
|---|---|---|---|---|---|---|
| 데이터 | 17 | 37 | 7 | 47 | 27 | 67 |
| j=1 | 17 | *37 | 7 | 47 | 27 | 67 |
| j=2 | 17 | 7 | *37 | 47 | 27 | 67 |
| j=3 | 17 | 7 | 37 | *47 | 27 | 67 |
| j=4 | 17 | 7 | 37 | 27 | *47 | 67 |

이러한 방식에 의하면 바깥 for 루프에서 변수 $i$의 값이 $n-1$일 때 A[1]에서 A[$n$]사이의 가장 큰 값이 A[$n$]에, $n-2$일 때 A[1]에서 A[$n-1$]사이의 가장 큰 값이 A[$n-1$]에, 1일 때 A[1]에서 A[2]사이의 큰 값이 A[2]로 이동하게 된다. 이로써 배열 A의 모든 원소들은 오름차순으로 정렬된다.

버블 정렬에서 비교연산의 횟수를 측정해 보자. 알고리즘에서 비교 연산의 실행 횟수는 $i=n-1$일 때 $j$는 1에서 i까지 반복되므로 $n-1$회가 된다. $j$는 $i$의 값에 따라 i만큼 반복하므로 비교의 총 횟수는 다음과 같다.

i$=n-1$일 때 : $n-1$회

$i=n-2$일 때 : $n-2$회

…

$i=2$일 때 : 2회

$i=1$일 때 : 1회

이를 모두 더하면 비교 연산의 총 실행 횟수는 다음과 같다.

$$T(n) = (n-1) + (n-2) + \ldots + 2 + 1$$
$$= \frac{(n-1)n}{2}$$

따라서 버블 정렬의 복잡도는 $O(n^2)$이다. 비교 연산만을 감안하면 알고리즘 2.4의 선택 정렬과 같은 결과를 보인다. 그러나 비교에 따른 결과로 원소를 서로 교환하는 연산까지 고려하면 선택 정렬이 좀 더 효율적인 알고리즘이라고 할 수 있다.

단적인 예로서 모든 데이터가 다음과 같이 내림차순으로 정렬되어있는 경우를 생각해보자.

| A[1] | A[2] | A[3] | A[4] | A[5] | A[6] |
|---|---|---|---|---|---|
| 66 | 55 | 44 | 33 | 22 | 11 |

버블 정렬에서는 외부 for문의 첫 반복($i=5$일 때)을 살펴보더라도 인접한 각 원소 쌍을 비교하는 A[$j$]>A[j+1]는 항상 만족하게 되고 이에 따라 계속 교환 연산이 일어나게 된다.

j=1 일 때 : A[1]=66, A[2]=55 이므로 A[1]=55, A[2]=66으로 교환

j=2 일 때 : A[2]=66, A[3]=44 이므로 A[2]=44, A[3]=66으로 교환

…

j=5 일 때 : A[5]=66, A[6]=11 이므로 A[5]=11, A[6]=66으로 교환

이 과정을 거친 후 $i=4$가 되기 전에 배열 A의 원소들은 다음과 같은 상태가 된다.

| A[1] | A[2] | A[3] | A[4] | A[5] | A[6] |
|---|---|---|---|---|---|
| 55 | 44 | 33 | 22 | 11 | 66 |

$i$의 값이 감소하면서 다음 회의 반복이 실행될 때에도 이러한 현상은 계속된다. 따라서 이와 같이 내림차순으로 데이터가 정렬되어 있을 경우에 버블 정렬에서는 비교 연산이 실행될 때마다 교환 연산이 실행되므로 교환 연산의 실행 횟수는 비교 연산의 실행 횟수와 같게 된다.

반면에, 선택 정렬에서는 외부 for문의 첫 반복($i=1$일 때) 시점에 6개의 원소 중 가장 작은 값의 위치를 파악해 그 원소와 A[1]을 교환하게 되므로 1회의 교환 연산만 실행된다. 알고리즘 2.4를 참고하면, 첫 반복이 끝난 후 i=2가 되었을 때 배열 A의 원소들은 다음과 같아진다.

| A[1] | A[2] | A[3] | A[4] | A[5] | A[6] |
|---|---|---|---|---|---|
| 11 | 55 | 44 | 33 | 22 | 66 |

버블 정렬에서는 교환 연산이 내부의 for문에서 비교가 일어날 때마다 발생하는 것과는 달리, 선택 정렬에서는 내부 for문 전체에 대해서 교환 연산이 최대 1회만 수행한다는 것을 알 수 있다. 따라서 데이터의 이동을 감안한다면 선택 정렬이 더 효율적인 셈이 된다.

버블 정렬을 수행하는 과정에서 만약 남아있는 데이터들이 이미 오름차순으로 정렬된 것을 알아챌 수 있다면 더 이상 작업을 수행하지 않고도 실행을 종료할 수도 있다. 이러한 경우는 몇 번의 반복이 진행된 후에 발생할 수도 있고, 처음부터 이미 정렬되어 있는 데이터와 같이 극단적인 경우에는 한 번의 반복만으로도 이를 감지하여 처리할 수도 있다.

이러한 성질을 감안하여 불필요한 반복 수행을 생략할 수 있도록 알고리즘을 개선하면 다음과 같다.

**[알고리즘 4.3] 버블 정렬(2)**

```
void BubbleSort2(dataType A[], int n)
{
  int   i, j;
  boolean sorted;

  for (i=n-1; i>=1; i--) {
    sorted = true;
    for (j=1; j<=i; j++) {
```

```
            if (A[j] > A[j+1]) {
                A[j]와 A[j+1]을 교환;
                sorted = false;
            }
        }
        if (sorted)
            return;
    }
}
```

알고리즘 4.3의 sorted는 각 반복의 단계에서 교환이 한 번이라도 일어났는지에 대해 표시하는 역할을 한다. 만약, 교환이 일어나지 않았다면 내부의 for문을 벗어났을 때 sorted는 여전히 true일 것이며, 이는 남아있는 데이터들이 이미 정렬된 상태임을 의미하므로 더 이상 이 함수를 수행하지 않고 종료하면 된다.

## 4.3 합병 정렬

합병 정렬(merge sort)은 분할 정복법을 이용한 정렬 방법이다. 이 알고리즘의 특징은 재귀적으로 문제의 크기를 줄여가면서 해결하는 방식이며 전체적인 아이디어는 다음과 같다.

(1) 배열의 원소 개수가 두 개 이상이면 배열을 절반으로 나눈 후, 왼쪽의 배열과 오른쪽의 배열을 각각 별도로 정렬시키도록 보낸다.

(2) 반쪽의 배열들이 각각 정렬되어 돌아오면, 정렬된 두개의 배열을 하나씩 비교하면서 전체가 다 정렬되도록 하나의 배열로 합병한다.

(3) 이때, 왼쪽과 오른쪽의 반쪽 배열을 각각 정렬하는 방법도 재귀적으로 (1)과 (2)의 방식을 그대로 흉내 내어 반복한다.

예를 들어, 전체 배열에 원소가 2개만 있다면 반쪽의 배열은 원소가 1개씩만 있으므로 이들은 그 즉시 정렬된 배열로 간주되어 돌아온다. 이들을 비교하여 합병하면 정렬된 전체 배열이 된다. 전체 배열의 원소가 4개라면 분할된 왼쪽과 오른쪽의 배열은 각각 2개의 원소가 있는 배열이 된다. 이 배열들을 각각 정렬시키는 방법은 전체 배열의 원소가 2개인 경우와 마찬가지가 된다. 그러므로 이들을 합병하면 정렬된 4개의 원소를 가지는 전체 배열이 된다.

이와 같은 과정을 확장해서 생각하면 전체 배열의 원소 수와 관계없이 계속 적용될 수 있다. 다음과 같이 4개의 원소로 이루어진 배열을 정렬하는 방법을 간략히 살펴보자.

[ 54 23 79 13 ]

이 배열을 2개로 나눈 후, 왼쪽과 오른쪽의 배열을 정렬하기 위해 보낸다. 두 개의 부분 배열은 다음과 같다.

[ 54 23 ] [ 79 13 ]

이들을 각각 절반으로 나누고 분할된 배열들을 정렬하기 위해 보낸다. 두 개의 부분 배열은 다음과 같이 네 개의 더 작은 부분 배열이 된다.

[ 54 ] [ 23 ] [ 79 ] [ 13 ]

이미 각각의 배열은 원소가 하나밖에 없으므로 정렬되어 있는 셈이다. 따라서 왼쪽과 오른쪽의 두 부분 배열을 다음과 같이 오름차순으로 각각 합병한다.

[ 23 54 ] [ 13 79 ]

정렬되어 있는 왼쪽과 오른쪽의 두 부분 배열을 다시 오름차순으로 합병한다.

[ 13 23 54 79 ]

이 과정을 정리하여 알고리즘으로 나타내면 알고리즘 4.4와 같이 분할정복법에 의해 재귀적으로 자신의 함수를 호출하는 형태가 된다.

**[알고리즘 4.4] 합병 정렬**

```
void MergeSort(dataType A[], int low, int high)
{
   int mid;

   if (high > low) {
      mid = (low+high)/2;
      MergeSort(A, low, mid);
      MergeSort(A, mid+1, high);
      Merge(A, low, mid, high);
   }
}
```

A는 정렬할 데이터가 들어 있는 배열이며, low는 배열 A에서 정렬할 부분의 시작 위치, high는 마지막 위치이다. MergeSort 함수는 배열 A 전체를 정렬하는 것이 아니라 A[low]에서 A[high]사이의 원소들만 정렬한다. 따라서 100개의 원소를 갖는 배열 전체를 정렬한다면 이 함수의 외부에서

```
MergeSort(A, 1, 100);
```

과 같이 호출하여 이용하면 된다.

합병 정렬의 if문에서 high와 low의 비교는 정렬할 부분의 원소 수가 두 개 이상인지를 검사한다. 만약 그 미만이라면 원소의 개수가 하나인 경우이므로 정렬할 필요 없이 MergeSort는 종료한다. mid는 정렬할 부분의 중간 위치를 지정한다. 이 값은 정수 값이어야 하므로 소수점이하는 버리면 된다.

재귀호출인 첫 번째 MergeSort는 분할된 왼쪽 부분인 A[low]에서 A[mid]까지의 원소들을 정렬하고, 두 번째 MergeSort는 오른쪽 부분인 A[mid+1]에서 A[high]까지의 원소들을 정렬한다. 이 호출들은 재귀적으로 계속 진행되므로 첫 번째 MergeSort가 완료되는 시점에는 왼쪽 부분이 이미 완전히 정렬된 상태가 되고, 그 다음에 두 번째 MergeSort가 시작된다.

두 번째 MergeSort에 대한 실행도 끝나면 이제는 배열의 왼쪽과 오른쪽 부분은 둘 다 정렬되어있는 상태가 된다. 이 두 부분은 서로 독립적으로 정렬되어 있으므로 이들을 합병하여 전체가 정렬된 형태로 변환해야 한다. 이 작업을 수행하는 것이 Merge 함수이다.

**[알고리즘 4.5] 합병**

```
void Merge(DataType A[], int low, int mid, int high)
{
  int i=low, j=mid+1, k=low;

  while (i<=mid and j<=high) {
    if (A[i] < A[j]) {
      B[k] = A[i];
      i = i+1;
    }
    else {
      B[k] = A[j];
      j = j+1;
    }
    k = k+1;
  }
  if (i > mid)
    A[j..high]를 B[k..high]로 복사;
  else
    A[i..mid]를 B[k..high]로 복사;
  B[low..high]를 A[low..high]로 복사;
}
```

Merge 함수는 왼쪽 부분인 A[low]에서 A[mid]까지의 원소들과 오른쪽 부분인 A[mid+1]에서 A[high]까지의 원소들을 하나씩 비교하여 전체가 정렬될 수 있도록 통합한다. 이들을 순서에 맞게 합병하기 위해서는 부가적인 임시 배열이 필요한데 함수 Merge에서 배열 B가 그 역할을 한다. 배열 B는 함수의 외부에 전역변수로 선언하여 그 크기를 정렬할 배열 A와 같게 설정하면 된다.

Merge함수가 정렬된 두 개의 부분 배열을 하나의 배열로 합병하는 과정을 살펴보자. 예를 들어 왼쪽 배열은 [2 7 36 45], 오른쪽 배열은 [15 22 25 61]이라고 가정하자. 배열 B는 이들을 합병하여 임시로 원소들을 저장할 공간이다. while문의 첫 번째 반복에서 왼쪽 배열과 오른쪽 배열의 첫 원소인 A[*i*]와 A[*j*]를 비교하여 그 중 작은 값이 배열 B의 첫 번째 원소로 이동한다. 이 과정을 나타내면 다음과 같다.

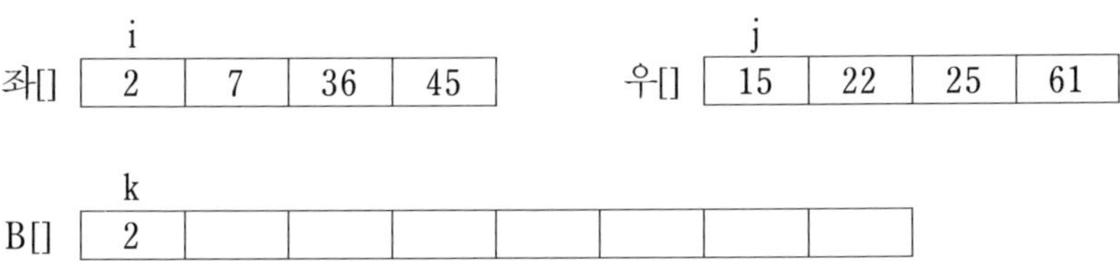


변수 *i*와 *j*는 왼쪽과 오른쪽 배열에서 아직까지 남아있는 원소들 중에 각각 가장 작은 값을 항상 가리킨다. 변수 *k*는 왼쪽 배열과 오른쪽 배열의 원소 중 배열 B로 이동할 값이 들어갈 위치를 항상 가리킨다.

두 번째 반복의 수행 과정은 다음과 같다.

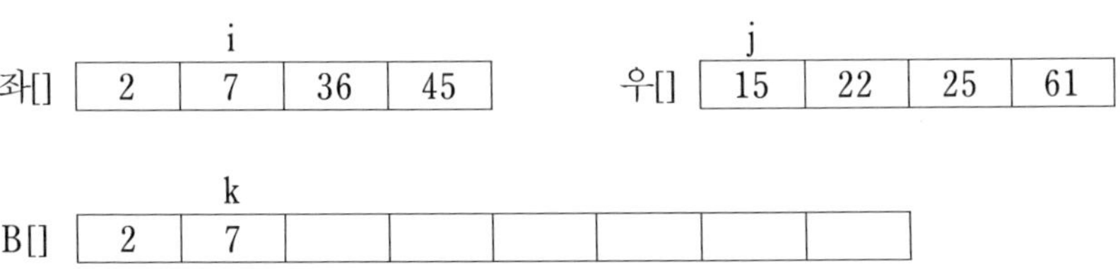


세 번째 반복의 수행 과정은 다음과 같다.

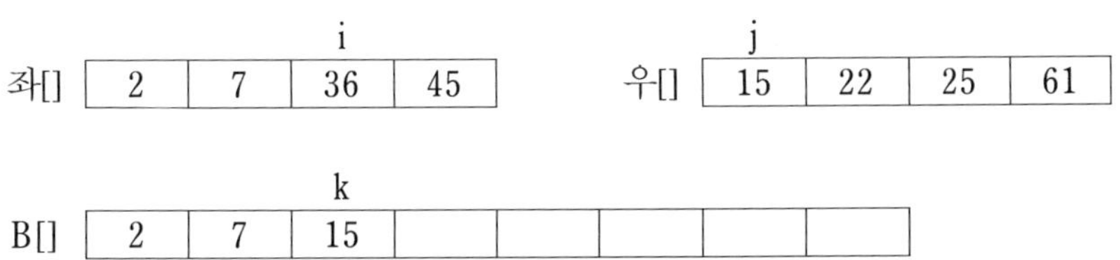

이후의 반복 과정은 생략하고 일곱 번째 반복이 끝난 직후의 상태는 다음과 같이 된다.

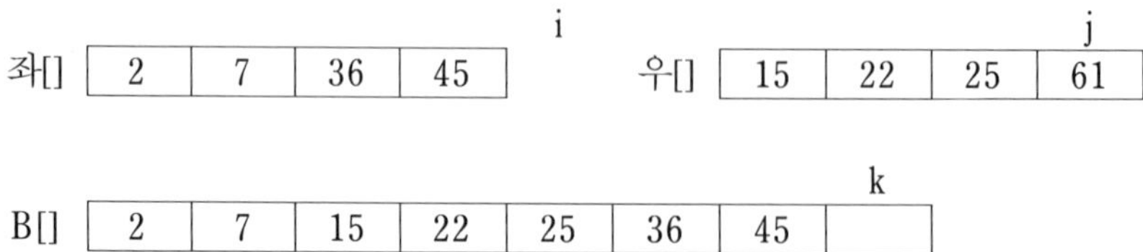


*i*의 값이 왼쪽 배열의 마지막 첨자인 mid를 벗어났으므로 왼쪽 배열의 모든 원소들이 이미 배열 B로 이동했음을 알 수 있다. 따라서 오른쪽 배열에 남아있는 원소 61은 더 이상의 비교 대상이 없으므로 배열 B로 이동하면 된다. Merge 함수에서 while을 빠져나오는 경우가 이에 해당한다.

while문을 벗어나는 조건은 두 가지이다. 만약 i>mid 가 되어 빠져나왔다면 왼쪽 배열은 다 이동하고 오른쪽 배열에만 원소들이 남아있음을 의미하므로 이 원소들을 그대로 B로 이동하면 된다. j>high 가 되었다면 반대의 경우이므로 왼쪽 배열에 남아있는 원소들을 B로 이동하면 된다.

Merge 함수의 마지막 부분에서 정렬된 배열 B의 원소들을 배열 A의 같은 위치로 모두 이동하면 A의 두 부분 배열에 대한 합병은 완료된다. 합병 정렬 알고리즘에서 MergeSort 함수는 재귀적으로 호출만 계속할 뿐이며, 실질적으로 정렬 작업을 수행하는 작업은 Merge 함수에 의해 이루어진다고 할 수 있다.

예를 들어, 배열 [45, 7, 2, 36, 61, 25, 22, 15]를 합병 정렬에 의해 정렬되는 과정을 전체적으로 나타내면 그림 4.1과 같다.

```
              [45  7  2 36 61 25 22 15]
                         분 할
        [45  7  2 36]            [61 25 22 15]
            분 할                     분 할
   [45  7]    [ 2 36]      [61 25]    [22 15]
    분 할       분 할        분 할       분 할
  [45] [ 7]   [ 2] [36]   [61] [25]   [22] [15]
    합 병       합 병        합 병       합 병
   [ 7 45]    [ 2 36]      [25 61]    [15 22]
            합 병                     합 병
        [ 2  7 36 45]            [15 22 25 61]
                         합 병
              [ 2  7 15 22 25 36 45 61]
```

[그림 4.1] 합병 정렬에 의한 정렬과정

그림 4.1은 합병 정렬에 의한 과정을 파악하기 쉽게 나타냈을 뿐이며, 알고리즘의 실행 순서를 말하는 것은 아니다. 재귀호출에 익숙하지 않은 경우에는 함수의 실제적인 실행 과정을 떠올리는 것이 쉽지 않을 수 있다. 같은 예를 가지고 MergeSort 함수가 작동하는 순서를 추적하면 그림 4.2와 같다. 함수에서 왼쪽 부분에 대한 재귀호출이 우선하여 실행되므로 배열 A는 항상 왼쪽을 기준으로 먼저 정렬되어가는 점을 이해할 수 있다.

이 배열을 MergeSort 함수에 의해 정렬하기 위해서는 함수의 외부에서는

```
MergeSort(A, 1, 8);
```

과 같이 호출한다.

```
MergeSort(A, 1, 8); 로 함수 외부에서 호출
    MergeSort(A, 1, 4)
        MergeSort(A, 1, 2)
            MergeSort(A, 1, 1)
            MergeSort(A, 2, 2)
            Merge(A, 1, 1, 2)
        MergeSort(A, 3, 4)
            MergeSort(A, 3, 3)
            MergeSort(A, 4, 4)
            Merge(A, 3, 3, 4)
        Merge(A, 1, 2, 4)
    MergeSort(A, 5, 8)
        MergeSort(A, 5, 6)
            MergeSort(A, 5, 5)
            MergeSort(A, 6, 6)
            Merge(A, 5, 5, 6)
        MergeSort(A, 7, 8)
            MergeSort(A, 7, 7)
            MergeSrot(A, 8, 8)
            Merge(A, 7, 7, 8)
        Merge(A, 5, 6, 8)
    Merge(A, 1, 4, 8)
```

[그림 4.2] 함수 MergeSort에서의 실행 순서

합병 정렬의 실행시간을 측정해 보자. 이를 위해서는 실질적으로 비교연산을 수행하는 함수 Merge에 대해 먼저 조사하여야한다. 비교 연산은 함수 Merge의 while문에서 A[$i$]와 A[$j$]의 비교를 위해 일어난다. 같은 크기를 가지는 배열이라 할지라도 비교 횟수는 일정하지 않고 왼쪽 배열과 오른쪽 배열의 내용에 따라 달라진다.

예를 들어 Merge함수에서 왼쪽과 오른쪽의 배열이 다음과 같다면

좌[] | 20 | 30 | 40 | 70 |

| 20 | 30 | 40 | 70 |
|---|---|---|---|

우[]

| 10 | 50 | 60 | 80 |
|---|---|---|---|

이들의 합병을 하기 위해서 필요한 비교는 총 7회가 발생한다. 왼쪽의 4개 원소와 오른쪽의 3개 원소는 반드시 1회씩의 비교 연산 후에 배열 B로 이동하고, 오른쪽 배열의 마지막 원소 A[high]인 80은 비교 연산을 거치지 않고 배열 B로 이동하기 때문이다.

하지만, Merge 함수에서 왼쪽과 오른쪽의 배열이 다음과 같다면

좌[] | 20 | 30 | 50 | 60 |    우[] | 40 | 70 | 80 | 90 |

왼쪽 배열의 모든 원소와 오른쪽 배열의 1개 원소는 1회씩의 비교 연산 후에 B로 이동한다. 남아 있는 오른쪽 배열의 3개 원소들은 비교연산 없이 배열 B로 이동하므로 총 5회의 비교 연산만으로 합병된다.

Merge 함수에서 가장 많은 비교를 필요로 하는 경우는 왼쪽이든 오른쪽이든 남아 있는 한 개의 원소만 비교 없이 B로 이동하는 경우이다. 이와 같은 경우에 Merge 함수에서 일어나는 비교 횟수는 high-low이며, 이는 두 부분 배열의 크기의 합에서 1을 뺀 값이다.

논의를 간단히 하기위해서 정렬할 배열의 크기가 2의 지수 형태($n=2^k$)라고 가정하자. MergeSort 함수에서 정렬해야할 전체 배열의 크기가 $n$일 때, Merge 함수에서 합병할 두 개의 부분 배열은 각각 $n/2$개의 원소를 가지는 부분 배열이다. 따라서 Merge 함수에서 발생하는 비교 횟수는 최악의 경우에

$$\frac{n}{2}+\frac{n}{2}-1=n-1$$

이 된다. 이는 Merge 함수만 고려한 비교연산의 횟수이므로, 이제 합병 정렬 알고리즘 전체가 필요로 하는 비교 횟수를 생각해보자.

함수 MergeSort는 직접 또는 간접으로 비교 연산을 발생시키는 3개의 명령들로 구성된다. 이들은 두 개의 재귀호출 명령과 Merge 함수를 호출하는 명령이다. 여기에서 발생하는 비교 연산을 전부 합하면 MergeSort 함수에서 발생하는 총 비교 연산의 횟수가 된다.

```
MergeSort(A, low, mid);            T(n/2) 회
MergeSort(A, mid+1, high);         T(n/2) 회
Merge(A, low, mid, high);          n-1 회
```

$n$개의 원소들로 이루어진 배열 A를 MergeSort 함수에서 입력으로 받아 실행해야할 비교 횟수를 우리는 T(n)이라고 표현한다. 그렇다면, 같은 방법에 의해 MergeSort(A, low, mid)와 MergeSort(A, mid+1, high)에 의해 발생하는 실행 횟수는 그 입력의 개수가 각각 $n/2$이므로 T($n$/2)이라고 표현할 수 있다. 여기에 Merge 함수에서 일어나는 연산 횟수를 더하면 되므로 우리가 구하는 총 실행 횟수는 다음과 같은 순환식으로 표현된다.

$$T(1) = 0$$

$$T(n) = T(\frac{n}{2}) + T(\frac{n}{2}) + n - 1, \qquad n > 1\text{인 경우}$$

이때 T(1)은 원소 한 개의 배열에 대한 비교 연산의 횟수이므로 0이 된다. $n$은 2의 지수인 형태로 가정하였으므로 $n = 2^k$라 하면 이 순환방정식은 다음과 같이 계산할 수 있다.

$$\begin{aligned}
T(n) &= 2T(\frac{n}{2}) + n - 1 \\
&= 2^2 T(\frac{n}{2^2}) + (n-2) + (n-1) \\
&= 2^3 T(\frac{n}{2^3}) + (n-2^2) + (n-2) + (n-1) \\
&= 2^k T(\frac{n}{2^k}) + (n-2^{k-1}) + \ldots + (n-2^2) + (n-2^1) + (n-1) \\
&\ldots \\
&= nT(1) + kn - (2^{k-1} + \ldots + 2^2 + 2^1 + 2^0) \\
&= kn - (2^k - 1) \\
&= n\log n - n + 1
\end{aligned}$$

그러므로 최악의 경우를 고려한 합병 정렬의 복잡도는 $O(n\log n)$이 된다.

이제 비교 연산이 가장 적게 발생하는 최선-경우 복잡도를 생각해보자. 이 경우는 Merge 함수에 입력된 두 개의 부분 배열에서 한 쪽의 모든 원소 값들이 다른 한 쪽의 배열에 있는 원소 값들 보다 작은 경우에 해당한다. 만약 이미 오름차순으로 정렬된 배열 A를 합병 정렬 알고리즘의 입력으로 받았다면 이런 경우가 계속 발생한다. 다음과 같은 예가 이에 해당한다.

| 좌[] | 2 | 7 | 15 | 22 |
|---|---|---|---|---|

| 우[] | 25 | 36 | 45 | 61 |
|---|---|---|---|---|

이 예에서, 왼쪽 배열의 원소들은 모두 1회씩의 비교를 거치고 배열 B로 이동하지만 오른쪽 배열의 4개 원소들은 비교 연산 없이 배열 B로 한꺼번에 이동하므로 총 4회의 비교만 필요하다. 따라서 Merge 함수에서 일어나는 비교 횟수는 두 부분 배열의 합의 절반인 (high-low+1)/2이 된다.

앞에서와 마찬가지로 정렬할 배열의 크기가 2의 지수 형태라고 가정하자. MergeSort 함수에서 정렬해야할 전체 배열의 크기가 $n$이라면 Merge 함수에서 합병할 두 개의 부분 배열은 각각 $n/2$개의 원소를 가지는 부분 배열이다. Merge 함수에서 필요한 비교식의 횟수는 $n/2$이므로 MergeSort 함수 전체에서 일어나는 비교 연산의 횟수는 다음과 같아진다.

```
MergeSort(A, low, mid);            T(n/2) 회
MergeSort(A, mid+1, high);         T(n/2) 회
Merge(A, low, mid, high);          n/2 회
```

최선의 경우에 MergeSort에 필요한 비교 연산의 총 실행 횟수는 다음과 같은 순환방정식에 의해 구할 수 있다.

$$T(1) = 0$$

$$T(n) = T(\frac{n}{2}) + T(\frac{n}{2}) + \frac{n}{2}, \quad n > 1 \text{인 경우}$$

$n$은 2의 지수로 가정하였으므로 $n = 2^k$라 하면 이 순환방정식은 다음과 같이 계산할 수 있다.

$$
\begin{aligned}
T(n) &= 2T(\frac{n}{2}) + \frac{n}{2} \\
&= 2^2 T(\frac{n}{2}) + \frac{n}{2} + \frac{n}{2} \\
&\cdots \\
&= 2^k T(\frac{n}{2^k}) + \frac{n}{2} + \ldots \frac{n}{2} + \frac{n}{2} \\
&= 2^k T(1) + k\frac{n}{2} \\
&= \frac{1}{2} n \mathrm{logn}
\end{aligned}
$$

이와 같이 최선의 경우에도 합병 정렬의 복잡도는 최악의 경우와 마찬가지로 $O(n\log n)$이 된다.

앞서 살펴본 선택 정렬과 버블 정렬 등이 $O(n^2)$의 복잡도를 가지고 있음을 기억한다면 합병 정렬 알고리즘의 시간적 성능이 훨씬 우수하다는 것을 짐작할 수 있다. 합병 정렬의 단점은 합병하는 과정에서 사용하기 위해 별도의 부가적인 공간을 필요로 하는 부분이다. Merge 함수에서 보듯이 배열 A의 두 부분을 일단 배열 B에 합병한 후에 다시 A로 복사해야하기 때문이다.

## 4.4 퀵 정렬

퀵 정렬(quick sort)은 Hoare에 의해 개발된 알고리즘으로 빠른 성능으로 인해 가장 많이 쓰이는 정렬 알고리즘 중의 하나이다. 합병 정렬과 마찬가지로 퀵 정렬도 기본적으로는 분할 정복 기법을 기반으로 해서 고안되었다. 이 알고리즘의 기본적인 아이디어는 다음과 같다.

(1) 정렬할 배열 중의 한 데이터를 기준값으로 삼아 이보다 작은 데이터들은 기준값의 왼쪽에, 큰 데이터들은 기준값의 오른쪽에 오도록 데이터들을 이동시킨다. 이로써 기준값을 기준으로 왼쪽과 오른쪽의 부분 배열로 분할한 셈이 된다.

(2) 왼쪽과 오른쪽의 부분 배열에 대해서도 각 부분의 기준값을 중심으로 왼쪽에는 기준값 보다 작은 데이터들이, 오른쪽에는 큰 데이터들이 오도록 이동시킨다.

(3) 이때 (2)와 같은 반복에 의해 계속 분할되는 좌우 부분 배열의 데이터들에 대한 이동은 (1)의 작업을 재귀적으로 계속 호출함으로써 이루어진다.

퀵 정렬 알고리즘에서는 각 배열에서 기준값이 되는 데이터를 피봇(pivot) 데이터라고 한다. 기준이 될 피봇 데이터는 배열에서 임의로 선택할 수가 있는데 여기서는 편의상 첫 번째 원소를 피봇 데이터로 정하기로 하겠다.

피봇 데이터를 기준으로 왼쪽과 오른쪽의 부분 배열로 나누는 과정을 분할(partition)이라고 하는데, 이 과정을 거치면 배열이 다음의 조건을 만족할 수 있는 상태가 되어야한다.

(1) 피봇 데이터는 배열에서 자신이 위치해야할 자리로 찾아간다. 예를 들어 피봇 데이터가 배열 내에서 $i$번째로 큰 원소라면 $i$번째 위치로 이동해야 한다.

(2) 제자리를 찾은 피봇 데이터를 중심으로 왼쪽 부분 배열에는 피봇 데이터보다 작은 값들이, 오른쪽 부분 배열에는 피봇 데이터보다 큰 값들이 위치해야한다. 이때, 각 부분 배열의 원소들이 완전히 정렬되어 있을 필요는 없다.

예를 들어 다음과 같은 데이터로 이루어진 배열이 있다면 피봇 데이터로 첫 번째 원소인 47이 선택된다.

| 47 | 84 | 15 | 23 | 35 | 92 | 61 | 17 |
|---|---|---|---|---|---|---|---|

첫 번째 분할(partition) 과정을 거치면 배열내의 데이터들은 다음과 같이 재배치된다.

| | | | | 피봇 | | | |
|---|---|---|---|---|---|---|---|
| 17 | 15 | 23 | 35 | 47 | 92 | 61 | 84 |

피봇 데이터인 47은 원래 배열에서 5번째의 큰 값이므로 이 분할 과정을 거치면 배열 내에서 5번째에 위치하게 된다. 피봇 데이터 47의 왼쪽은 [17, 15, 23, 35]의 4개 원소들이며 이들은 모두 47보다 작은 값들로 이루어진다. 마찬가지로 [92, 61, 84]는 47보다 큰 원소들이며 피봇 데이터의 오른쪽에 위치한다. 즉, 피봇 데이터를 중심으로 왼쪽과 오른쪽의 데이터들은 다음과 같은 조건을 만족한다.

$$[17,\ 15,\ 23,\ 35] < 47 < [92,\ 61,\ 84]$$

양쪽에 위치한 이들 원소들의 모임이 두 개의 부분 배열을 형성한다. 기억할 것은 각 부분 배열에 있는 원소들은 피봇 데이터와의 대소 관계만 만족할 뿐이며 부분 배열 내에서는 아직 정렬되어있지 않다는 점이다. 이들의 정렬은 계속되는 재귀적 호출을 통해 이루어지게 된다.

먼저, 피봇 데이터를 기준으로 배열을 두 개의 부분 배열로 분할하는 알고리즘을 나타내면 다음과 같다.

**[알고리즘 4.6] 분할**

```
int Partition(DataType A[], int low, int high)
{
  DataType value;
  int i, p;

  value = A[low];
  p = low;
  for (i=low+1; i<=high; i++) {
    if (A[i] < value) {
      p = p+1;
      A[i]와 A[p]를 교환;
    }
  }
  A[low]와 A[p]를 교환;
```

```
    return p;
}
```

함수 Partition은 배열 A를 입력으로 받아 A[low]와 A[high]사이의 원소들을 앞서 설명한 조건에 맞도록 분할한다. 이 함수의 반환 값은 원래 A[low]에 있던 피봇 데이터가 함수가 실행된 후 배열 내에서 차지하게 된 새로운 위치를 말한다. 이 위치 값은 나중에 소개할 퀵 정렬 전체 알고리즘에서 왼쪽과 오른쪽 부분 배열의 경계를 표시하기위해 사용된다.

알고리즘에서 변수 value는 피봇 데이터 값이며 배열에서 가장 왼쪽의 원소를 선택한다. 변수 p는 필요에 따라 증가하면서 궁극적으로 피봇 데이터가 마지막에 차지하게 될 위치를 가리키게 된다. 변수 *i*는 2번째 원소부터 시작해서 마지막 원소까지 하나씩 증가하면서 피봇 데이터와 비교하는데 사용된다.

함수 Partiton에서 p의 값은 가장 왼쪽 위치인 low로 초기화된다. 이는 아직 오른쪽 원소들을 확인하지 못한 상태에서 잠정적으로 정한 피봇 데이터의 미래 위치를 의미한다. for문에 의해 반복되면서 A[*i*]의 값이 value보다 작은 경우가 발생하면 이는 피봇 데이터의 미래 위치가 적어도 오른쪽으로 한 칸 움직여야한다는 것을 말한다. 이것이 변수 p를 증가시키는 이유이다.

p를 증가시킨 후에는 A[*i*]의 원소와 A[p]의 원소를 교환한다. 이로써 피봇 데이터보다 작은 원소 A[*i*]는 왼쪽으로, 큰 원소인 A[p]는 오른쪽으로 움직인다. 이 과정을 배열의 가장 오른쪽에 있는 원소까지 하나씩 처리하면 다음과 같이 작은 값들은 왼쪽에 큰 값들은 오른쪽에 모이게 된다.

| A[low] | | | | A[p] | | | A[high] |
|---|---|---|---|---|---|---|---|
| 피봇 | 작은값 | 작은값 | 작은값 | 작은값 | 큰값 | 큰값 | 큰값 |

for문을 벗어나기 전까지는 가장 왼쪽에 있는 피봇 데이터의 위치는 변하지 않는다. for문을 빠져나온 후에 A[p]의 값은 피봇 데이터보다 작은 값들 중에서는 배열 내에서 가장 오른쪽에 위치하고 있다. 이를 A[low]에 있는 피봇 데이터와 교환(swap)하면 분할은 완료된다.

| A[low] | | | | A[p] | | | A[high] |
|---|---|---|---|---|---|---|---|
| 작은값 | 작은값 | 작은값 | 작은값 | 피봇 | 큰값 | 큰값 | 큰값 |

함수 Partition에서 마지막 명령문인 return p;는 함수가 실행된 뒤, Partition 함수의 외부에 어느 위치를 기준으로 이 배열이 분할되었는지를 알려주는 역할을 한다. 배열 A의 데이터들이 다음과 같을 때, Partition 함수에 의해 분할되는 과정에서 데이터의 교환이 일어나는 부분만 그림 4.3에 나타내었다.

| | [1] | [2] | [3] | [4] | [5] | [6] | [7] | [8] |
|---|---|---|---|---|---|---|---|---|
| | 47 | 84 | 15 | 23 | 35 | 92 | 61 | 17 |
| i=3, p=2 | | 15 | 84 | | | | | |
| | 47 | 15 | 84 | 23 | 35 | 92 | 61 | 17 |
| i=4, p=3 | | | 23 | 84 | | | | |
| | 47 | 15 | 23 | 84 | 35 | 92 | 61 | 17 |
| i=5, p=4 | | | | 35 | 84 | | | |
| | 47 | 15 | 23 | 35 | 84 | 92 | 61 | 17 |
| i=8, p=5 | | | | | 17 | | | 84 |
| | 47 | 15 | 23 | 35 | 17 | 92 | 61 | 84 |
| low=1, p=5 | 17 | | | | 47 | | | |
| | 17 | 15 | 23 | 35 | 47 | 92 | 61 | 84 |

[그림 4.3] Partition에 의한 분할 과정

분할이 끝난 후 양쪽 부분 배열의 원소들은 자체적으로 정렬이 되어 있지는 않다. 또한, 왼쪽 또는 오른쪽으로 원래의 순서와 동일하게 밀려서 이동하지도 않았음을 이해하자. 즉 분할 전의 배열에서는 47보다 작은 값들이 [15, 23, 35, 17]의 순서로 위치했지만, 분할 후에는 [17, 15, 23, 35]의 순서로 바뀌어 있다는 점을 유의하자.

여기서 알 수 있는 것은 분할이 일어난 후 피봇 데이터는 자기 위치를 찾아가기 때문에 분할(partition) 작업에 의해 최소한 하나 이상의 데이터는 정렬되었을 때의 위치로 이동한다는 점이다. 각 부분 배열을 재귀적으로 호출하여 이 과정이 반복되면 배열은 계속 분할되어 자기 위치를 찾아가는 원소의 수는 점차 늘어가게 된다.

지금까지는 분할하는 방법을 살펴보았고, Partition 함수를 이용하여 재귀적으로 모든 원소들을 정렬하는 퀵 정렬의 전체 알고리즘은 다음과 같다.

### [알고리즘 4.7] 퀵 정렬

```
void QuickSort(DataType A[], int low, int high)
{
  int mid;

  if (high > low) {
    mid = Partition(A, low, high);
    QuickSort(A, low, mid-1);
    QuickSort(A, mid+1, high);
  }
}
```

함수 QuickSort에서 A는 정렬할 배열이고 low는 처음 원소의 위치, high는 마지막 원소의 위치이다. 100개의 원소를 가지는 전체 배열 A를 정렬하기 위해서는 이 함수의 외부에서

```
QuickSort(A, 1, 100)
```

과 같이 호출하면 된다.

함수 QuickSort는 재귀적으로 호출되며, high>low의 조건은 입력으로 들어온 배열이 두개 이상의 원소로 이루어져있을 경우에만 하위의 코드들을 실행하게 한다. 변수 mid는 Partition 함수에 의해 반환된 값으로 A[low]~A[high]의 원소들이 A[mid]를 중심으로 대소 관계에 의해 양쪽으로 분할되었음을 말한다.

재귀 호출인 첫 번째 QuickSort는 분할된 왼쪽 부분인 A[low]에서 A[mid-1]까지의 원소들을 정렬하고, 두 번째 QuickSort는 오른쪽 부분인 A[mid+1]에서 A[high]까지의 원소들을 정렬한다. A[mid]의 원소는 Partition 함수를 거쳐서 이미 정렬되어야할 위치에 있으므로 정렬작업에서는 제외된다.

8개 원소를 갖는 배열이 퀵 정렬에 의해 정렬되어 가는 과정을 나타내면 그림 4.4와 같다.

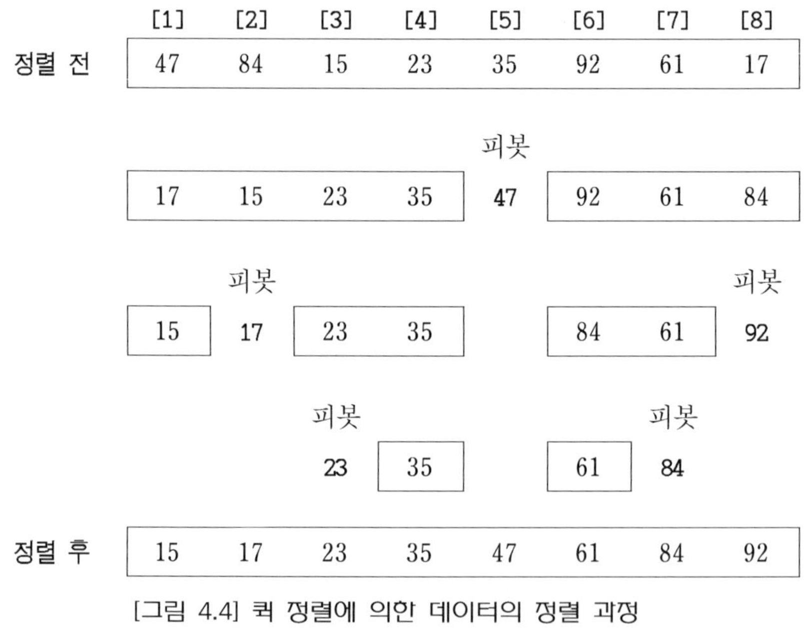


[그림 4.4] 퀵 정렬에 의한 데이터의 정렬 과정

그림 4.4에서는 Partition 함수에 의해 배열이 분할되어가는 중간 과정은 생략하고, 분할이 일어난 후의 결과로서 피봇 데이터의 위치와 이를 기준으로 한 양쪽 부분 배열의 데이터 값들만 각 단계별로 나타내었다. 분할 후 양쪽의 부분 배열 중 원소 수가 0개일 경우에는 그림에 나타나지 않으며, 1개일 경우에는 더 이상의 분할이 일어나지 않는다.

함수의 외부에서 QuickSort(A, 1, 8);과 같이 호출한 후, QuickSort 함수가 재귀적으로 호출되면서 실행하는 순서를 추적하면 그림 4.5와 같다. 그림에서 QuickSort(A, 1, 1)이나 QuickSort(A, 3, 2)와 같은 경우는 부분 배열의 크기가 1 또는 0임을 의미하므로 더 이상의 재귀호출이 일어나지 않는다.

```
QuickSort(A, 1, 8);로 함수 외부에서 호출
    Partition(A, 1, 8)                          : mid=5
    QuickSort(A, 1, 4)
        Partition(A, 1, 4)                      : mid=2
        QuickSort(A, 1, 1)
        QuickSort(A, 3, 4)
            Partition(A, 3, 4)                  : mid=3
            QuickSort(A, 3, 2)
            QuickSort(A, 4, 4)
    QuickSort(A, 6, 8)
        Partition(A, 6, 8)                      : mid=8
        QuickSort(A, 6, 7)
            Partition(A, 6, 7)                  : mid=7
            QuickSort(A, 6, 6)
            QuickSort(A, 8, 7)
        QuickSort(A, 9, 8)
```

[그림 4.5] 함수 QuickSort에서의 호출 순서

이제 퀵 정렬의 실행시간을 조사해보자. 퀵 정렬의 실질적인 작업은 Partition 함수에서 일어난다. 지금까지의 모든 정렬 알고리즘에서 해왔듯이 기본 연산으로 원소간의 비교 연산을 고려하자. Partition 함수에서 비교 연산의 실행은 for문에서 피봇 데이터와 배열 내의 각 원소를 비교하면서 발생한다.

Partition 함수에서만 고려하면 이 횟수는 high-low가 되며, 이 함수에 입력된 배열 부분의 크기가 $n$이라면 항상 $n-1$회가 된다. 이는 얼핏 일정-경우 복잡도를 가지는 듯하지만 QuickSort 전체를 고려하면 입력 배열의 원소 값들에 따라 총 비교 연산의 횟수는 달라진다. 먼저, 8개의 데이터로 이루어진 배열을 대상으로 한 그림 4.4를 참고하여 비교연산의 횟수를 측정해 보면 다음과 같다.

| 부분 배열 | 비교 횟수 |
|---|---|
| [47 84 15 23 35 92 61 17] | 7회 |
| [17 15 23 35] | 3회 |
| [92 61 84] | 2회 |
| [23 35] | 1회 |
| [84 61] | 1회 |

이들의 합을 구하면 비교 연산은 모두 14회가 발생한다.

반면에 [10, 20, 30, 40, 50, 60, 70, 80]과 같이 이미 정렬되어 있는 데이터로 이루어진 배열에 대해 살펴보자. 이 경우에는 Partition 함수를 거친 후에도 피봇 데이터로 선택된 첫 번째 원소가 원래의 위치를 고수하게 됨으로써 왼쪽의 부분 배열은 없이 오른쪽의 부분 배열만 존재하게 된다. 따라서 왼쪽의 부분 배열에 대한 QuickSort 함수의 호출은 아무런 코드의 실행 없이 종료하게 되고, 오른쪽의 부분 배열만 계속해서 Partition 함수로 입력된다.

정렬된 배열을 대상으로 퀵 정렬을 적용하고 단계별로 Partition 함수가 실행된 직후의 결과를 나타내면 다음과 같이 된다.

[표 4.4] 이미 정렬된 배열일 경우의 비교 연산 횟수

| 분할 과정 | Partiton에서 비교 횟수 |
|---|---|
| [10 20 30 40 50 60 70 80] | 7 |
| **10** [20 30 40 50 60 70 80] | 6 |
| 10 **20** [30 40 50 60 70 80] | 5 |
| 10 20 **30** [40 50 60 70 80] | 4 |
| 10 20 30 **40** [50 60 70 80] | 3 |
| 10 20 30 40 **50** [60 70 80] | 2 |
| 10 20 30 40 50 **60** [70 80] | 1 |
| 10 20 30 40 50 60 **70** [80] | 0 |

그림 4.4의 데이터 개수와 마찬가지로 8개의 원소로 이루어져 있지만 정렬된 배열의 경우에는 7+6+5+4+3+2+1=28회의 비교 연산을 거치게 된다. 이는 그림 4.4에서 14회의 비교 연산만이 필요했던 점과 비교할 때 훨씬 더 많은 횟수이다. 여기에서, 분할이 이루어질 때 양쪽의 부분 배열이 비슷한 크기로 나누어질수록 총 비교 연산의 횟수가 적어진다는 것을 알 수 있다.

그러므로 최악의 경우는 이미 정렬된 배열이 입력으로 주어질 때이며, 전체 입력 배열의 크기가 $n$일 때 발생하는 비교 연산의 총 횟수는 다음과 같다.

$$\begin{aligned} T(n) &= (n-1)+(n-2)+\ldots+3+2+1 \\ &= \frac{(n-1)n}{2} \end{aligned}$$

따라서 퀵 정렬의 최악-경우 복잡도는 $O(n^2)$이 된다.

다음으로 이 알고리즘에서 최선의 경우를 생각해 보자. 앞서 살펴본바와 같이 양쪽의 부분 배열이 균등한 크기로 분할될수록 비교 연산의 횟수가 줄어든다. 만약 입력 배열이 계속해서 절반으로 나누어진다면 최선의 경우가 된다. 입력의 크기를 2의 지수 형태인 $n=2^k$이라고 가정하면 분할된 배열은 각각 $n/2$가 된다.

크기 $n$인 배열의 분할은 실제로는 피봇 데이터가 제외되어야 하므로 두 부분 배열의 크기가 정확히 $n/2$가 될 수는 없다. 그러나 이 가정이 최선-경우 복잡도의 분석에는 중대한 영향을 미치지 않으므로 편의상 이를 허용해도 문제되지 않는다.

비교 연산과 관련하여 함수 QuickSort에서 고려해야할 명령문은 Partition 함수와 두 개의 재귀호출 명령이다. 이들을 통해 일어나는 비교 연산을 전부 합하면 QuickSort 함수에서 발생하는 총 비교 연산의 횟수가 된다. 배열의 크기가 $n$일 때 함수 QuickSort의 각 명령문에 의해 필요한 비교 연산의 횟수는 다음과 같이 된다.

```
mid = Partition(A, low, mid);        n-1 회
QuickSort(A, mid+1, high);           T(n/2) 회
QuickSort(A, low, mid, high);        T(n/2) 회
```

최선의 경우에 총 실행 횟수는 다음과 같이 순환방정식으로 표현된다.

$T(1) = 0$

$T(n) = T(\frac{n}{2}) + T(\frac{n}{2}) + n - 1, \quad n > 1$인 경우

$n$은 2의 지수인 형태로 가정하면 $n = 2^k$이므로 이 식을 정리하면 다음과 같다.

$$T(n) = n\mathrm{logn} - \mathrm{n} + 1$$

그러므로 최선의 경우를 고려한 퀵 정렬의 복잡도는 $O(n\log n)$이다.

퀵 정렬의 복잡도와 합병 정렬의 복잡도를 비교해보자. 최선-경우 복잡도는 두 알고리즘이 $O(n\log n)$으로 마찬가지지만, 최악-경우 복잡도는 합병 정렬이 $O(n\log n)$임에 비해 퀵 정렬은 $O(n^2)$이라는 결과를 보인다. 이 결과만 보자면 시간적인 관점에서 퀵 정렬이 합병 정렬에 비해 더 느려 보인다.

그러나, 이는 극히 특정적인 데이터의 예에서 나타나는 결과이고 평균적인 경우에는 두 알고리즘의 복잡도는 같게 나타난다. 퀵 정렬의 평균 복잡도를 구하는 방법은 이전에 순차 탐색에서 적용한 방법과 유사하다. 여기에서도 Partition 함수에서 피봇 데이터가 이동할 위치가 동일한 확률로 존재한다고 가정하자.

그렇다면, $n$개의 각 위치에 피봇 데이터가 위치할 확률은 각각 동일하게 1/n이 된다. 이를 바탕으로 QuickSort 함수에서 다음 각 명령문에서 발생하는 비교 연산의 횟수는 표 4.5를 참고하면 된다.

```
(1)     mid = Partition(A, low, mid);
(2)     QuickSort(A, mid+1, high);
(3)     QuickSort(A, low, mid, high);
```

[표 4.5] 각 피봇 위치의 확률 및 비교 연산의 실행 횟수

| Partiton 후 피봇의 위치 | A[1] | A[2] | A[3] | … | A[$n-1$] | A[$n$] |
|---|---|---|---|---|---|---|
| 확률 | $1/n$ | $1/n$ | $1/n$ | … | $1/n$ | $1/n$ |
| 실행횟수(1)<br>실행횟수(2)<br>실행횟수(3) | $n-1$<br>T(0)<br>T($n-1$) | $n-1$<br>T(1)<br>T($n-2$) | $n-1$<br>T(2)<br>T($n-3$) | … | $n-1$<br>T($n-2$)<br>T(1) | $n-1$<br>T($n-1$)<br>T(0) |

각 경우를 모두 고려하여 총 비교 횟수를 계산하면

$$
\begin{aligned}
T(n) = \ & \frac{1}{n}[(n-1) + T(0) + T(n-1)] \\
& + \frac{1}{n}[(n-1) + T(1) + T(n-2)] \\
& + \frac{1}{n}[(n-1) + T(2) + T(n-3)] \\
& \cdots \\
& + \frac{1}{n}[(n-1) + T(n-2) + T(1)] \\
& + \frac{1}{n}[(n-1) + T(n-1) + T(0)]
\end{aligned}
$$

이 되고, 이를 정리하면

$$T(n) = (n-1) + \frac{1}{n}\sum_{k=1}^{n}[T(k-1) + T(n-k)]$$

가 된다. 이 식에 대한 풀이 과정은 복잡한 계산을 요하므로 계산과정을 생략하고 결과만 나타내면 다음과 같다.

$$T(n) \approx 1.38(n+1)\text{logn}$$

따라서 퀵정렬의 평균-경우 복잡도는 $O(n\log n)$이 된다. 이와 비교해서 합병 정렬의 최선-경우 복잡도와 최악-경우 복잡도가 모두 $O(n\log n)$이므로 합병 정렬의 평균-경우 복잡도도 $O(n\log n)$임을 짐작할 수 있다.

지금까지 우리는 퀵 정렬 알고리즘에서 분할할 배열의 기준 값으로 배열에서 가장 왼쪽의 데이터를 선택하였다. 그리고 이 방법에 따르면 이미 정렬된 데이터에 퀵 정렬을 적용할 경우에는 최악의 경우가 발생하였다. 이와 같이 극단적인 경우를 피하기 위해서 몇 가지의 개선책이 존재하는데, 그 중의 하나는 피봇 데이터를 첫 원소가 아니라 임의의 위치에 있는 원소로 선택하는 것이다.

**[알고리즘 4.8] 피봇의 무작위 선택에 의한 퀵 정렬**

```
void QuickSort(dataType A[], int low, int high)
{
  int r, mid;

  if (high > low) {
    r = low와 high 사이에서 임의로 선택한 숫자;
    A[low]와 A[r]을 교환;
    mid = Partition(A, low, high);
    QuickSort(A, low, mid-1);
    QuickSort(A, mid+1, high);
  }
}
```

이전과 같이 피봇 데이터로 첫 번째 원소를 항상 선택하여 분할하기에 앞서 알고리즘 4.8에서는 A[low]와 A[high]의 원소 중에 무작위로 한 원소를 먼저 선택한다. 이후에 이 원소를 A[low]와 교환함으로써 분할하기 전의 기준 값이 배열 내에서 무작위로 선택한 원소가 되는 셈이다. 분할 전에 이 원소가 첫 번째 원소로 이동함으로써 나머지 코드는 변경할 필요 없이 똑같이 수행된다. 이와 같은 방식이 채택되면 이미 전체가 정렬된 배열이라도 우리가 논의했던 극단적인 경우의 비교 횟수는 방지할 수가 있다.

1. 다음과 같이 정렬된 데이터가 있을 때, 이진 탐색 알고리즘에 의해 각 데이터를 찾는 과정을 보이시오. 그 과정에서 일어나는 비교 연산의 횟수도 측정하시오.

   13 25 37 46 55 67 72 83 99

2. 알고리즘 4.1의 이진 탐색을 재귀적으로도 작성할 수 있다. 재귀 함수를 이용하여 알고리즘을 작성한 후 이를 구현하시오.

3. 문제 2에서 작성한 알고리즘의 복잡도를 분석하기 위한 순환방정식을 나타내시오. 그리고 $n$이 2의 지수형태임을 가정하여 복잡도 T($n$)을 계산하시오.

4. 데이터가 다음과 같을 때 합병 정렬 알고리즘을 이용하여 정렬되어가는 과정을 보이시오.

   60 100 14 82 34 79 99

5. 문제 4에서 MergeSort함수가 재귀적으로 호출되는 순서를 나타내시오.

6. 데이터가 다음과 같을 때 퀵 정렬 알고리즘을 이용하여 정렬되어 가는 과정을 보이시오.

   60 100 14 82 34 79 99

7. 문제 6에서 Quicksort함수가 재귀적으로 호출되는 순서를 나타내시오.

8. 합병 정렬과 퀵 정렬 알고리즘을 프로그램으로 구현한 후 그 과정과 결과를 확인하시오.

제 5 장

# 그래프 알고리즘

실세계에서 나타나는 많은 종류의 문제들은 그래프나 트리의 구조로 표현될 수 있다. 그 예로 지도에 표시되는 건물, 도시 등은 그래프의 노드에, 이들 간에 연결된 도로 등은 그래프의 간선에 해당한다. 또한 특정한 관계를 가지는 논리적인 개체들을 나타내기 위해서도 각 개체들을 노드로 개체들 간의 관계는 이들 개체사이에 연결된 간선으로 표현할 수 있다. 이 장에서는 문제의 구성 요소가 그래프의 형태로 변환이 될 수 있는 예를 대상으로 몇 가지 알고리즘들을 소개한다.

5.1절은 그래프와 트리에 관한 용어를 정리하고, 최소 신장 트리(MST) 문제의 요건과 이에 대한 응용분야의 예를 보인다. 5.2절과 5.3절은 최소 신장 트리를 해결하는 알고리즘 중에서 프림의 알고리즘과 크루스칼의 알고리즘에 대해 다룬다. 이 두 알고리즘은 욕심쟁이 기법에 기반한 알고리즘들이다. 5.4절과 5.5절에서는 최단 경로 문제를 소개하고 이를 해결하는 알고리즘으로 다익스트라 알고리즘과 플로이드 알고리즘을 다룬다. 이 중 다익스트라 알고리즘은 욕심쟁이 기법과 동적프로그래밍 기법의 요소를 둘 다 가지고 있으며, 플로이드 알고리즘은 동적프로그래밍 기법을 기반으로 한다.

## 5.1 최소 신장 트리

최소 신장 트리(minimal spanning tree)의 문제는 그래프(graph)를 대상으로 특정 조건의 트리(tree)를 형성하는 문제이다. 이 문제의 대상이 되는 그래프는 연결되었으며, 무방향성(undirected)이고 모든 간선(edge)이 가중치(weight)를 가져야한다. 무방향성은 이 그래프를 이루는 모든 간선들이 두 정점(vertex)간의 연결만을 뜻할 뿐, 정점간의 방향을 나타내지는 않음을 말한다. 또한, 이 그래프는 모든 간선들이 가중치라는 주어진 값을 가지고 있어야 한다. 그림 5.1은 무방향성이고 가중치를 가지는 연결된 그래프의 예이다.

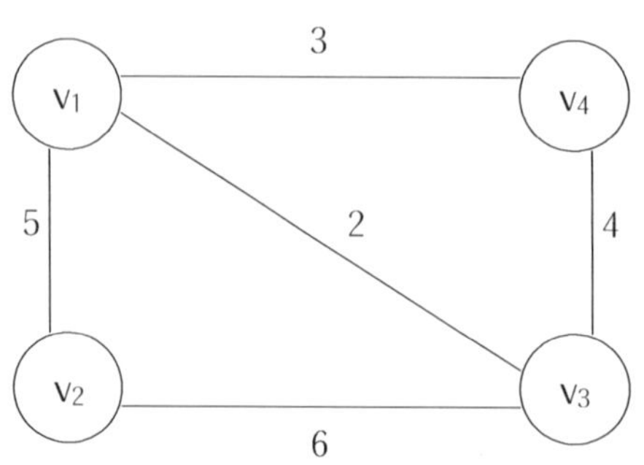


[그림 5.1] 무방향, 가중치 그래프

그림 5.1의 그래프에서 정점들의 집합 V, 간선들의 집합 E, 이들로 이루어진 그래프 G는 다음과 같이 나타낼 수 있다.

$V = \{v_1, v_2, v_3, v_4\}$

$E = \{(v_1, v_2), (v_1, v_3), (v_1, v_4), (v_2, v_3), (v_3, v_4)\}$

$G = (V, E)$

이때, 무방향성 그래프는 간선들의 방향성이 없으므로 간선의 표현 $(v_i, v_j)$에서 정점의 순서는 별다른 의미를 갖지 않는다. 예를 들어 $(v_1, v_2)$는 $(v_2, v_1)$으로 표현해도 무방하며 이들은 같은 간선으로 취급하면 된다.

신장 트리(spanning tree)는 이러한 그래프의 모든 정점과 일부의 간선을 포함하고 있는 트리를 말한다. $G = (V, E)$가 있을 때, G의 신장 트리 T는 정점의 집합 V와 간선의 부분 집합 F로 이루어진 그래프 $T = (V, F)$가 된다. 트리는 사이클(cycle)을 가질 수 없으므로 G에서 정점의 개수가 $n$일 때 신장 트리 T는 $n-1$개의 간선을 가지게 된다. 그림 5.1의 그래프에서 만들 수 있는 신장 트리 중의 몇 예를 그림 5.2에 나타내었다.

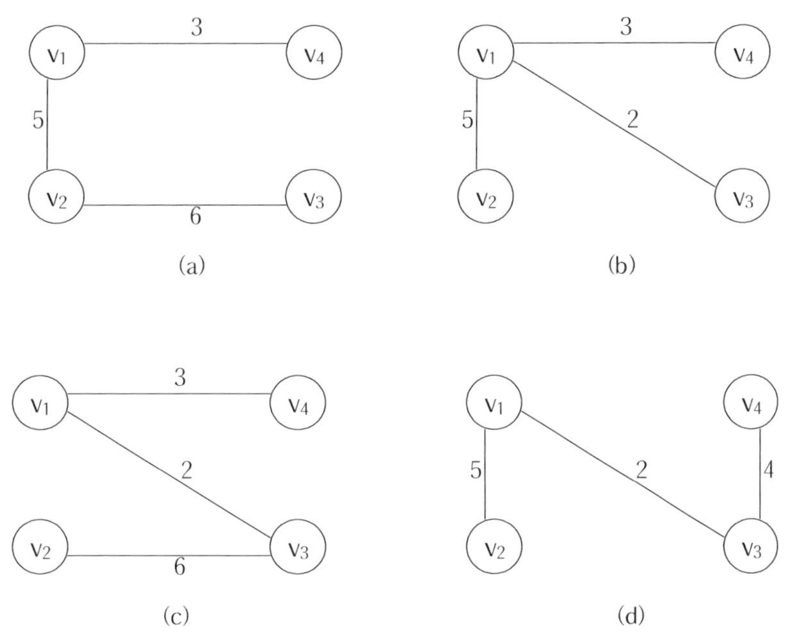


[그림 5.2] 신장 트리의 예

이 신장 트리들은 모두 그래프의 모든 정점들과 일부 간선들을 포함한다. 그래프에서 정점의 개수는 4개이므로 이들 신장 트리는 모두 3개씩의 간선으로 이루어져있다. 그림에서 나타낸 4개의 신장트리들 이외에도 그림 5.1의 그래프는 여러 개의 신장트리가 더 존재한다는 것을 확인하기 바란다.

그래프 G의 최소 신장 트리(minimum spanning tree)는 G가 가질 수 있는 모든 경우의 신장 트리 중에서 간선들의 가중치 합이 가장 적은 신장 트리를 말한다. 그림 5.2 에서 각 신장 트리의 가중치 합을 구하면 (a)는 14, (b)는 10, (c)는 11, (d)는 11이다. 그러므로 그림 5.1의 그래프에서 최소 신장 트리는 그림 5.2 (b)가 된다. 물론, 그림에 나타내지 않은 다른 신장 트리도 전부 고려하여야 하며 그 결과는 마찬가지임을 확인하기 바란다.

그래프에서 최소 신장 트리를 구하는 문제는 여러 가지의 응용분야에 적용된다. 넓은 지역에 산재해 있는 여러 도시들이 있고 이 도시들 사이에는 현재 포장되지 않은 도로들만 있다고 가정하자. 이 도로들 중의 일부를 포장해서 모든 도시가 포장된 도로로 연결될 수 있도록 하기 위해서는 어느 도로들을 포장해야하는지의 문제가 이에 해당한다. 포장할 도로들의 총 길이가 짧을수록 그 비용은 적게 들것이다.

또한, 제한된 지역에 몇 개의 건물들이 있을 때 이 건물들 사이에 서로 네트워크가 가능하도록 통신 케이블을 설치한다고 하자. 되도록이면 케이블을 가장 적게 사용해서 네트워크를 가능하게 하는 문제도 이에 해당한다. 이 경우의 문제 그래프는 각 건물이 정점이 되고, 모든 건물들 사이에는 간선이 존재하며, 각 간선의 가중치는 건물들 간의 거리로 지정하면 될 것이다. 이 문제 그래프는 모든 정점 간에 간선이 존재하는 완전 그래프(complete graph)의 형태가 될 것이다.

이와 같이, 응용되는 분야에 따라 그래프의 정점은 어떤 지점, 간선의 가중치는 거리 등의 개념으로 변환하여 해석할 수 있다. 따라서 최소 신장 트리 문제는 가장 적은 비용(또는 거리)으로 그래프의 모든 정점을 연결할 수 있는 구조를 찾는 문제이다.

## 5.2 프림의 알고리즘

$n$개의 정점을 가지는 그래프에서 최소 신장 트리를 구하기 위해서는 $n-1$개의 간선을 선택해야 한다. 이 간선들이 모여서 트리를 이루어야하며 그 가중치 합은 최소가 되도록 해야 한다. 최소 신장 트리를 해결하는 프림(Prim)의 알고리즘은 욕심쟁이 방법(greedy method)에 근거한다. 그래프에서 정점과 그에 따른 간선을 하나씩 선택하여 트리를 구성하되 그 선택기준은 지금까지 선택된 간선들의 가중치 합이 가장 적게 증가하도록 하는 것이다.

최초의 트리는 임의의 한 정점을 기준으로 시작해서 이 정점과 연결된 간선과 그에 따른 정점을 하나씩 추가함에 따라 계속 성장하게 된다. 이 과정을 통해 이 트리에 $n-1$개의 간선이 포함되면 최종적으로 우리가 구하려는 최소 신장 트리가 얻어진다. 이에 대한 대략적인 아이디어는 다음과 같다.

(1) 트리의 시작점으로 정점 $v_1$을 정한다.

(2) 나머지 각 정점에서 $v_1$과 연결된 간선의 가중치를 조사한 후, 가장 작은 가중치를 가지는 간선과 그에 따른 정점을 트리에 추가한다.

(3) 트리에 이미 포함된 정점을 제외한 외부의 나머지 각 정점 중에서 트리와의 거리가 가장 가까운 정점과 이를 연결하는 간선을 트리에 추가한다. 트리와 특정 외부 정점간의 거리는 트리내의 모든 정점과 그 외부 정점과의 간선들 중에 가장 작은 가중치를 의미한다.

(4) 트리에 정점과 간선을 추가하는 (3)의 과정을 트리 내 간선의 개수가 $n-1$이 될 때까지 반복한다.

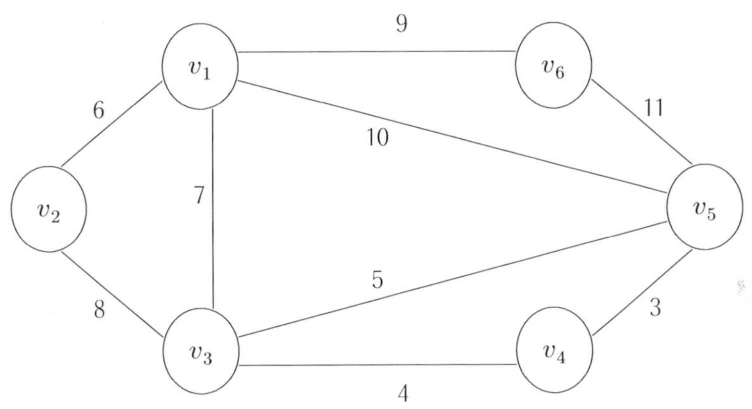


[그림 5.3] 그래프와 각 간선의 가중치

그림 5.3 의 그래프는 6개의 정점과 9개의 간선으로 이루어져 있으므로 이에 대한 최소 신장 트리는 6개의 정점과 5개의 간선을 포함하게 되면 완료된다. 이 그래프가 주어졌을 때 최소 신장 트리를 형성하는 과정을 그림 5.4에 나타내었다.

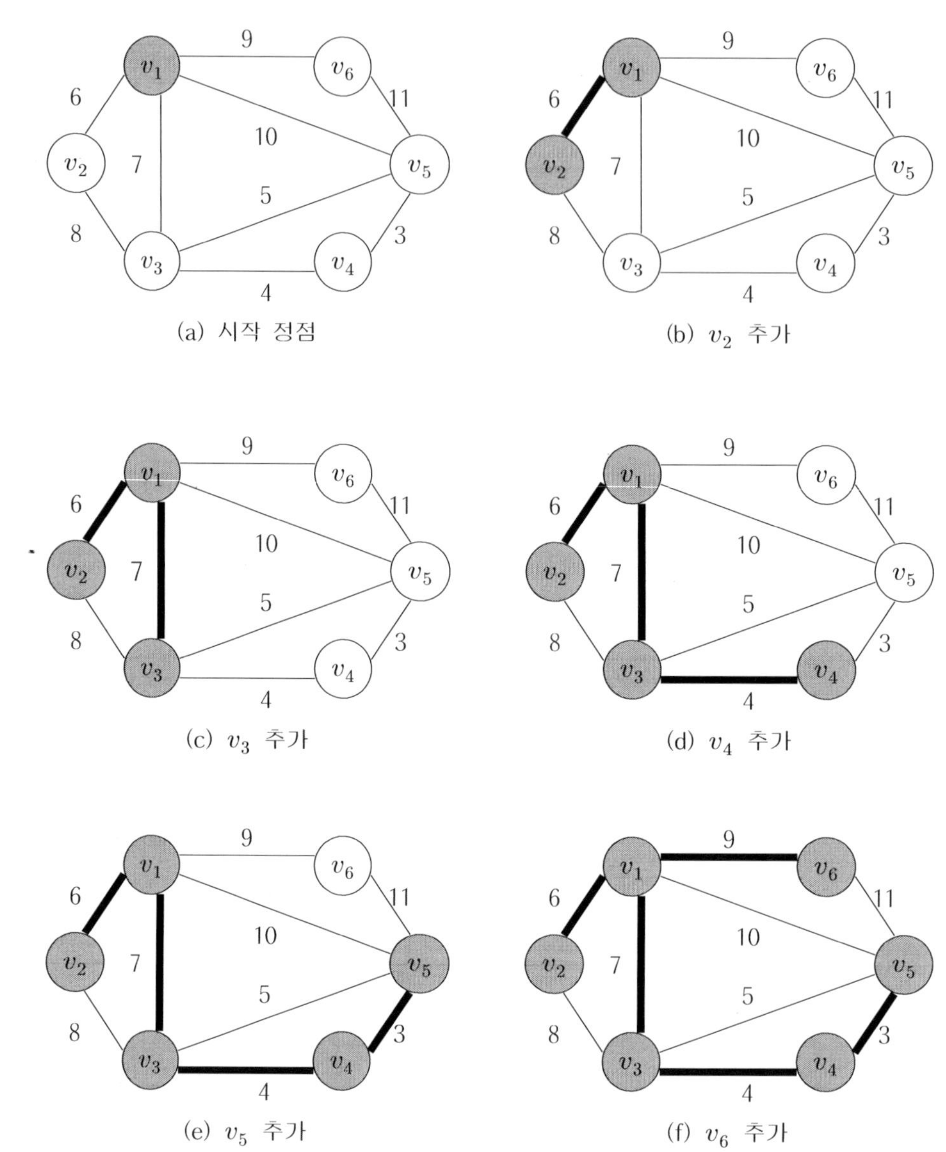


[그림 5.4] 최소 신장 트리의 형성 과정

그림 5.4에서 음영으로 처리된 정점과 진하게 표시된 간선은 각 단계에서 트리에 포함된 정점과 간선을 나타낸다.

이 그래프를 알고리즘의 입력으로 표현하기 위해서는 인접행렬(adjacency matrix)을 이용한다. 이 배열을 C라고 하면 C[$i$][$j$]의 값은 정점 $v_i$와 $v_j$를 잇는 간선의 가중치를 의미한다. 만약, $v_i$와 $v_j$ 사이에 간선이 존재하지 않는다면 C[$i$][$j$]에는 '∞'를 부여한다. 무한대를 의미하는 이 값은 알고리즘에서 가중치의 값을 서로 비교할 때 쓰이므로 입력 그래프에 존재하는 가장 큰 가중치 보다 더 큰 값이면 어떠한 값으로 설정해도 무방하다. 입력 그래프는 무방향성이므로 C[$i$][$j$]와 C[$j$][$i$]의 값은 같게 설정된다.

| C[][] | 1 | 2 | 3 | 4 | 5 | 6 |
|---|---|---|---|---|---|---|
| 1 | 0 | 6 | 7 | ∞ | 10 | 9 |
| 2 | 6 | 0 | 8 | ∞ | ∞ | ∞ |
| 3 | 7 | 8 | 0 | 4 | 5 | ∞ |
| 4 | ∞ | ∞ | 4 | 0 | 3 | ∞ |
| 5 | 10 | ∞ | 5 | 3 | 0 | 11 |
| 6 | 9 | ∞ | ∞ | ∞ | 11 | 0 |

[그림 5.5] 인접 행렬에 의한 그래프의 표현

지금까지 소개한 내용을 구체적인 알고리즘으로 나타내면 다음과 같다.

### [알고리즘 5.1] 프림의 알고리즘

```
void Prim(number C[][], int n, int T[][2])
{
  int  i, k, best;
  int  from[2..n];
  number  dist[2..n];

  for (i=2; i<=n; i++) {
    from[i] = 1;
    dist[i] = C[1][i];
  }

  for (k=1; k<=n-1; k++) {
```

```
        best = dist[2]~dist[n] 중 최소값(0 제외) 원소의 첨자;
        T[k][1] = from[best];
        T[k][2] = best;
        dist[best] = 0;

        for (i=2; i<=n; i++)
          if (C[best][i] < dist[i]) {
            from[i] = best;
            dist[i] = C[best][i];
          }
    }
}
```

이 알고리즘에서 배열 C는 입력 데이터인 그래프를 인접행렬로 나타낸 것이다. $n$은 배열 C로 표현되는 그래프에서 정점의 개수를 말한다. 배열 T는 알고리즘의 출력인 최소 신장 트리의 구조를 나타낸다. T[$k$][1]과 T[$k$][2]는 트리가 성장하는 과정에서 $k$번째로 추가된 간선의 양쪽 정점을 의미한다. 따라서 알고리즘이 완료된 후 T[1]에서 T[$n-1$]은 최소 신장 트리에 포함된 $n-1$개의 간선을 뜻한다.

dist[$i$]와 from[$i$]는 정점 $v_i$와 현재 트리사이의 거리 및 이 거리를 제공한 트리내의 정점을 의미한다. 만약 현재의 트리에 정점 $v_j$, $v_k$, $v_m$이 포함되어 있고 간선 ($v_i$, $v_j$), ($v_i$, $v_k$), ($v_i$, $v_m$) 중에 ($v_i$, $v_j$)의 가중치가 가장 작다고 한다면 dist[$i$]는 간선 ($v_i$, $v_j$)의 가중치 값이 된다. 이때 from[$i$]는 정점 $v_i$와 간선 ($v_i$, $v_j$)에 의해 연결된 트리내의 정점 $v_j$를 가리킨다. 결과적으로 이 경우에는 from[$i$]=j, dist[$i$]=C[$j$][$i$]가 된다.

알고리즘의 초기에 트리는 $v_1$만 포함된 상태로 시작된다. 첫 번째 for문은 $v_1$을 제외한 모든 정점에서 트리와의 거리를 계산한다. 이를 위해서는 각 정점에서 트리에 포함된 유일한 정점인 $v_1$까지의 거리를 계산하면 된다.

입력된 그래프를 바탕으로 최소 신장 트리는 기본적으로 $v_1$에서 계속 성장한다. 반복 변수 k에 의한 두 번째 for문은 $n-1$개의 간선과 정점을 하나씩 트리에 추가하기 위한 반복문이다. 변수 best는 현재의 트리와 가장 가까운 거리에 있는 외부의 한 정점이다. 이 정점 best와 트리의 정점 from[best]를 연결하는 간선이 T에 추가된다.

새로운 정점이 트리에 추가되면 외부의 나머지 정점들은 트리와의 거리에 변화가 생길 수 있다. 왜냐하면 새롭게 트리에 포함된 정점과의 거리가 과거의 트리와의 거리보다 가깝다면 각 정점과 현재의 트리의 거리는 더 가까워질 수 있기 때문이다. 마지막 for문은 이를 고려하여 외부의 정점들과 현재 트리 사이의 거리를 갱신한다.

그림 5.5의 인접행렬을 바탕으로 알고리즘이 수행되는 동안에 배열 from과 dist에 일어나는 변화를 나타내면 표 5.1과 5.2와 같다. 이 표에서 각 배열 내 원소 값에 변화가 없는 부분은 공란으로 비워두었다.

[표 5.1] 각 단계에 따른 배열 dist[]의 변화

| | 선택 정점 | dist[2] | dist[3] | dist[4] | dist[5] | dist[6] |
|---|---|---|---|---|---|---|
| 초기 | | 6 | 7 | $\infty$ | 10 | 9 |
| k=1 | $v_2$ | 0 | | | | |
| k=2 | $v_3$ | | 0 | 4 | 5 | |
| k=3 | $v_4$ | | | 0 | 3 | |
| k=4 | $v_5$ | | | | 0 | |
| k=5 | $v_6$ | | | | | 0 |

[표 5.2] 각 단계에 따른 배열 from[]의 변화

| | 선택 정점 | from[2] | from[3] | from[4] | from[5] | from[6] |
|---|---|---|---|---|---|---|
| 초기 | | 1 | 1 | 1 | 1 | 1 |
| k=1 | $v_2$ | | | | | |
| k=2 | $v_3$ | | | 3 | 3 | |
| k=3 | $v_4$ | | | | 4 | |
| k=4 | $v_5$ | | | | | |
| k=5 | $v_6$ | | | | | |

초기에 배열 dist[]의 원소 값은 각 정점에서 초기의 트리를 구성하고 있는 유일한 정점인 $v_1$까지의 거리이다. $k=1$일 때 각 정점의 거리 중에 dist[2]=6 이 최소값이므로 $v_2$가 선택되며, 트리와의 거리 dist[2]를 제공하는 간선 (from[2] $v_2$)에 해당하는 ($v_1$ $v_2$)가 T에 추가된다. 트리에 $v_2$가 추가된 후에는 $v_2$로 인해 외부의 정점들과 트리 사이의 거리에 변화가 있는지를 조사해야 한다. 이 예에서는 외부 정점들과 트리사이의 거리가 단축되는 경우가 발생되지 않으므로 dist[]와 from[]의 값은 변화가 일어나지 않는다.

k=2인 다음 단계에서 가장 짧은 거리를 가지는 $v_3$가 선택되고 간선 (from[3] $v_3$)에 해당하는 ($v_1$ $v_3$)가 T에 추가된다. 트리에 $v_3$가 추가되면 $v_4$의 거리 dist[4]는 ∞에서 4로, $v_5$의 거리 dist[5]는 10에서 5로 단축된다. 또한 이 거리는 트리 내에 있는 정점 $v_3$와의 거리를 나타내므로 from[4]와 from[5]를 3으로 갱신한다. 이러한 단계를 계속 반복하면 최종적으로 최소 신장 트리를 구성하는 모든 간선들을 배열 T에 얻게 된다.

프림의 알고리즘에서 시간 복잡도를 살펴보자. 이때, 입력의 크기 $n$은 그래프에 있는 정점의 개수로 정한다. 알고리즘 5.1 에서 가장 많은 횟수의 실행이 일어나는 부분은 중첩된 2개의 for문 내에 있는 if문의 비교 연산이다. 외부의 for문에 의해 전체적으로 $n-1$회 반복되고, 각 1회의 반복마다 내부의 for문에 의해 이 연산은 $n-1$회 실행된다. 따라서 프림의 알고리즘의 복잡도는

$$T(n) = (n-1)(n-1)$$
$$= n^2 - 2n + 1$$

이 되므로 $O(n^2)$이다.

이 알고리즘에는 다음과 같이 best의 값을 찾는 코드가 있는 것도 고려해야 한다.

```
best = dist[2]~dist[n] 중 최소값(0 제외) 원소의 첨자;
```

비록 이는 하나의 연산같이 보이지만 $n-1$개의 원소에서 최소값을 찾는 작업을 수행하기 위해서는 적어도 $n-2$회의 비교연산을 요구한다. 따라서 이 연산도 함께 고려하여 총 연산 회수를 구하면

$$T(n) = (n-1)[(n-2)+(n-1)]$$

과 같이 된다. 이 역시 $O(n^2)$으로 나타나므로 앞서 구한 복잡도의 $O$표기에는 영향을 미치지 않는다.

## 5.3 크루스칼의 알고리즘

최소 신장 트리(MST) 문제를 해결하는 또 다른 방법으로는 크루스칼(Kruskal) 알고리즘이 있다. 프림의 알고리즘이 하나의 정점을 기초로 외부의 정점을 추가하면서 트리를 성장시키는 방식인데 반해서 크루스칼의 알고리즘은 간선을 하나씩 추가하여 최종 시점이 되면 비로소 신장 트리의 모양을 갖추게 한다. 이 알고리즘에서도 간선의 선택 기준은 욕심쟁이 기법(greedy method)에 따른다.

마지막에 완성되는 신장 트리가 최소가 되기 위해서 이 알고리즘이 택하는 욕심쟁이 기법은 각 단계마다 가장 작은 가중치를 갖는 간선을 해답에 추가하는 것이다. 이런 관점에서 보면 크루스칼 알고리즘은 프림의 알고리즘 보다 더 직관적인 욕심쟁이 기법이라고도 할 수도 있다. $n$개의 정점을 갖는 그래프에서 이 알고리즘의 종료 시점은 프림의 알고리즘과 마찬가지로 지금까지 선택한 간선의 수가 $n-1$에 이를 때이다. 크루스칼 알고리즘의 개략적인 아이디어는 다음과 같다. 입력 그래프를 G, 구하고자 하는 최소 신장 트리를 T라고 하자.

(1) 그래프 G의 모든 간선들을 오름차순으로 정렬한다.

(2) 가장 가중치가 작은 간선을 T에 추가한다.

(3) 남은 간선들 중에 가장 가중치가 작은 간선을 선택한 후, 이 간선을 추가해도 T에 사이클(cycle)이 생기지 않는다면 이 간선을 T에 추가한다.

(4) T에 포함된 총 간선들의 개수가 $n-1$이 될 때까지 (3)의 과정을 반복한다.

프림의 알고리즘에서는 항상 트리의 형태를 유지하면서 성장하기 때문에 알고리즘의 수행 중에는 하나의 트리만 존재했었다. 하지만 크루스칼의 알고리즘은 간선을 중심으로 추가하기 때문에 이들이 서로 연결되어 있지 않을 경우에는 2개 이상의 부분 트리가 있을 수도 있다. 하지만 $n-1$개의 간선이 추가된 시점에는 하나의 신장 트리로 완성된다.

성장하고 있는 트리에 외부의 정점과 그 간선을 추가하는 방식인 프림의 알고리즘에서는 최소 거리에 있는 정점을 찾은 후 이를 아무 조건 없이 현재의 트리에 포함할 수 있었다. 왜냐하면 새롭게 추가되는 간선은 항상 트리 내부의 한 정점과 트리 외부의 한 정점을 잇기 때문에 트리 내에 사이클을 형성하지 않기 때문이다.

그러나 크루스칼의 알고리즘에서는 형성되고 있는 부분 트리들과의 연관관계없이 독립적으로 간선을 선택한다. 만약 선택된 간선의 양쪽 정점이 한 부분 트리의 내부에 이미 속해있는 정점들이라면 이로 인해 사이클을 만들게 된다. 그림 5.6 (a)의 그래프에서 가중치가 짧은 순서로 3개의 간선을 선택하면 (b)와 같이 사이클을 이루게 된다.

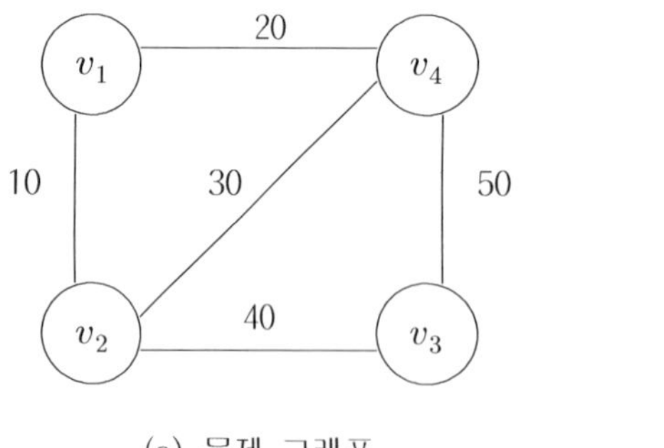

(a) 문제 그래프

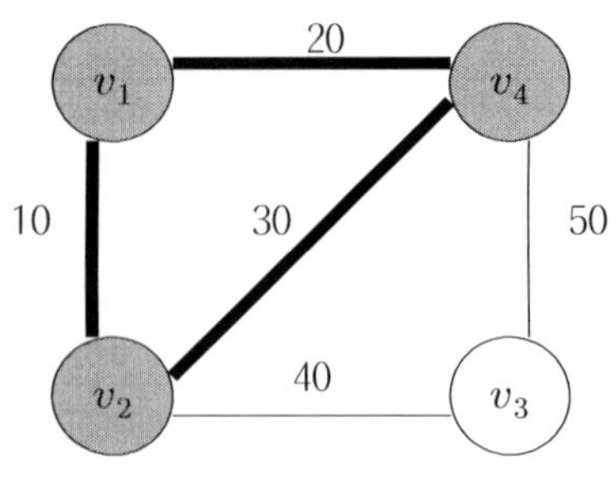

(b) 간선 3개를 택한 후

[그림 5.6] 사이클이 발생하는 경우

이와 같이 사이클이 만들어지면 비록 간선들의 가중치의 합은 최소가 되겠지만, $n$개의 정점을 $n-1$개의 간선으로 연결하려는 문제의 기본적인 목적에 위반된다. 이를 방지하기 위해서는 새로운 간선을 추가하기 전에 이 간선으로 인해 부분 트리 내에 사이클이 생성될 가능성이 있는지를 먼저 확인해야한다.

그림 5.7의 문제 그래프를 대상으로 크루스칼 알고리즘에 의한 최소 신장 트리의 형성과정을 살펴보자.

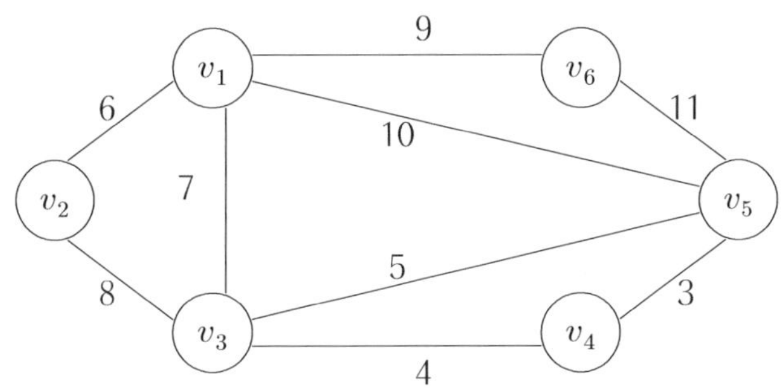


[그림 5.7] 문제 그래프

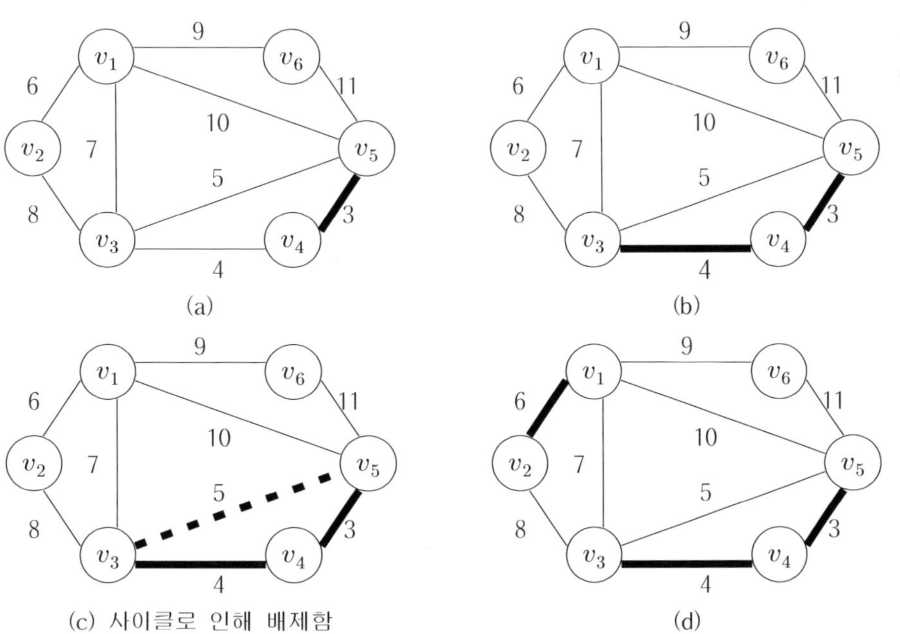

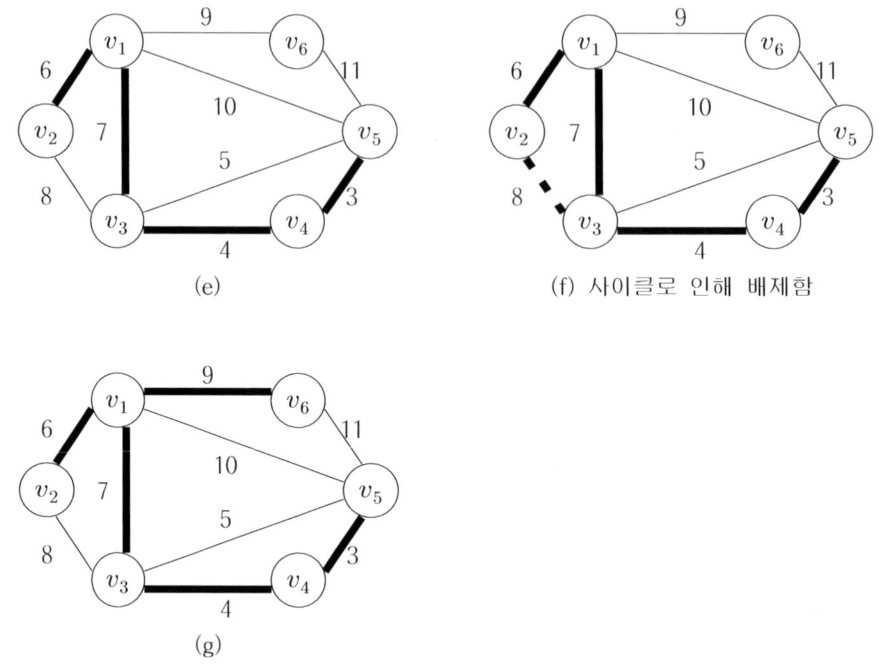


[그림 5.8] 크루스칼에 의한 최소 신장 트리의 형성 과정

그림 5.8 (c)에서 간선 ($v_3$ $v_5$)는 현재 남아있는 간선 중에 최소의 가중치를 가지지만 이 간선을 추가하면 사이클을 만들게 되므로 선택에서 제외된다. 그림 5.8 (f)에서도 마찬가지의 이유로 간선 ($v_2$ $v_3$)는 선택에서 배제된다.

그림 5.8과 같이 그래프를 시각적으로 보면서 사이클의 형성 여부를 판별하는 것은 아주 쉬운 일이다. 하지만 우리는 이 작업을 구체적인 절차에 의해 알고리즘으로 해결해야만 한다. 이 문제점은 각 부분트리와 정점에 특정 번호를 지정함으로써 처리할 수 있다.

그래프 G=(V, E)가 V={$v_1$, $v_2$, $v_3$, $v_4$}와 같이 4개의 정점으로 이루어졌다고 하자. 크루스칼 알고리즘에서 초기에는 각 정점이 각각의 부분트리로 간주할 수 있다. 각 부분트리를 정점들의 집합으로 표현하여 $S_1=\{v_1\}$, $S_2=\{v_2\}$, $S_3=\{v_3\}$, $S_3=\{v_4\}$ 이라고 설정하자. 알고리즘의 첫 단계에서 간선 ($v_1$ $v_2$)가 선택되어 추가된다면 $v_1$이 속한 $S_1$과 $v_2$가 속한 $S_2$는 간선 ($v_1$ $v_2$)

에 의해 하나의 부분트리로 통합된다. 따라서 부분 트리 $S_1$과 $S_2$를 통합하여 $S_1 = \{v_1,\ v_2\}$가 된다. 두 부분트리를 통합할 때에는 편의상 부분 트리의 번호가 작은 트리로 통합한다고 가정하자.

다음 단계에서 간선 $(v_1\ \ v_4)$가 추가되면 $S_1 = \{v_1,\ v_2\}$이고 $S_4 = \{v_4\}$이므로 이 부분트리들이 통합되어 $S_1 = \{v_1,\ v_2,\ v_4\}$가 된다. 다음 단계에 만약 간선 $(v_2\ \ v_4)$가 선택되어 추가된다면 사이클이 발생하게 된다. 왜냐하면 간선 $(v_2\ \ v_4)$의 양쪽 정점인 $v_2$와 $v_4$ 둘 다 같은 부분트리인 $S_1$에 포함된 정점들이기 때문이다. 따라서 간선 $(v_2\ \ v_4)$는 선택에서 배제되어야 한다.

이와 같이 알고리즘이 진행되는 동안 선택된 간선의 양쪽 정점이 동일한 부분트리에 속해있는지를 확인할 수 있다면 사이클의 형성 가능성은 쉽게 판단할 수 있다. 이를 위해서는 초기부터 각 정점이 부분트리에 대한 식별 정보를 가지고 있어야할 뿐만 아니라 간선이 추가될 때마다 이 정보는 계속 갱신되어야한다. 그림 5.9의 문제 그래프를 대상으로 이 과정을 그림 5.10에 나타내었다.

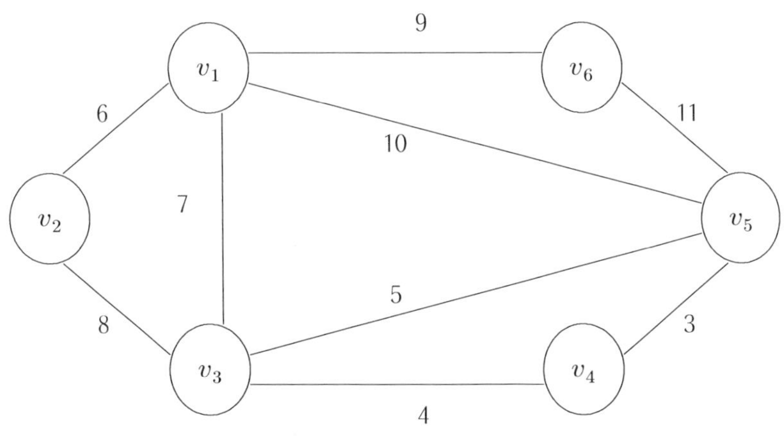


[그림 5.9] 문제 그래프

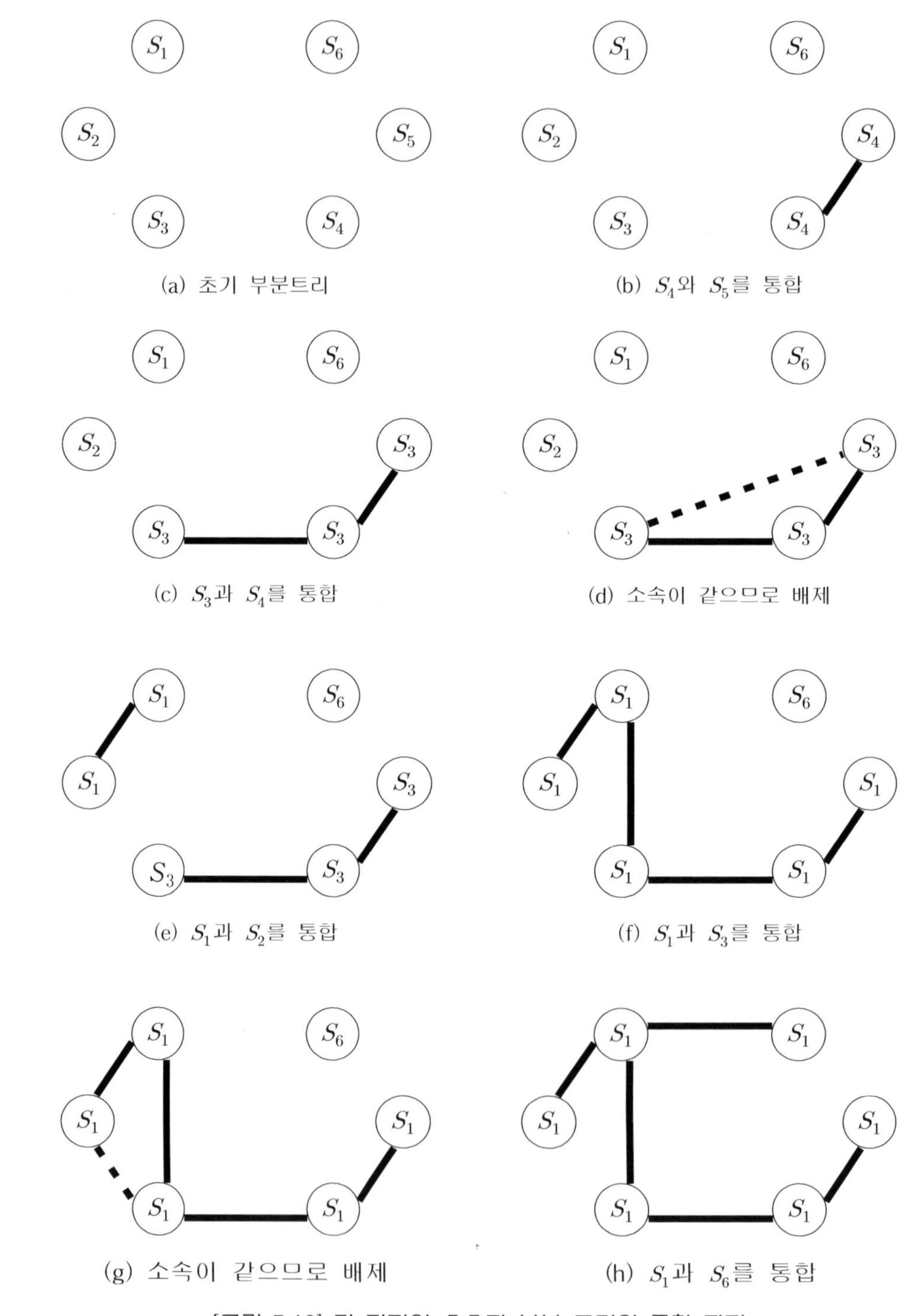


[그림 5.10] 각 정점이 소속된 부분 트리의 통합 과정

그림 5.10 (a)에서 각 부분트리의 식별번호는 초기에 각 정점의 첨자와 동일하게 설정되었다. (b)에서는 간선 ($v_4$ $v_5$)가 추가됨에 따라 $v_4$와 $v_5$는 부분트리 $S_4$로 통합된다. (c)에서는 간선 ($v_3$ $v_4$)가 추가되어 $v_3$, $v_4$, $v_5$는 부분트리 $S_3$로 통합된다. (d)에서 간선 ($v_3$ $v_5$)의 양쪽 정점 $v_3$와 $v_5$는 동일한 부분 트리 $S_3$에 속하고 이는 트리 내에 사이클을 생성하게 하므로 이 간선은 배제되었다.

지금까지 설명한 과정을 정리하여 알고리즘으로 나타내면 다음과 같다.

### [알고리즘 5.2] 크루스칼의 알고리즘

```
void Kruskal(number C[][], int n, int E[][2], int m, int T[][2])
{
  int i, j;
  int a, b, u, v;

  E의 간선들을 오름차순으로 정렬;
  n개의 초기 집합(트리) 생성;
  i = 0;
  j = 1;

  while ( i<=n-1 ) {
    u = E[j][1];
    v = E[j][2];
    a = Find(u);
    b = Find(v);
    if (a≠b) {
      Union(a, b);
      T[i][1] = u;
      T[i][2] = v;
      i = i+1;
    }
    j = j+1;
```

```
    }
}
```

이 알고리즘에서 배열 C는 입력 그래프의 각 가중치로 이루어진 인접행렬이다. $n$은 그래프 내의 정점들의 개수이다. 배열 E는 입력 그래프에 있는 모든 간선들로 이루어진다. $k$번째 간선이라면 간선의 양쪽 정점에 대한 첨자를 E[$k$][1]과 E[$k$][2]에 가지고 있다. $m$은 입력 그래프 내에 있는 간선들의 개수이다. 배열 T는 알고리즘의 출력이며 T의 원소들은 최소 신장 트리를 이루는 간선들이 된다. T[$k$][1]과 T[$k$][2]는 알고리즘이 수행되는 동안 $k$번째로 추가된 간선을 의미한다.

알고리즘의 초기에 E의 모든 간선들은 가중치 값에 따라 오름차순으로 정렬된다. 이는 각 단계에서 추가할 간선의 선택을 용이하게 하기 위함이다. 그래프의 각 정점은 초기에 서로 다른 부분 트리(또는 집합)에 속하도록 설정된다.

변수 $i$는 while문의 반복에 의해 최종적으로 $n-1$개의 간선들이 T에 포함되도록 하기위한 반복 변수이다. 변수 $j$는 배열 E의 한 원소를 가리키며 이는 현재 남아있는 간선들 중에 가장 작은 가중치의 간선이다.

u와 v는 현재 선택된 간선의 양쪽 정점이다. 함수 Find는 정점이 속한 트리의 번호를 구한다. 함수 Find는 정점이 속한 트리의 번호를 반환한다. a=Find(u)와 b=Find(v)에서 a와 b는 정점 u와 v가 속한 부분 트리의 번호가 된다.

만약 a와 b가 같다면 간선 (u v)는 사이클을 생성하므로 배제한다. 이들이 다르다면 간선 (u v)는 T에 추가된다. 또한 이들이 속한 부분트리는 하나로 통합해야한다. Union(a, b)에서 함수 Union은 두 부분 트리 a와 b를 통합하는 함수이다.

전체 알고리즘에서는 간략히 언급된 초기 트리(집합)의 생성과 함수 Find 및 함수 Union에 대해 생각해보자. 이를 위해 그림 5.10을 참고하기로 하자.

$n$개의 정점에 대한 초기 트리(집합)의 생성은 다음과 같이 $n$개의 원소로 이루어진 배열 S로 구성할 수 있다.

| 정점 | S[1] | S[2] | S[3] | S[4] | S[5] | S[6] |
|---|---|---|---|---|---|---|
| 트리 번호 | 1 | 2 | 3 | 4 | 5 | 6 |

이 데이터는 그림 5.10의 (a)에 해당한다. 여기에서 S[$i$]의 값이 j라면 정점 $v_i$가 속한 트리의 번호는 $j$가 된다. 따라서 $v_i$가 속한 트리를 알기위한 Find 함수는 Find(i)의 반환 값이 $j$가 될 수 있도록 구성하면 된다.

**[알고리즘 5.3] 정점 u의 소속 트리 확인(1)**

```
int Find(int S[], int u)
{
  return S[u];
}
```

그림 5.10 (a)에서 Find($v_4$)와 Find($v_5$)의 반환 값이 각각 4와 5이므로 간선 ($v_4$ $v_5$)가 추가될 수 있다. 이 간선이 추가되면 양쪽의 정점인 $v_4$와 $v_5$의 소속 트리는 통합되어야한다. 그림 5.10 (b)가 이에 해당한다. 따라서 배열 S는 다음과 같이 갱신된다.

| 정점 | S[1] | S[2] | S[3] | S[4] | S[5] | S[6] |
|---|---|---|---|---|---|---|
| 트리 번호 | 1 | 2 | 3 | 4 | 4 | 6 |

그림 5.10 (e)에서 (f)로 변화하는 과정을 배열 S에서 살펴보자.

| 정점 | S[1] | S[2] | S[3] | S[4] | S[5] | S[6] |
|---|---|---|---|---|---|---|
| 그림 (e) | 1 | 1 | 3 | 3 | 3 | 6 |
| 그림 (f) | 1 | 1 | 1 | 1 | 1 | 6 |

간선 ($v_1$ $v_3$)가 추가됨에 따라 정점 $v_1$과 $v_3$이 속해 있는 트리를 통합하였다. 이 작업이 함수 Union의 역할이다. 이를 처리하려면 S의 모든 원소를 하나씩 검색하여 S[$i$]=3인 원소를 모두 찾은 후 이를 1로 갱신해야한다.

### [알고리즘 5.4] 부분 트리 a, b의 통합(1)

```
void Union(int S[], int a, int b)
{
  int i;
  for (i=1; i<=n; i++) {
    if (S[i] == b)
      S[i] = a;
  }
}
```

알고리즘 5.4와 같이 부분 트리를 통합하기 위해서 이에 속한 모든 원소를 전부 갱신하는 부분은 비효율적이다. 이를 개선하기 위한 방법 중의 하나는 각 부분 트리가 대표 정점을 갖게 한 후, 두 트리를 통합할 때에는 두 대표 정점만을 통합하는 것이다. 이때 두 대표 정점의 통합은 한 대표 정점이 다른 대표 정점을 가리키게 함으로써 처리된다.

배열에서는 S[$i$]의 값이 $i$라면 정점 $v_i$는 트리 번호 $i$에 속한 대표 정점이다. S[$i$]의 값이 $i$가 아니라면 정점 $v_i$의 트리 번호를 찾기 위해서는 S[$i$]의 값을 계속 추적해야한다. 그림 5.10의 그림을 참고로 각 단계의 통합 과정을 표 5.3에 나타내었다.

[표 5.3] 트리의 통합에 따른 배열 S[]의 변화

| 정점 | S[1] | S[2] | S[3] | S[4] | S[5] | S[6] |
|---|---|---|---|---|---|---|
| 그림 (a) | 1 | 2 | 3 | 4 | 5 | 6 |
| 그림 (b) | | | | | 4 | |
| 그림 (c) | | | | 3 | | |
| 그림 (e) | | 1 | | | | |

| 그림 (f) | | | 1 | | | |
|---|---|---|---|---|---|---|
| 그림 (h) | | | | | | 1 |

이 표에서는 각 단계에서 배열 S의 원소 값이 갱신되는 부분만 그 값을 나타내었다.

단계 (a)에서 모든 정점은 각 트리의 대표 정점이다. 왜냐하면 모든 $i$에 대해 S[$i$]=$i$이기 때문이다. 단계 (b)에서 $v_4$와 $v_5$를 통합할 때 S[4]와 S[5]는 트리 4와 트리 5의 대표 정점이므로 통합을 위해서 S[5]는 S[4]를 가리키도록 S[5]=4로 갱신한다. 단계 (c)에서 $v_3$와 $v_4$를 통합할 때 S[3]과 S[4]는 각각 대표 정점이므로 통합을 위해서 S[4]는 S[3]을 가리키도록 S[4]=3으로 갱신한다. 나머지 단계도 이와 같은 과정을 거친다.

### [알고리즘 5.5] 정점 u의 소속트리 확인(2)

```
int Find2(int S[], int u)
{
  while (S[u] ≠ u)
    u = S[u];
  return u;
}
```

### [알고리즘 5.6] 부분 트리 a, b의 통합(2)

```
void Union2(int S[], int a, int b)
{
    if (a<b)
      S[b] = a;
    else
      S[a] = b;
}
```

그림 5.10의 예에서는 발생하지 않지만 (e)의 과정 다음에 간선 ($v_2$ $v_5$)가 선택되었다고 가정하자. $v_2$와 $v_5$의 트리를 찾기 위해서는 S[2]와 S[5]의 값을 확인해야한다. S[2]는 1이고, S[5]는 4이므로 이들은 대표 정점이 아니다. S[2]=1, S[1]=1 이므로 $v_2$는 트리 1에 속하며 대표 정점은 S[1]이 된다. 또한 S[5]=4, S[4]=3, S[3]=3 이므로 $m$는 트리 3에 속하며 대표 정점은 S[3]이 된다. 따라서 S[3]이 S[1]을 가리키도록 S[3]의 값을 1로 변경하면 된다.

$v_2$의 소속 트리 : S[2]=1 → S[1]=1

$v_5$의 소속 트리 : S[5]=4 → S[4]=3 → S[3]=3

여기에서 알 수 있는 것은 Union 함수의 성능을 높이기 위해서 Find 함수의 성능이 희생되었다는 점이다. 이전의 배열 구조에서는 Find 함수는 $O(1)$의 시간에 완료하지만, 변경된 배열 구조에서는 최대 $O(n)$의 시간을 요구할 수도 있다. 이를 좀 더 개선할 수 있는 방법도 있지만 여기에서는 생략하겠다.

크루스칼 알고리즘의 복잡도를 살펴보자. 먼저 간선들의 배열 E를 정렬하기위한 복잡도는 간선들의 개수가 m이므로 $O(m\log m)$이 된다. 이어서 각 정점의 부분 트리를 초기화 하는데 $O(n)$이 소요된다. 또한 Find 함수와 Union 함수에서 등급(rank) 및 경로 압축(path compression)과 같이 더 개선된 구조를 사용하면 이들에 대한 조작에 걸리는 시간은 $O(m\log m)$이 된다.

크루스칼 알고리즘에서 $n$은 입력 그래프에 있는 정점의 개수이며 $m$은 간선들의 개수이다. 연결된 그래프에서 항상 $m \geqq n-1$이므로 전체 알고리즘의 복잡도는

$$T(n, m) = O(m\log m)$$

이 된다. 이 복잡도는 간선의 개수인 $m$에 대한 함수로 표현된다는 것에 주목하자.

이 복잡도를 $n$에 대한 함수로 표현하자면, 같은 개수의 정점을 가지는 그래프라 하더라도 그 안에 포함된 간선의 개수에 따라 달리 해석될 수 있다. 만약 간선의 개수가 최소인 경우에는 $m$이 되므로 이 복잡도는

$$T(n, m) = O(n \log n)$$

이 된다.

반면에, 간선의 개수가 최대가 되는 완전 그래프의 경우에는

$$m = \frac{n(n-1)}{2}$$

이 되므로 복잡도는

$$T(n, m) = O(n^2 \log n)$$

이 된다.

따라서 입력그래프에 포함된 간선의 밀도에 따라 크루스칼 알고리즘의 효율성은 다르게 표현될 수 있다. 이에 반해 프림 알고리즘의 복잡도는 항상 $O(n^2)$이었다. 만약, 입력 그래프에 존재하는 간선들의 밀도가 높다면 복잡도가 $O(n^2)$인 프림의 알고리즘이 더 효율적일 것이다. 반대로 간선들의 밀도가 낮다면 그 복잡도가 $O(n \log n)$인 크루스칼의 알고리즘이 시간적으로 더 유리하게 된다.

## 5.4 다익스트라의 최단 경로(단일 출발점)

지도에 있는 도시들과 이들 도시간의 도로망들은 그래프로 표현할 수 수 있다. 그래프의 각 정점은 도시를 나타내고 각 정점사이의 간선은 도시사이를 연결하는 도로를 나타낸다. 간선의 가중치는 목적에 따라 그 구간에 해당하는 도로의 길이 또는 통과하는데 걸리는 시간으로 설정할 수 있다.

운전자가 도시 A에서 도시 B로 가고자 할 때 갈 수 있는 경로가 여러 가지가 존재한다면 이 중 가장 좋은 경로를 택하려할 것이다. 여기서 가장 좋은 경로에 대한 기준은 시간, 거리, 비용 등이 될 수가 있으며, 운전자는 출발지에서 목적지로 갈 수 있는 여러 경로 중에 총 소요 시간, 총 소요 거리,

또는 총 소요 비용이 가장 적게 드는 경로에 관심을 가진다. 이를 그래프에서 생각하면 두 정점간의 최단 경로는 가능한 여러 가지의 경로 중에 간선들의 가중치 합이 가장 적은 경로이다.

이와 같이 출발지에서 목적지까지 갈 수 있는 경로 중 가장 짧은 거리(시간, 비용)를 가지는 경로를 찾는 문제를 최단 경로(shortest path) 문제라고 한다. 이 문제는 일반적으로 각 간선들이 방향성을 가지는 방향그래프(directed graph)를 대상으로 한다. 그러므로 이 그래프에 간선 (u v)와 (v u)가 존재한다고 할 때, 이들은 서로 다른 방향의 간선이며 가중치 또한 다른 값을 가질 수 있다. 이는 도로망에서 두 지점간의 양 방향 도로가 서로 다른 시간이 걸린다고 가정하는 것과 같다.

최단 경로 문제는 두 가지로 분류한다. 그 중 한 가지는 출발점을 하나 정하고 이 지점에서 다른 모든 지점까지의 최단 경로를 구하는 문제이다. 이를 단일 출발점 최단 경로 문제라고 한다. 다른 하나는 모든 지점을 출발점으로 정하고 각 출발점에서 다른 모든 지점까지의 최단 경로를 모두 구하는 문제이다. 이를 모든 출발점 최단 경로 문제라고 한다. 이 절에서는 단일 출발점 최단 경로 문제를 다룬다.

그림 5.11 의 그래프를 대상으로 우선은 시각적으로 최단경로를 찾아보자. 이 그래프에서의 최단 경로 문제는 출발점을 $v_1$으로 했을 때 $v_2$, $v_3$, $v_4$, $v_5$, $v_6$에 이르는 각각의 최단 경로를 정하는 것이다.

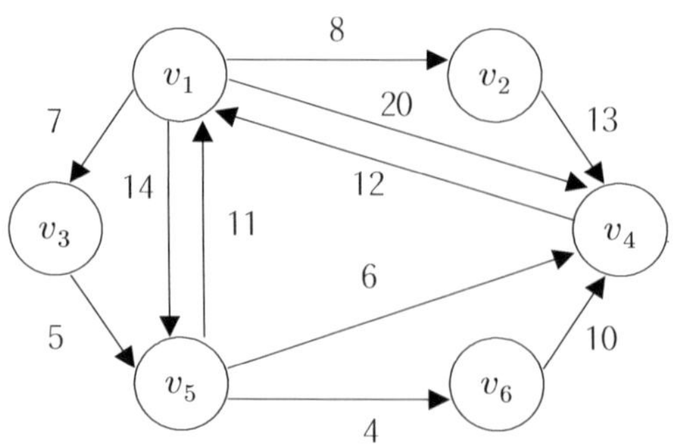


[그림 5.11] 가중치를 갖는 방향 그래프

이 그래프를 대상으로 출발지 $v_1$에서 각 목적지까지의 최단 경로와 그 거리는 다음과 같다.

| 출발지 | 목적지 | 최단 경로 | 거리 |
|---|---|---|---|
| $v_1$ | $v_2$ | $v_1$, $v_2$ | 8 |
| $v_1$ | $v_3$ | $v_1$, $v_3$ | 7 |
| $v_1$ | $v_4$ | $v_1$, $v_3$, $v_5$, $v_4$ | 18 |
| $v_1$ | $v_5$ | $v_1$, $v_3$, $v_5$ | 12 |
| $v_1$ | $v_6$ | $v_1$, $v_3$, $v_5$, $v_6$ | 16 |

정점 $v_1$에서 정점 $v_4$까지의 최단 경로는 $v_3$와 $v_5$를 경유해서 가는 경로이다. 이 그래프에서 $v_1$에서 $v_4$로 한 번에 직접 갈 수 있는 경로도 존재하지만 이 간선의 가중치는 20이다. 하지만 $v_3$와 $v_5$를 경유하는 경로는 비록 3개의 간선을 거치지만 간선 ($v_1$ $v_3$), ($v_3$ $v_5$), ($v_5$ $v_4$)의 합이 18이므로 이 경로가 더 짧은 경로가 된다. 따라서 최단 경로를 구하기 위해서는 $v_1$에서 $v_4$에 이를 수 있는 모든 경로를 고려해야할 필요가 있다는 것을 알 수 있다.

각 목적지까지의 경로들을 모두 조사하고 그 거리들을 전부 비교한 후 최단 경로를 선택하는 방법은 그래프의 크기에 따라서는 엄청난 시간을 필요로 한다. 이와 같은 노력을 최소화 시켜 비교적 짧은 시간에 최단 경로를 찾는 방법이 다익스트라(Dijkstra)의 최단 경로 알고리즘이다. 이 방법은 각 목적지까지의 최단경로 중에서도 가장 짧은 최단 경로를 가지는 목적지부터 먼저 찾아나가는 방식을 택한다.

그림 5.11의 그래프를 대상으로 우리가 구한 결과는 $v_2$, $v_3$, $v_4$, $v_5$, $v_6$로 표현한 5개의 목적지에 이르는 5개의 최단경로이다. 이 5개의 최단경로 중 가장 짧은 최단경로의 거리는 $v_5$에 이르는 7이며, 가장 긴 최단경로의 거리는 $v_4$에 이르는 18이다. 따라서 이 기법에 따르면 경로의 거리 순에 의해서 $v_3$, $v_2$, $v_5$, $v_6$, $v_4$의 순서로 각 목적지에 닿을 수 있는 최단경로를 찾아나가게 된다.

다익스트라의 알고리즘에 의해 각 목적지까지의 최단경로를 구하는 전체적인 아이디어는 다음과 같다.

(1) 출발지와 목적지까지의 거리를 계산한다. 이 단계에서의 거리는 출발지와 목적지간에 직접 연결된 간선의 가중치이다. 이 중 최소 거리를 가지는 목적지가 모든 목적지 중 출발지에서 가장 짧은 최단경로를 가지는 목적지로 확정된다. 목적지가 확정됨에 따라 그에 따른 최단경로도 함께 확정되는 셈이 된다.

(2) 이전 단계에서 확정된 목적지를 경유하는 경로도 감안하여 출발지와 나머지 목적지까지의 거리를 다시 계산한다. 이는 이전에 알려진 최단 경로에 더해서 직전 단계에 밝혀진 최단 경로도 함께 이용하여 거리를 계산하는 것을 의미한다. 이 중 최소 거리를 가지는 목적지가 나머지 목적지 중 출발지에서 가장 짧은 최단경로를 가지는 목적지로 확정된다. 목적지가 확정되면 그에 따라 이 목적지에 이르는 최단 경로도 함께 확정된다.

(3) 그래프에서 정점의 수가 $n$이라면 $n-1$개의 목적지가 모두 확정될 때까지 (2)의 과정을 반복한다.

다익스트라의 알고리즘은 기본적으로 최소 신장 트리를 해결하는 프림의 알고리즘과 아주 유사하다. 프림의 알고리즘과 다른 부분은 각 정점의 거리를 결정하는 부분이다. 프림의 알고리즘에서는 트리 외부에 있는 정점들의 거리는 현재 트리 전체와의 거리를 뜻하므로 트리에 포함된 어떤 정점과의 거리이든 그 거리가 최소이면 상관이 없었다. 그러나 다익스트라 알고리즘에서 각 정점의 거리는 항상 출발지인 특정 정점과의 거리를 측정해야한다는 점이다.

그림 5.11의 그래프를 알고리즘의 입력으로 처리하기 위해서 인접행렬(adjacency matrix)로 표현하자. 이 배열을 C라고 하면 C[$i$][$j$]의 값은 정점 $v_i$에서 $v_j$로 향하는 간선의 가중치를 의미한다. 만약, $v_i$와 $v_j$ 사이에 간선이 존재하지 않는다면 C[$i$][$j$]에 '$\infty$'를 할당한다. 이 그래프는 방향성 그래프이므로 C[$i$][$j$]와 C[$j$][$i$]는 서로 다른 값을 가질 수 있다. 따라서 이 행렬의 원소 값은 대각선을 중심으로 비대칭이 될 수 있다.

| | 1 | 2 | 3 | 4 | 5 | 6 |
|---|---|---|---|---|---|---|
| 1 | 0 | 8 | 7 | 20 | 14 | ∞ |
| 2 | ∞ | 0 | ∞ | 13 | ∞ | ∞ |
| 3 | ∞ | ∞ | 0 | ∞ | 5 | ∞ |
| 4 | 12 | ∞ | ∞ | 0 | ∞ | ∞ |
| 5 | 11 | ∞ | ∞ | 6 | 0 | 4 |
| 6 | ∞ | ∞ | ∞ | 10 | ∞ | 0 |

[그림 5.12] 문제 그래프의 인접 행렬

다익스트라의 최단 경로 알고리즘은 프림의 알고리즘과 비교할 때 그 골격과 흐름이 유사하다.

### [알고리즘 5.7] 다익스트라의 최단 경로

```
void Dijkstra(number C[][], int n, int T[][2])
{
  int  i, k, best;
  int  from[2..n];
  number  dist[2..n];

  for (i=2; i<=n; i++) {
    from[i] = 1;
    dist[i] = C[1][i];
  }

  for (k=1; k<=n-1; k++) {
    best = dist[2]~dist[n] 중 최소값(0 제외)인 원소의 첨자;
    T[k][1] = from[best];
    T[k][2] = best;

    for (i=2; i<=n; i++)
      if (dist[best] + C[best][i] < dist[i]) {
```

```
            from[i] = best;
            dist[i] = dist[best] + C[best][i];
        }
        dist[best] = 0;
    }
}
```

이 알고리즘에서 배열 C는 입력 데이터인 그래프를 인접행렬로 나타낸 것이다. $n$은 배열 C로 표현되는 그래프에서 정점의 개수를 말한다. 배열 T는 알고리즘의 출력이며 T의 원소들은 최단 경로들을 구성하는 각 간선을 나타낸다.

T[$k$][1]과 T[$k$][2]는 각 목적지까지의 최단경로를 찾는 과정에서 $k$번째에 추가된 간선의 양쪽 정점을 의미한다. T[$k$][2]는 출발지에서 $k$번째로 가까운 (확정된) 목적지의 정점이며, 이 정점에 이르기 직전에 경유하는 정점이 T[$k$][1]이다. 예를 들어 $v_5$가 출발지에서 $k$번째로 가까운 거리에 있는 목적지의 정점이고 $v_1$에서 출발하여 $v_3$를 거쳐 $v_5$에 도착하는 경로가 $v_5$까지의 확정된 최단 경로라면 T[$k$][2]는 $v_5$, T[$k$][1]은 $v_3$가 된다.

dist[$i$]는 출발지 정점인 $v_1$에서 목적지 정점 $v_i$까지의 경로 중에 현재까지 알려진 가장 짧은 경로의 거리이다. from[$i$]는 정점 $v_i$에 이르는 현재의 최단 경로 상에서 가장 마지막으로 경유하는 정점이다. 즉, from[$i$]와 $v_i$를 잇는 간선은 $v_1$에서 $v_i$에 이르는 현재의 최단 경로에 속한 간선 중에 가장 마지막에 위치한 간선을 의미한다.

알고리즘의 초기에 출발점은 정점 $v_1$으로 고정되어 시작한다. 첫 번째 for문은 $v_1$에서 모든 정점까지의 거리를 계산한다. 이 거리는 $v_1$에서 각 정점까지 직접 연결된 간선의 가중치이다. 각 정점에 이르는 이 거리에는 아직은 어떤 경유점도 포함되지 않으므로 from[$i$]는 모두 $v_1$이 된다.

반복 변수 k에 의한 두 번째 for문은 최종의 최단 경로들을 구성하게 될 $n-1$개의 간선과 $n-1$개의 정점을 하나씩 확정하기 위한 반복문이다. 변수 best는 현재까지 확정된 목적지 정점들만 경유할 수 있도록 허용한 상태에서 출발지 $v_1$과 가장 가까운 거리에 있는 한 정점이다. 이 정점 best가 확정되면 best에 이르는 최단 경로 상에서 마지막에 위치한 간선(from[best] best)가 T에 추가된다.

반복이 진행되어 새로운 목적지 정점이 확정되면 나머지 목적지 정점까지의 거리에 변화가 생길 수 있다. 새롭게 확정된 정점을 경유했을 경우의 거리가 이를 고려하지 않은 이전 단계에서의 거리보다 더 가깝다면 출발지에서 각 정점의 거리는 더 짧아질 수 있기 때문이다.

이를 고려하여 마지막 for문은 확정되지 않은 나머지 목적지 정점들의 현재 거리를 갱신한다. 비교식에서 dist[best]+C[best][$i$]는 새로 확정된 목적지 정점 best를 경유했을 때의 정점 $v_i$까지의 거리이며 dist[$i$]는 그 이전 단계에서 계산한 거리이다. 만약 정점 best를 경유한 거리가 더 짧다면 목적지 정점 $v_i$의 현재 거리와 마지막 경유지를 수정해야 한다.

마지막에 dist[best]의 값은 0으로 처리한다. 그 이유는 정점 best는 이미 확정되어 처리된 목적지 정점이므로, 다음 단계의 반복에서 나머지 목적지 정점들의 거리를 서로 비교할 때 비교 대상에서 제외시키기 위한 것이다.

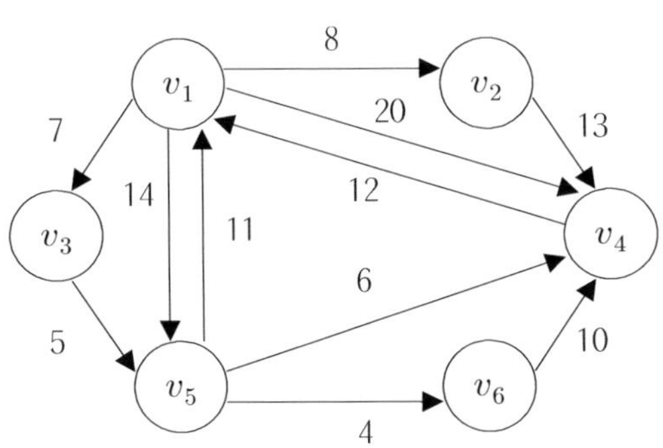


[그림 5.13] 문제 그래프

그림 5.13의 그래프에서 다익스트라의 알고리즘에 따라 최단경로를 구하는 과정은 그림 5.14와 같다.

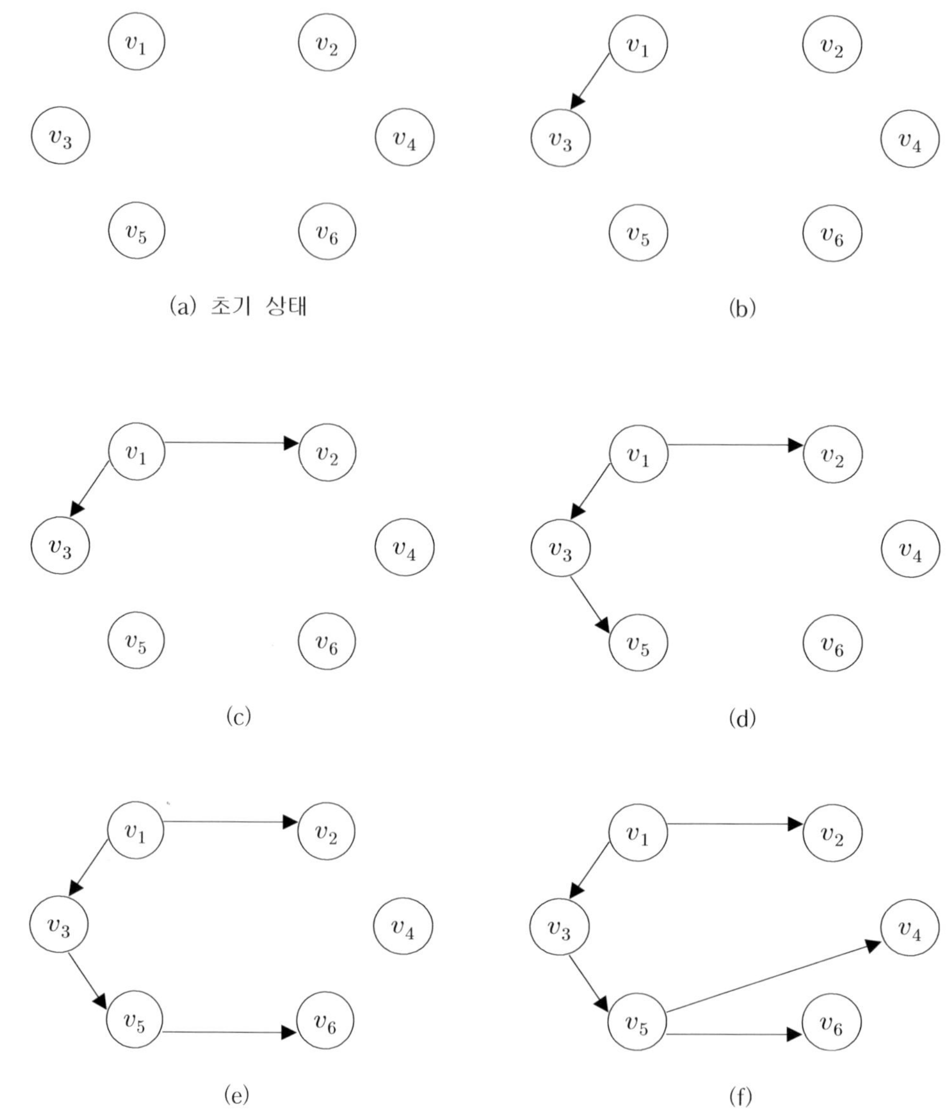


[그림 5.14] 최단 경로들의 형성 과정

그림 5.14의 각 단계에서 확정되는 목적지 정점과 배열 from[] 및 dist[]의 변화를 나타내면 표 5.4 및 5.5와 같다. 각 단계에서 배열 내의 원소 값에 변화가 없는 부분은 공란으로 비워두었다.

[표 5.4] 각 단계에 따른 배열 from[]의 변화

| | 확정 정점 | from[2] | from[3] | from[4] | from[5] | from[6] |
|---|---|---|---|---|---|---|
| 초기 | | 1 | 1 | 1 | 1 | 1 |
| k=1 | $v_3$ | | | | 3 | |
| k=2 | $v_2$ | | | | | |
| k=3 | $v_5$ | | | 5 | | 5 |
| k=4 | $v_6$ | | | | | |
| k=5 | $v_4$ | | | | | |

[표 5.5] 각 단계에 따른 배열 dist[]의 변화

| | 확정 정점 | dist[2] | dist[3] | dist[4] | dist[5] | dist[6] |
|---|---|---|---|---|---|---|
| 초기 | | 8 | 7 | 20 | 14 | ∞ |
| k=1 | $v_3$ | | 0 | | 12 | |
| k=2 | $v_2$ | 0 | | | | |
| k=3 | $v_5$ | | | 18 | 0 | 16 |
| k=4 | $v_6$ | | | | | 0 |
| k=5 | $v_4$ | | | 0 | | |

초기에 모든 정점들의 거리 dist[]는 $v_1$에서 직접 연결된 간선의 가중치에 의해 정해진다. $k=1$일 때 dist[3]이 최소값이므로 목적지 $v_3$가 확정되고 이에 따라 그림 5.14 (b)와 같이 간선 ($v_1$ $v_3$)이 T에 추가된다. $v_3$까지의 최단 경로가 밝혀짐에 따라 $v_3$를 경유한 경로가 나머지의 각 정점에 더 짧은 거리를 제공할 수 있는지 조사한다.

$v_5$까지의 거리는 dist[5]=14이었으나 $v_3$를 경유할 경우에 12로 단축되므로 dist[5]=12로 갱신된다. 또한 이 경로는 중간에 $v_3$를 경유하므로 from[5]=3으로 갱신된다. $v_5$ 이외의 다른 정점들은 $v_3$를 경유하더라도 거리가 현재보다 짧아지지 않으므로 dist[]와 from[]의 다른 값들은 수정할 필요가 없다.

| 나머지 정점 | $v_3$를 경유한 거리 | 이전 거리 |
|---|---|---|
| $v_2$ | dist[3]+C[3][2]=∞ | dist[2]= 8 |
| $v_4$ | dist[3]+C[3][4]=∞ | dist[4]=20 |
| $v_5$ | dist[3]+C[3][5]=12 | dist[5]=14 |
| $v_6$ | dist[3]+C[3][6]=∞ | dist[6]=∞ |

k=2인 다음 단계에서는 남아있는 목적지 중 $v_2$의 거리인 dist[2]=8이 최소값이므로 목적지 $v_2$가 확정되고 간선 ($v_1$ $v_2$)가 T에 추가된다. 목적지 $v_2$와 그 경로가 확정되어 추가되더라도 나머지 각 정점에 대한 거리에는 변화가 없다. 새로 추가된 $v_2$를 경유하더라도 나머지 정점에 대한 이전의 거리를 단축시키지 못하기 때문이다.

| 나머지 정점 | $v_2$를 경유한 거리 | 이전 거리 |
|---|---|---|
| $v_4$ | dist[2]+C[2][4]=21 | dist[4]=20 |
| $v_5$ | dist[2]+C[2][5]=∞ | dist[5]=12 |
| $v_6$ | dist[2]+C[2][6]=∞ | dist[6]=∞ |

이와 같은 과정을 계속 반복하면 최종적으로 그림 5.14 (f)에 나타난 간선들을 얻게 된다. 각 목적지까지의 최단경로는 이 간선들에 의해 구성된다. 출발지에서 각 목적지 정점의 최단경로를 얻기 위해서는 정점을 잇는 간선을 역으로 추적하여 구성하면 된다.

다익스트라의 알고리즘에서 시간 복잡도를 살펴보자. 입력의 크기 $n$은 그래프에 있는 정점의 개수이다. 알고리즘 5.7에서 가장 많은 횟수의 실행이 일어나는 부분은 중첩된 for문내에 있는 if문의 비교 연산이다. 외부의 for문에 의해 전체적으로 $n-1$회 반복되고, 각 1회의 반복마다 내부의 for문에 의해 이 연산은 $n-1$회 실행된다.

앞서 언급한 바와 같이 다익스트라의 알고리즘은 프림의 알고리즘과 그 구조 및 흐름이 아주 흡사하다. 따라서 그 복잡도도 프림의 알고리즘과 마찬가지 방식으로 논의할 수 있으며 이에 따라

$$T(n) = O(n^2)$$

이 된다.

## 5.5 플로이드의 최단 경로(모든 출발점)

이 절에서는 최단 경로 문제 중 두 번째 종류의 문제를 다룬다. 이 문제는 모든 정점을 출발점으로 하여 다른 모든 정점을 목적지로 했을 때의 최단 경로를 모두 구하는 문제이다. 이 문제는 단일 출발점 문제를 구하는 방법인 다익스트라의 알고리즘을 사용해서 모든 정점이 출발점이 되도록 각 정점에 대해 반복적으로 알고리즘을 적용하면 해답을 구할 수 있다. 하지만 이 절에서는 좀 더 간략한 방법으로 이들을 구하는 방법을 소개한다. 이를 플로이드(Floyd)의 알고리즘이라고 한다.

플로이드의 알고리즘을 소개하기에 앞서 이 알고리즘을 구성하기 위한 기본적인 표현법은 다음과 같이 정의한다.

$D_k(i, j)$ : $\{v_1, v_2, \cdots, v_k\}$ 에 속한 정점을 경유지로 허용했을 때 $v_i$에서 $v_j$로 갈 수 있는 모든 경로 중 최단 경로의 거리

즉, 정점의 첨자 순으로 따졌을 때 $v_1$에서 $v_k$까지의 정점만을 경유지로 허용한다는 뜻이다. 또한 이 정점들을 경유지로 허용한다는 의미는 $v_i$에서 $v_j$로 가는 경로 상에 이들 정점들이 개수나 순서에 관계없이 경유지로 포함될 수 있다는 것을 의미한다.

$V=\{v_1, v_2, v_3, v_4, v_5\}$와 같이 5개의 정점으로 구성된 그래프가 있다고 하고 몇 가지의 예를 통해 이 표현법의 의미를 자세히 이해하도록 하자.

$D_0(4,2)$는 $v_4$에서 $v_2$까지로 갈 수 있는 경로 중에서 정점 $v_0$를 경유지로 허용했을 때 최단 경로의 거리를 의미한다. 그래프 $V$에는 $v_0$가 존재하지 않으므로 이는 어떤 정점도 중간에 경유할 수 없음을 의미한다. 그러므로 $D_0(4,2)$를 구하기 위해 고려해야 할 경로는 $<v_4,\ v_2>$ 외에는 있을 수 없다. 따라서 간선 $(v_4\ \ v_2)$의 값이 이 조건에 따른 최단 경로의 거리이다. 경로 $<v_4,\ v_2>$의 길이를 $\mathrm{C}<v_4,\ v_2>$라고 하자.

$$D_0(4,2) = C < v_4, v_2 >$$

$D_1(4,2)$는 중간에 정점 $v_1$을 거치는 경로도 허용할 경우에서의 최단 거리이다. 이에 해당하는 경우의 경로는 $<v_4,\ v_2>$, $<v_4,\ v_1,\ v_2>$가 있다. 그러므로 이 두 경로 중 짧은 거리의 값이 $D_1(4,2)$가 된다.

$$D_1(4,2) = \min(\,C < v_4, v_2 >, C < v_4, v_1, v_2 >)$$

$D_2(4,2)$는 중간에 정점 $v_1$과 $v_2$를 경유하는 경로를 허용할 경우이다. 이때 택할 수 있는 경로는 $<v_4,\ v_2>$, $<v_4,\ v_1,\ v_2>$이다. 물론 $v_2$를 중간에 경유하는 $<v_4,\ v_1,\ v_2,\ v_2>$, $<v_4,\ v_2,\ v_1,\ v_2>$등의 경로들도 가능하지만 한 정점을 반복하여 방문하는 경우에는 최단 경로의 거리를 구하는 계산에서 배제할 수 있다. 그 이유는 간선의 가중치가 양수라는 일반적 가정을 생각하면 같은 정점이 경로 상에 두 번 이상 포함될 경우가 그렇지 않을 경우보다 거리가 더 단축될 수는 없기 때문이다. 따라서 같은 정점이 경로 상에 두 번 이상 포함되는 경로는 고려 대상에서 제외해도 무관하다.

$$D_2(4,2) = \min(C < v_4, v_2 >, C < v_4, v_1, v_2 >)$$

$D_3(4,2)$를 구하기 위해 고려해야할 경로들은 다음과 같다.

$<v_4,\ v_2>$, $<v_4,\ v_1,\ v_2>$, $<v_4,\ v_1,\ v_3,\ v_2>$, $<v_4,\ v_3,\ v_2>$,

$<v_4,\ v_3,\ v_1,\ v_2>$

이들 경로 중에 가장 짧은 거리 값이 $D_3(4,2)$가 된다.

$$D_3(4,2) = \min(\,C< v_4, v_2 >,\ C< v_4, v_1, v_2 >,\ C< v_4, v_1, v_3, v_2 >,\ C< v_4, v_3, v_2 >,\ C< v_4, v_3, v_1, v_2 >)$$

$D_4(4,2)$의 값은 각 경로를 나열해 보지 않아도 $D_3(4,2)$의 값과 같음을 예상할 수 있다. 왜냐하면 $D_3(4,2)$를 구하기 위해 경유지로써 $\{v_1,\ v_2,\ v_3\}$를 허용한 경로를 모두 고려하였다. 여기에 $v_4$를 더 허용하더라도 $D_4(4,2)$는 출발지가 $v_4$이므로 같은 정점 $v_4$를 중간에 경유하는 경우를 더 고려해보아도 $D_3(4,2)$보다 단축될 수 있는 거리가 없기 때문이다.

$D_5(4,2)$의 값도 앞의 예들과 마찬가지 방식으로 가능한 각 경로를 나열할 수 있을 것이다. 5개의 정점을 가지는 그래프에서 $D_5(4,2)$의 값이 갖는 의미를 생각해 보자. 정의에 의해서 $D_5(4,2)$는 $\{v_1,\ v_2,\ v_3,\ v_4,\ v_5\}$ 에 속한 정점을 경유지로 허용했을 때 $v_4$에서 $v_2$로 갈 수 있는 모든 경로 중 최단 경로의 거리이다. 이는 그래프의 모든 정점을 경유지로 허용한다는 뜻이므로 결국 $D_5(4,2)$는 $v_4$에서 출발하여 $v_2$에 도착할 수 있는 최단 경로의 거리를 의미하게 된다.

따라서 $(1 \leq i, j \leq 5)$인 모든 $i, j$에 대해 $D_5(i,j)$의 값을 구할 수 있다면 이는 이 그래프에서 모든 출발점 $v_i$에서 모든 도착점 $v_j$까지의 최단경로의 거리를 구한 것이 된다. 지금까지는 단지 $D_k(i,j)$의 표현을 알기 쉽게 설명하고자 한 것이며, 실제의 알고리즘은 이와 같이 각 경로를 일일이 나열하는 비효율적인 방법을 택하지는 않는다. 플로이드의 알고리즘은 중간에 경유할 수 있는 정점을 하나씩 추가하면서 이전 단계에서 구한 각 정점간의 최단경로의 거리 값을 이용해서 다음 단계의 값을 결정한다.

$D_5(3,2)$의 값을 구하는 예를 들어보자. 만약 $D_4(3,2)$, $D_4(3,5)$, $D_4(5,2)$의 값을 알고 있다면 $D_5(3,2)$의 값은 가능한 경로를 모두 나열하지 않고도 구할 수 있다. $D_4(3,2)$는 $\{v_1,\ v_2,\ v_3,\ v_4\}$에 속한 정점들을 경유하게 했을 경우에 $v_3$에서 $v_2$로 가는 최단 경로의 거리이다. 여기에 경유할 수 있는 정점으로 $v_5$를 추가로 허용하면, $v_3$에서 $v_2$로 가는 최단 경로의 거리인

$D_5(3,2)$는 $D_4(3,2)$와 여전히 같거나(경우 1), 또는 $D_4(3,2)$보다 짧아지는 경우(경우 2)가 생길 수 있다.

첫 번째 경우와 같이 $D_5(3,2)$와 $D_4(3,2)$의 값이 같은 경우는 $v_5$를 경유하여 $v_3$에서 $v_2$로 가는 새로운 경로들 중에 어떤 것도 그 거리가 $D_4(3,2)$보다 짧지 않을 때이다. 즉, 경유지로 $v_5$를 허용해도 더 짧은 경로를 형성하지 못하는 경우이다. 이럴 경우에는

$$D_5(3,2) = D_4(3,2)$$

가 된다.

두 번째 경우와 같이 $D_5(3,2)$와 $D_4(3,2)$의 값이 다른 경우는 $v_5$를 경유하는 새로운 경로들의 거리가 그 중 하나라도 $D_4(3,2)$보다 짧을 때이다. 즉, 경유지로 $v_5$를 허용함으로써 더 짧은 경로가 발견된 경우이다. 이때의 경로는 $< v_3, \cdots, v_5, \cdots, v_2 >$와 같이 $v_5$가 경로 상에 포함되는 형태가 된다. 이 경로의 거리는 $< v_3, \cdots, v_5 >$와 $< v_5, \cdots, v_2 >$의 두 부분 경로들의 거리의 합이 된다.

$< v_3, \cdots, v_5, \cdots, v_2 >$의 경로 거리가 최소가 되기 위해서는 이를 구성하는 $< v_3, \cdots, v_5 >$와 $< v_5, \cdots, v_2 >$의 두 부분 경로의 거리도 각각 최소가 되어야만 한다. 또한 이 두 부분 경로는 중간 경유지로 $v_5$를 포함하지 않으므로 이들은 $\{v_1, v_2, v_3, v_4\}$만의 정점을 중간 경유지로 가지게 된다. 부분 경로 $< v_3, \cdots, v_5 >$는 $\{v_1, v_2, v_3, v_4\}$의 정점을 경유할 수 있는 $v_3$에서 $v_5$까지의 최단경로이므로 이 거리는 $D_4(3,5)$와 같다. 마찬가지로 $< v_5, \cdots, v_2 >$의 거리는 $D_4(5,2)$와 같다. 그러므로 이 경우에는

$$D_5(3,2) = D_4(3,5) + D_4(5,2)$$

가 된다.

결론적으로 $D_5(3,2)$의 값은 위의 두 가지 경우 중 반드시 한 가지에는 해당되고 이들 중의 최소값을 택하면 되므로

$$D_5(3,2) = \min[D_4(3,2),\quad D_4(3,5) + D_4(5,2)]$$

이 된다. 이와 같이 $D_4$의 값을 알고 있다면 $D_5$의 값은 $D_4$의 값에서 구해낼 수 있다. 마찬가지 방식으로 $D_4$의 값도 $D_3$을 이용해서 구하면 다음과 같다.

$$D_4(3,2) = \min[D_3(3,2), D_3(3,4) + D_3(4,2)]$$

$$D_4(3,5) = \min[D_3(3,5), D_3(3,4) + D_3(4,5)]$$

$$D_4(5,2) = \min[D_3(5,2), D_3(5,4) + D_3(4,2)]$$

이와 같이 $D_k$에서 각 정점간의 최단경로 거리 값은 이전 단계인 $D_{k-1}$의 값만 이용하면 효율적으로 구할 수 있다. 이 식을 일반화하면 다음과 같은 관계식을 얻을 수 있다.

$$D_k(i,j) = \min[D_{k-1}(i,j),\ D_{k-1}(i,k) + D_{k-1}(k,j)]$$

지금까지 논의한 내용을 정리하면 $n$개의 정점을 갖는 그래프에서 모든 정점간의 최단 경로의 거리인 $D_n$을 알기 위해서는 $D_0$, $D_1$, $D_2$, … , $D_n$의 순서로 그 값을 구해나가면 된다. 이들은 모두 $n$행과 $n$열로 이루어지는 배열로 표현할 수 있다. 즉, $D_k(i,j)$는 배열의 원소 $D_k[i][j]$에 해당한다.

$D_0$에서 $D_n$까지의 값은 그 전 단계의 값만 알면 되므로 초기에 $D_0$의 값만 알면 차례대로 $D_n$까지의 값을 구할 수 있다. 여기에서 $D_0(i,j)$의 값은 아무런 정점의 경유를 허용하지 않는 상태에서 $v_i$에서 $v_j$까지 최단경로의 거리이므로 경로 $<v_i,\ v_j>$ 만이 해당된다. 이는 간선 $(v_i\ v_j)$의 가중치이다. 따라서 $D_0$의 값은 그래프에 있는 간선들의 가중치를 나타내는 초기의 인접행렬(adjacency matrix)과 동일하다.

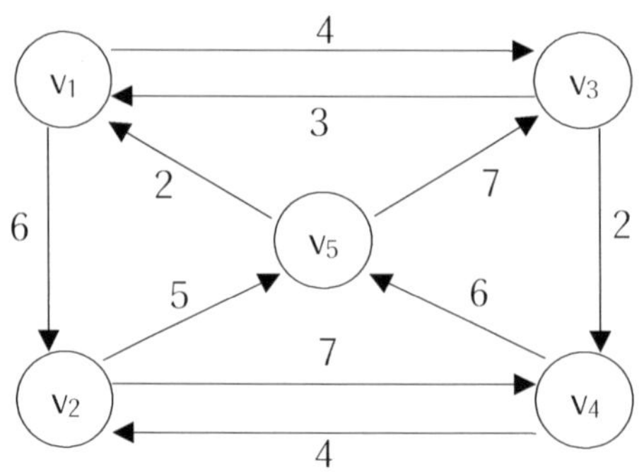


[그림 5.15] 가중치가 있는 방향 그래프

| | $v_1$ | $v_2$ | $v_3$ | $v_4$ | $v_5$ |
|---|---|---|---|---|---|
| $v_1$ | 0 | 6 | 4 | ∞ | ∞ |
| $v_2$ | ∞ | 0 | ∞ | 7 | 5 |
| $v_3$ | 3 | ∞ | 0 | 2 | ∞ |
| $v_4$ | ∞ | 4 | ∞ | 0 | 6 |
| $v_5$ | 2 | ∞ | 7 | ∞ | 0 |

[그림 5.16] 초기 배열(인접 행렬) $D_0$

이를 정리하여 모든 출발점에 대한 최단경로의 거리를 찾는 알고리즘을 나타내면 다음과 같다.

### [알고리즘 5.8] 플로이드의 알고리즘(1)

```
void Floyd(number C[][], int n, number D[][])
{
  int k, i, j;
  number oldD[1..n][1..n];

  C를 oldD로 복사;
  for (k=1; k<=n; k++) {
```

```
        for (i=1; i<=n; i++)
          for (j=1; j<=n; j++)
            D[i][j] = min( oldD[i][j], oldD[i][k]+oldD[k][j] );
        D를 oldD로 복사;
    }
}
```

배열 C는 입력 그래프의 가중치를 나타낸 인접행렬이며 $n$은 그래프에 있는 정점들의 개수이다. D는 알고리즘의 출력이며 각 정점간의 최단경로의 거리를 가진다.

배열 oldD는 앞에서 논의한 바에 따르면 배열 $D_{k-1}$을 의미하며 배열 D는 배열 $D_k$를 의미한다. 초기에 배열 C의 원소들은 oldD에 복사되어 oldD는 배열 $D_0$가 된다. 가장 외부의 for 반복문에 따라 반복 변수 $k=1$일 때 내부의 배열 D= $D_1$, oldD= $D_0$이 되며, k=2일 때 D= $D_2$, oldD= $D_1$인 관계를 가진다. 마찬가지 방법으로 k=n일 때 D= $D_n$, oldD= $D_{n-1}$이 되어 각 정점간의 최단경로의 거리를 배열 D에 얻게 된다.

이 알고리즘에서 우리는 두 개의 배열 D와 oldD를 이용해서 구현했다. 왜냐하면 $D_k$의 각 원소 값을 구하기 위해서는 그 전 단계인 $D_{k-1}$의 원소 값들이 필요했기 때문이다. 그러나 $k$번째 단계에서 각 원소들의 값을 갱신하는 관계식을 주의 깊게 살펴보면 다음과 같이 하나의 배열로 처리할 수 있음을 알 수 있다.

### [알고리즘 5.9] 플로이드의 알고리즘(2)

```
void Floyd(number C[][], int n, number D[][])
{
  int k, i, j;

  C를 D로 복사;
  for (k=1; k<=n; k++)
```

```
        for (i=1; i<=n; i++)
            for (j=1; j<=n; j++)
                D[i][j] = min( D[i][j], D[i][k]+D[k][j] );
}
```

$k$번째 단계의 반복에서 $D_k[i][j]$는 k-1번째 단계의 값인 $D_{k-1}[i][j]$, $D_{k-1}[i][k]$, $D_{k-1}[k][i]$의 값을 필요로 한다. 만약 이들의 값이 $D_k[i][j]$의 값을 계산하기 전에 이미 $k$번째 단계의 값으로 변경되어 있다면 심각한 오류를 일으키게 될 것이다. 그러나 이러한 문제는 실제적으로 발생하지 않는다.

$D_{k-1}[i][j]$의 값은 같은 위치의 원소인 $D_k[i][j]$가 갱신을 하기 전에는 그 값이 변경될 수 없으므로 여기에서 문제가 되지 않는다. $D_{k-1}[i][k]$와 $D_{k-1}[k][j]$는 $D_k[i][j]$를 계산하기 전에 실행 순서에 의해 시간적으로 먼저 $D_k[i][k]$와 $D_k[k][j]$의 값으로 갱신을 시도할 수는 있다. 하지만 $D_k[i][k]$는 $D_{k-1}[i][k]$의 값보다 작을 수가 없으므로 $D_{k-1}[i][k]$의 값은 변하지 않은 채로 보존된다. 마찬가지로 $D_k[k][j]$의 값도 $D_{k-1}[k][j]$보다 작을 수가 없으므로 변경되지 않는다.

플로이드 알고리즘에서 가장 많은 실행이 일어나는 연산은 3개의 중첩된 for문 안에서 D$[i][j]$의 값을 결정하는 부분이다. 3개의 for문은 각각 $n$회씩 반복하므로 이 연산은 총 $n^3$회 실행된다. 따라서 이 알고리즘의 복잡도는 $O(n^3)$이다.

알고리즘 5.9의 출력인 배열 D에 의해 각 정점간의 최단 경로의 길이는 구할 수 있지만 각 경로의 구성은 아직 알 수가 없다. 경로를 알기 위해서는 알고리즘 5.9를 수정해서 최단 경로의 경유지를 기록할 수 있도록 하면 된다. 각 경로의 경유지를 기록하기 위해서는 알고리즘 5.10과 같이 별도의 배열 P가 필요하다.

### [알고리즘 5.10] 플로이드의 알고리즘(3)

```
void Floyd(number C[][], int n, number D[][], int P[][])
{
```

```
    int k, i, j;

    P의 모든 원소를 0으로 초기화;
    C를 D로 복사;
    for (k=1; k<=n; k++)
      for (i=1; i<=n; i++)
        for (j=1; j<=n; j++)
          if (D[i][k]+D[k][j] < D[i][j]) {
            D[i][j] = D[i][k]+D[k][j];
            P[i][j] = k;
          }
}
```

P[$i$][$j$]의 값은 정점 $v_i$와 정점 $v_j$사이의 최단 경로에 있는 경유지 중에서 첨자가 가장 큰 정점이다. 이 값은 k의 각 단계에서 정점 $v_k$를 추가 경유지로 허용했을 때 경로의 거리 D[$i$][$j$]가 이전 보다 짧아지면 갱신된다. 만약 $v_i$와 $v_j$의 최단 경로 상에 경유지가 하나도 없을 경우에는 P[$i$][$j$]의 초기치인 0으로 남아있게 된다.

알고리즘 5.10에서 구한 배열 P를 이용해서 두 정점간의 최단경로를 표시하려면 두 정점간의 중간 경유지를 재귀적으로 추적하면 된다. 이에 대한 알고리즘은 다음과 같다.

### [알고리즘 5.11] 경유지 출력

```
void PrintPath(int i, int j)
{
  if (P[i][j] ≠ 0) {
    PrintPath(i, P[i][j]);
    Print(P[i][j]);
    PrintPath(P[i][j], j);
  }
}
```

1. $n$개의 정점을 포함하는 완전 그래프(complete graph)에서 간선의 개수는 모두 몇 개인지 구하고 이를 증명하시오.

2. 다음의 그래프에서 프림의 알고리즘을 이용하여 최소 신장 트리를 구하는 과정을 보이시오.

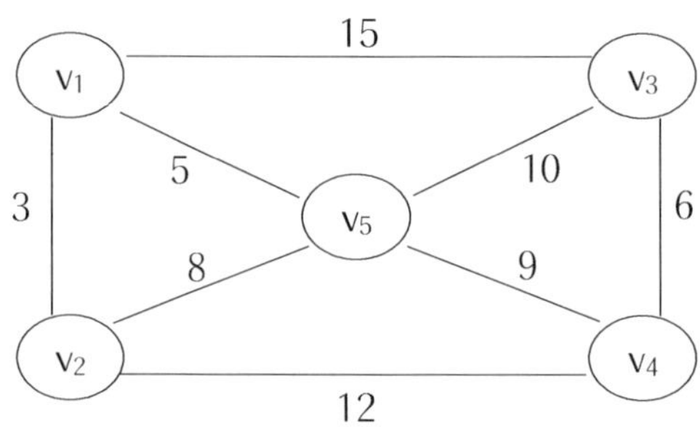


3. 위의 그래프에서 크루스칼의 알고리즘을 이용하여 최소 신장 트리를 구하는 과정을 보이시오.(사이클의 생성 검사는 알고리즘 5.5와 5.6을 이용하시오)

4. 그림 5.15의 그래프를 대상으로 다익스트라 알고리즘을 적용하고 수행과정을 보이시오.

5. 플로이드의 알고리즘을 구현하여 그림 5.15의 그래프에 적용하시오. 그 과정에서 배열 $D_0$, $D_1$, $D_2$, $D_3$, $D_4$, $D_5$의 내용을 보이시오.

6. 문제 5에서 구한 배열 P를 이용해서 각 정점간의 최단경로를 나타내시오.

7. 특정 출발점을 선택한 후, 문제4와 문제6의 결과를 비교하시오.

8. 알고리즘 5.7의 실행이 끝나면 배열 from[]를 이용해서도 각 최단경로의 경유지를 알아낼 수 있다. 이 알고리즘을 작성하고 구현하시오.

제 6 장

# 동적 프로그래밍 기법

문제를 분할하여 더 작은 문제로 계속 변환한 후 이를 재귀적으로 해결해가는 과정은 이미 논의한 바 있다. 이 과정에서 분할된 작은 문제들이 서로 동일한 경우가 많이 발생한다면 재귀적으로 처리하는 알고리즘에서는 중복된 계산이 계속 발생하게 된다. 이를 방지하기 위해 작은 문제부터 먼저 해결한 후 그 결과를 큰 문제에서 활용함으로써 효율성을 높이는 방법이 동적 프로그래밍의 특징이다. 재귀 알고리즘을 그대로 이용하여 큰 문제에서 작은 문제를 호출하는 분할 정복법이 하향식 설계라면 동적프로그래밍은 상향식 설계라고 할 수 있다.

6.1절에서는 이항 계수를 구하는 알고리즘을 소개한다. 이항 계수는 $n$개의 물건에서 k개를 조합할 수 있는 종류의 수를 구하는 문제를 말한다. 6.2절에서는 경기의 승산 확률을 결정하는 알고리즘이다. 이 문제는 월드시리즈와 같은 경기에서 두 팀의 현재 성적에 기반해서 최종 승자가 될 확률을 계산하는 문제이다. 6.3절에서는 최적의 곱셈 순서를 정하는 알고리즘을 소개한다. 이 문제는 연속적으로 계속 곱해야할 행렬이 있을 때 이들의 총 곱셈수를 최소화할 수 있는 순서를 찾는 문제이다. 6.4절에서는 문자열의 편집거리를 구하는 알고리즘을 소개한다. 문자열의 편집거리는 일련의 기호로 나타낼 수 있는 두 개의 개체가 있을 때 이들의 유사도를 측정하기 위해 많이 사용된다.

## 6.1 이항 계수

동적 프로그래밍의 간단한 예로서 이항 계수를 구하는 방법을 생각해보자. 이항 계수(binomial coefficient)는 다음과 같이 정의된다.

$$\binom{n}{k} = \frac{n!}{k!(n-k)!}, \qquad (0 \leq k \leq n)$$

또는 편의상 조합(combination)의 약자를 이용해서 다음과 같이 표기하기도 한다.

$$C(n,k)=\frac{n!}{k!(n-k)!},\qquad (0\leqq k\leqq n)$$

C(n, k)의 값을 구하는 문제는 $n$개의 물건 중에서 k개의 서로 다른 물건을 선택할 수 있는 방법이 모두 몇 개가 있느냐는 문제와 같다. 즉, C(n, k)는 $n$개의 물건에서 k개를 선택할 때 가능한 모든 조합의 수가 된다.

예를 들어 {a, b, c, d}의 집합에서 두 개의 원소를 선택하여 나타낼 수 있는 모든 조합을 조사해보자. 이들을 모두 나열하면 다음과 같이 총 6개의 조합을 가질 수 있다.

{a, b}, {a, c}, {a, d}, {b, c}, {b, d}, {c, d}

이 개수는 정의에 의해 C(4, 2)로 구할 수도 있으며

$$\frac{4!}{2!(4-2)!}$$

를 계산하면 위에서 나열한 조합의 수와 마찬가지로 6개가 된다.

일반적으로 C(n, k)를 이항계수(binomial coefficient)라고도 부르는데 그 이유는 다음과 같이 각 항의 계수 값을 나타낼 수 있기 때문이다.

$$\begin{aligned}(a+b)^n &= \sum_{k=0}^{n}\binom{n}{k}a^k b^{n-k}\\ &= \binom{n}{0}a^0b^n+\binom{n}{1}a^1b^{n-1}+\ldots+\binom{n}{n}a^0b^n\end{aligned}$$

예를 들어 $(a+b)^3$은 다음과 같이 전개하여 계수를 구할 수 있다.

$$\begin{aligned}(a+b)^3 &= \sum_{k=0}^{3}\binom{3}{k}a^k b^{3-k}\\ &= \binom{3}{0}a^0b^3+\binom{3}{1}a^1b^2+\binom{3}{2}a^2b^1+\binom{3}{3}a^3b^0\end{aligned}$$

이항계수 C(n, k)의 값은 직접 계산을 할 수도 있지만 n!와 같이 큰 수를 연산하면서 오버플로우(overflow)가 발생하거나 또는 나눗셈에 의한 오차(truncation)를 일으키는 문제점을 가질 수 있다.

먼저 C(n, k)의 성질을 조사하여 재귀적인 관계식으로 표현할 수 있도록 다음과 같은 집합을 생각해 보자.

S = {a, b, c, d, e, f, g, h}

8개의 원소로 이루어진 이 집합에서 5개의 원소를 선택하는 조합의 종류는 다음의 2가지로 나뉜다.

### (1) a를 포함하는 조합들

8개의 원소 중 a는 무조건 선택해야 하므로 대상이 될 수 있는 원소는 S에서 a를 제외한 7개의 원소가 된다. 또한 5개의 원소 중 a는 무조건 선택해야 하므로 실질적으로 선택할 수 있는 원소는 4개가 된다. 이는 결국 7개 중 4개를 선택하는 경우와 마찬가지가 된다. 따라서 a를 포함하는 조합들의 개수는 C(7, 4)가 된다.

### (2) a를 포함하지 않는 조합들

8개의 원소 중 a는 무조건 배제해야 하므로 대상이 될 수 있는 원소는 S에서 a를 제외한 7개의 원소가 된다. 이 중에서 5개의 원소를 선택하면 되므로 이는 7개 중 5개를 선택하는 경우가 된다. 따라서 a를 포함하지 않는 조합들의 개수는 C(7, 5)가 된다.

(1)과 (2) 두 가지의 경우를 모두 합하면 8개 중 5개를 선택할 수 있는 조합의 총 수가 되며 이는 C(8, 5)=C(7, 4)+C(7, 5)임을 말한다. 이를 일반화시키면 이항계수의 재귀적 관계식은 다음과 같이 나타낼 수 있다.

$C(n,k)=1, \quad k=0$ 또는 $k=n$인 경우

$C(n,k)=C(n-1,k-1)+C(n-1,k), \quad 0<k<n$인 경우

이 관계식을 바탕으로 C(n, k)를 구하는 재귀적 알고리즘을 나타내면 다음과 같다.

**[알고리즘 6.1] 이항 계수(1)**

```
int Combination(int n, int k)
{
  if (k==0 or n==k)
    return 1;
  else
    return Combination(n-1, k-1) + Combination(n-1, k);
}
```

이항계수의 재귀적 관계식에 따라 이 알고리즘을 작성하는 것은 아주 직관적이며 쉽다는 것을 알 수 있다. 하지만 이 알고리즘을 실행하는 과정은 매우 비효율적이 된다.

Combination(4,2);

와 같이 함수의 외부에서 호출되었을 때 이 함수의 재귀호출 순서와 재귀트리를 살펴보자.

```
Combination(4,2)
    Combination(3,1)
        Combination(2,0)
        Combination(2,1)
            Combination(1,0)
            Combination(1,1)
    Combination(3,2)
        Combination(2,1)
            Combination(1,0)
            Combination(1,1)
        Combination(2,2)
```

이 실행과정을 재귀 트리로 나타내면 그림 6.1과 같다.

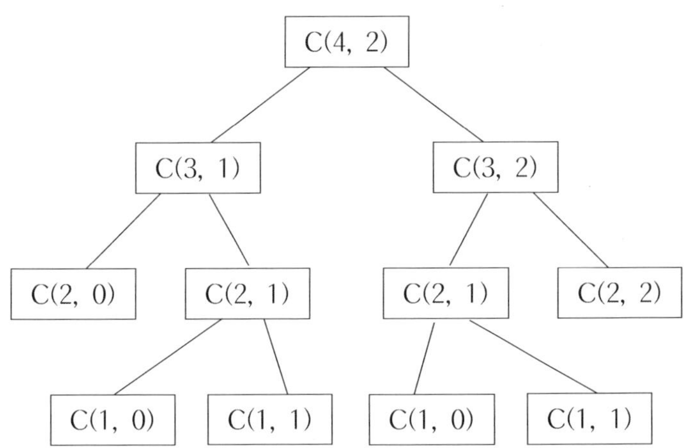


[그림 6.1] C(4, 2)의 실행에 따른 재귀 트리

이 알고리즘의 문제는 그림 6.1에서 보다시피 동일한 계산이 불필요하게 여러 번 수행된다는 점이다. 예를 들어 C(4, 2)를 구하기 위한 과정에서 C(2, 1), C(1, 0), C(1, 1) 등의 값은 두 번 씩 계산된다. 이는 계산의 시점에 관계없이 동일한 값인데도 불구하고 재귀호출에 의해 독립적으로 계산이 이루어지기 때문이다. 이렇게 동일한 계산이 중복되어 실행되는 횟수는 $n$과 k의 값에 따라 상당히 많아질 수도 있다.

이러한 중복 계산의 비효율성을 피하는 방법은 동일한 연산이 다시 필요할 때는 재계산 없이 이전에 구한 결과값을 사용할 수 있게 하는 것이다. 이는 알고리즘의 효율성을 높이기 위한 동적 프로그래밍의 기본적인 원리이다. 이를 위해서 먼저 재귀적 관계식을 다음과 같이 배열의 형태로 묘사해보자.

$C[i][j] = 1, \quad j = 0$ 또는 $j = i$인 경우

$C[i][j] = C[i-1][j-1] + C[i-1][j], \quad 0 < j < i$인 경우

여기에서 이차원 배열의 원소로 표현된 $C[i][j]$는 C(i, j)와 같은 의미이다. 이 원소들의 첨자를 살펴보면 $C[i][j]$는 배열의 위치에서 앞에 있는 행(i-1)의 두 원소 값을 이용하면 쉽게 구할 수 있다는 것을 알 수 있다.

| | | j-1 (열) | j (열) | |
|---|---|---|---|---|
| | … | … | … | … |
| i-1 (행) | … | C[i-1][j-1] | C[i-1][j] | … |
| i (행) | … | … | C[i][j] | … |
| | … | … | … | … |

예를 들어 C[4][2]의 값은 이전 행의 원소인 C[3][1]과 C[3][2]에서 구할 수 있다. 마찬가지로 C[3][1]과 C[3][2]의 값은 이전 행에 있는 원소들에서 구한다. 하지만 이와 같이 C[4][2]의 값을 구하기 위해 4행에서 1행으로 거꾸로 내려간다면 재귀함수로 구성한 알고리즘 6.1과 같이 중복해서 계산하는 현상이 일어나므로 아무 의미가 없어진다.

이와는 반대로 1행의 원소부터 시작해서 2행, 3행, 4행의 순서로 원소들의 값을 구해나가면 각 원소의 값은 한 번만 계산된다. 그 뒤의 행에서 이들의 값이 필요할 때는 다시 계산할 필요 없이 배열에 이미 저장된 값을 사용하기만 하면 된다. 예를 들어 C[2][1]의 값이 일단 한 번 계산되어 배열에 저장된 후에는 C[3][1]과 C[3][2]의 값을 구하기 위해서는 C[2][1]에 저장된 값을 그대로 사용한다.

C[2][1] = C[1][0]+C[1][1] : C[2][1]을 계산

C[3][1] = C[2][0]+C[2][1] : C[2][1]을 사용

C[3][2] = C[2][1]+C[2][2] : C[2][1]을 사용

이를 정리하여 동적 프로그래밍에 의해 이항계수를 구하는 알고리즘을 나타내면 다음과 같다.

### [알고리즘 6.2] 이항계수(2)

```
int Combination(int n, int k)
{
  int i, j, b;
```

```
  int C[0..n][[0..k];

  for (i=0; i<=n; i++) {
    b=min(i, k);
    for (j=0; j<=b; j++) {
      if (j==0 or j==i)
        C[i][j]=1;
      else
        C[i][j]=C[i-1][j-1] + C[i-1][j];
    }
  }
  return C[n][k];
}
```

이 알고리즘에서 외부의 for문은 2차원 배열 C의 각 행을, 내부의 for문은 각 열의 원소 값을 구하기 위한 부분이다. 이때 내부의 변수 $j$는 0에서 b까지만 반복하게 한다. b의 값은 $i$와 $k$의 최소값으로 설정되는데, 이는 $n$행 $n$열의 배열에서 생각한다면 대각선의 오른쪽 원소 또는 k열 보다 오른쪽에 위치한 원소의 값들은 문제의 정의에 의해 계산할 필요가 없기 때문이다. 다음과 같은 배열에서 각 행의 오른쪽에 있는 공란의 원소들이 이에 해당한다.

| 배열 C | [0] | [1] | [2] | [3] | [4] |
|---|---|---|---|---|---|
| [0] | 1 | | | | |
| [1] | 1 | 1 | | | |
| [2] | 1 | 2 | 1 | | |
| [3] | 1 | 3 | 3 | | |
| [4] | 1 | 4 | 6 | | |

알고리즘 6.2에서는 배열 내에 계산되어야하는 원소의 개수를 구하면 그 복잡도를 알 수 있다. 변수 $i$의 값이 변함에 따라 배열의 각 행에서 필요한 원소의 개수는 다음과 같다.

$i=0$ 일 때 : 1개

$i=1$ 일 때 : 2개

…

$i=k-1$ 일 때 : $k$개

$i=k$ 일 때 : $k+1$개

$i=k+1$ 일 때 : $k+1$개

…

$i=n$ 일 때 : $k+1$개

이들을 전부 합하면

$$1+2+3+\ldots+k+(k+1)+\ldots+(k+1)$$

이 된다. 여기서 $k+1$개의 원소를 필요로 하는 행은 i=k부터 i=n일 때까지이다. 이들 행의 개수는 $n-k+1$개이다. 그러므로 위의 식은

$$1+2+3+\ldots+k+(k+1)(n-k+1)$$

이 되고, 이를 정리하면 $O(kn)$이 된다.

지금까지 살펴본바와 같이 동적 프로그래밍에 의한 이항 계수 알고리즘은 부분 문제인 작은 크기의 문제에서 시작하여 실제 크기의 문제까지 단계적으로 반복해서 해결해 나간다. 이때 부분 문제들에 대한 해답들은 버리지 않고 저장하여 이 보다 큰 문제들이 이들을 필요할 때 마다 참조할 수 있도록 한다. 기본적으로 동적 프로그래밍 기법에 의한 알고리즘의 성능 향상은 중복될 수 있는 계산을 피함으로써 얻어진다.

## 6.2 경기의 승산 확률

스포츠 경기에서 한 해의 시즌이 끝나면 미국의 월드시리즈나 한국의 한국시리즈와 같은 경우, 두 팀이 최종 승자를 가리기 위해 연속해서 몇 회의 경기를 벌인다. 이때 이들의 최종 승패는 미리 정해진 특정 횟수 $n$번의 승리를 어느 팀이 먼저 성취하느냐에 따라 결정된다. 예를 들어 $n=4$(4선승제)라고 하면 먼저 4번을 이기는 팀이 최종 승자가 된다.

이절에서 다루고자 하는 문제는 A, B 두 팀이 있을 때, 현재까지 몇 차례의 경기가 이미 이루어진 상태에서 두 팀이 최종 승리를 하기 위한 승산 확률이 얼마인지를 구하는 것이다. 경기 또는 게임의 종류에 따라 승리해야할 총 횟수 $n$은 달라질 수 있으므로, 이 문제의 입력은 두 팀이 최종 승리를 하기 위해 남은 경기에서 필요한 승수로 주어진다.

예를 들어 A팀이 최종 승리하기 위해서는 앞으로 $i$번의 경기를 더 이겨야 하고, B팀이 승리하기 위해서는 $j$번의 경기를 더 이겨야 할 때 각 팀이 최종적으로 승리할 수 있는 확률을 예측하는 것이다. 여기서 우리는 A와 B의 전력이 동일하다고 가정한다. 그러면 독립적인 한 경기에서 이길 수 있는 확률은 두 팀이 똑같이 1/2이 된다.

먼저 $p(i,j)$를 월드시리즈에서 A가 최종 승리할 확률이라고 정의하자. 이때 $i$는 최종 승리를 하기 위해 남은 경기에서 A가 필요한 승리의 횟수, $j$는 B가 필요한 승리의 횟수이다. 예를 들어 $p(2,3)$은 A는 앞으로 두 경기를, B는 세 경기를 이기면 최종 승자가 된다고 할 때 A가 최종 승자가 될 수 있는 확률을 말한다.

$p(0,1)$은 A가 최종 승리를 하기위해 이겨야할 경기가 0이므로 이미 A는 승자가 되었다는 의미이다. 따라서 이 값은 1이 된다. 여기에서 $j>0$인 모든 $j$에 대해 $p(0,j)=1$임을 알 수 있다. 반대로 $p(i,0)$은 이미 B가 승리했음을 의미하므로 i>0인 모든 i에 대해 $p(i,0)=0$이 된다.

만일 $p(i,j)$에서 $i>0$이고 $j>0$일 때에는 적어도 1번 이상의 경기가 열려야한다는 것을 알 수 있다. 먼저 $p(2,3)$의 값을 생각해 보자. A가 2경기, B가 3경기를 이겨야 되는 상태에서 한 경기를 더 치루면 두 가지 경우가 발생한다. 만약 A가 이기는 경우에는 A는 1경기 B는 3경기가 남는다. B가 이기는 경우에는 A는 2경기, B도 2경기가 남게 된다.

경우1: A가 다음 경기를 이겼을 때의 A의 최종 승산 확률 = $p(1,3)$

경우2: B가 다음 경기를 이겼을 때의 A의 최종 승산 확률 = $p(2,2)$

경우1 또는 경우2가 발생할 수 있는 확률은 두 팀의 전력이 같다는 앞의 가정에 따라 각각 1/2이다. 따라서 $p(2,3)$의 값은 다음에 발생할 수 있는 두 가지 경우의 확률인 $p(1,3)$과 $p(2,2)$의 평균이 된다. 이러한 성질을 이용하면 p(2, 3)의 값은 다음과 같은 과정을 전개하여 구할 수 있다.

$$p(2,3)=[p(1,3)+p(2,2)]/2$$

$$p(1,3)=[p(0,3)+p(1,2)]/2$$

$$p(2,2)=[p(1,2)+p(2,1)]/2$$

$$p(1,2)=[p(0,2)+p(1,1)]/2$$

$$p(2,1)=[p(1,1)+p(2,0)]/2$$

$$p(1,1)=[p(0,1)+p(1,0)]/2$$

지금까지 논의한 내용들을 정리하여 일반화 시키면 다음과 같은 재귀적 관계식을 얻을 수 있다.

$$p(i,j)=1, \quad i=0\text{이고 } j>0\text{인 경우}$$

$$p(i,j)=0, \quad i>0\text{이고 } j=0\text{인 경우}$$

$$p(i,j)=\frac{p(i-1,j)+p(i,j-1)}{2}, \quad i>0\text{이고 } j>0\text{인 경우}$$

이 관계식을 이용해서 만약 알고리즘 6.1과 같이 재귀적 알고리즘으로 이 문제를 해결한다면 중복된 계산에 의해 비효율성이 발생하게 된다. 예를 들어, $p(2, 3)$을 구하기 위해서는 $p(1, 3)$과 $p(2, 2)$의 값이 필요하고, 이를 구하기 위해서 재귀적인 호출을 수행할 것이다. $p(1, 3)$과 $p(2, 2)$는 둘 다 $p(1, 2)$의 값을 필요로 한다. 하지만 이들에 대한 재귀 호출은 서로 독립적으로 실행됨으로 $p(1, 3)$과 $p(2, 2)$는 각자 별도로 $p(1, 2)$의 값을 계산하여 구하게 된다. 따라서 $p(1, 2)$는 두 번 계산되는 셈이 되며, $i$와 $j$가 클수록 이런 식의 중복계산은 더욱 많아진다.

앞의 재귀 관계식을 이차원 배열 P를 사용해서 표현하고 이를 바탕으로 동적프로그래밍에 의한 알고리즘을 작성한다면 이와 같이 중복되는 계산을 피할 수 있다.

$$P[i][j] = 1, \qquad i = 0\text{이고 } j > 0\text{인 경우}$$

$$P[i][j] = 0, \qquad i > 0\text{이고 } j = 0\text{인 경우}$$

$$P[i][j] = \frac{P[i-1][j] + P[i][j-1]}{2}, \qquad i > 0\text{이고 } j > 0\text{인 경우}$$

앞에서 나타낸 $p(i, j)$의 표현은 배열 P의 원소 P[$i$][$j$]로 대신한다. P[$i$][$j$]의 값을 구하기 위한 재귀적 관계식을 살펴보면 P[$i$][$j$]는 두 개의 원소 값만을 필요로 한다. 이 두 원소 P[i-1][$j$]와 P[i][j-1]는 이차원 배열의 위치에서 P[$i$][$j$]보다 한 칸 위쪽과 왼쪽에 있는 값들이며 이를 배열에서 나타내면 다음과 같다.

| 배열 P[][] | … | [j-1] | [ j ] | … |
|---|---|---|---|---|
| … | … | … | … | … |
| [i-1] | … | … | P[i-1][$j$] | … |
| [ i ] | … | P[$i$][j-1] | P[$i$][$j$] | … |
| … | … | … | … | … |

중복 계산을 피하기 위해서는 각 원소의 값을 계산한 뒤에는 이를 배열에 저장하고, 이 후의 단계에서는 이 값이 필요할 때마다 이미 저장되어 있는 값을 사용하면 된다. 이를 위해서는 왼쪽 상단에 있는 대각선에서 시작해서 이 대각선상에 있는 원소들을 하나씩 계산하고, 오른쪽 하단 방향으로 한 단계씩 다음 대각선으로 계속 진행하면 된다.

그림 6.2에서 2차원 배열의 각 칸에 표기한 숫자는 원소의 값이 계산되는 순서를 나타낸다.

| | [0] | [1] | [2] | [3] | [4] |
|---|---|---|---|---|---|
| [0] | | 1 | 3 | 6 | 10 |
| [1] | 2 | 5 | 8 | 12 | |
| [2] | 4 | 9 | 13 | | |
| [3] | 7 | 14 | | | |
| [4] | 11 | | | | |

[그림 6.2] 원소 값을 구해가는 순서

지금까지의 논의 과정을 알고리즘으로 나타내면 다음과 같다.

### [알고리즘 6.3] 경기의 최종 승산 확률

```
number Odds(int i, int j)
{
  number P[0..i+j][0..i+j];
  int d, k;

  for (d=1; d<=i+j; d++) {
    P[0][d] = 1;
    P[d][0] = 0;
    for (k=1; k<=d-1; k++)
      P[k][d-k] = (P[k-1][d-k]+P[k][d-k-1])/2;
```

```
    }
    return P[i][j];
}
```

알고리즘 6.3에서 입력 $i$와 $j$는 최종 승리를 위해 A팀과 B팀이 앞으로 이겨야할 경기의 횟수이다. 출력 P[$i$][$j$]는 A팀이 최종적으로 승리할 확률이다.

d는 각 대각선을 순서대로 가리키기 위한 변수이다. 이때 첫 번째 대각선(d=1)은 [1][0]과 [0][1], 두 번째 대각선(d=2)은 [2][0], [1][1], [0][2]로 이루어진다. P[$i$][$j$]의 값을 알기 위해서는 $i+j$번째 대각선에 위치한 원소들의 값까지 구하면 된다.

내부의 for문에서 P[$k$][d-k]는 현재의 대각선에 있는 원소들의 값을 우측 상단에서 좌측 하단의 방향으로 하나씩 구해가기 위한 것이다. 이 대각선에서 $i$ 또는 $j$의 값이 0인 원소들은 알고리즘에서 보이다시피 내부의 for 문 이전에 결정된다.

이제 이 알고리즘의 복잡도를 살펴보자. 이 알고리즘에서 가장 많은 횟수의 실행이 일어나는 연산은 중첩된 for문에서 P[$k$][d-k]를 구하는 연산이다. $i+j$의 값이 대각선 개수를 결정하므로 이를 $n$이라고 하고 이 연산의 횟수를 구하면 다음과 같다.

$$
\begin{aligned}
\sum_{d=1}^{n}\sum_{k=1}^{d-1} 1 &= \sum_{d=1}^{n}(d-1) \\
&= \sum_{d=1}^{n} d - \sum_{d=1}^{n} 1 \\
&= \frac{n(n+1)}{2} - n
\end{aligned}
$$

따라서 복잡도는 $O(n^2)$이 된다.

먼저 4승을 거두면 승리를 할 수 있는 7전 4선승의 경우에 이 알고리즘을 이용해서 A팀이 각 상황에서 예측할 수 있는 승산 확률을 구하면 다음과 같다.

| P | [0] | [1] | [2] | [3] | [4] |
|---|---|---|---|---|---|
| [0] | | 1 | 1 | 1 | 1 |
| [1] | 0 | 1/2 | 3/4 | 7/8 | 15/16 |
| [2] | 0 | 1/4 | 1/2 | 11/16 | 13/16 |
| [3] | 0 | 1/8 | 5/16 | 1/2 | 21/32 |
| [4] | 0 | 1/16 | 3/16 | 11/32 | 1/2 |

## 6.3 행렬의 곱셈 순서

이절에서는 여러 개의 행렬을 연속하여 곱하는 문제를 생각해 보기로 하자. 먼저 두 행렬 $M_1$과 $M_2$가 있을 때 이들의 곱셈 $M_1 \times M_2$가 이루어지기 위해서는 기본적으로 $M_1$의 열의 개수와 $M_2$의 행의 개수가 같아야 한다.

$$M_1 = \begin{pmatrix} 1\ 2\ 3 \\ 4\ 5\ 6 \end{pmatrix} \qquad M_2 = \begin{pmatrix} 7 & 8 \\ 9 & 10 \\ 11 & 12 \end{pmatrix}$$

일 때, 두 행렬의 곱은 다음과 같이 계산된다.

$$M_3 = M_1 \times M_2$$

$$= \begin{pmatrix} 1\times 7 + 2\times 9 + 3\times 11 & 1\times 8 + 2\times 10 + 3\times 12 \\ 4\times 7 + 5\times 9 + 6\times 11 & 4\times 8 + 5\times 10 + 6\times 12 \end{pmatrix}$$

$2\times 3$ 행렬 $M_1$과 $3\times 2$ 행렬 $M_2$의 곱셈 결과인 행렬 $M_3$는 $M_1$의 행의 개수와 $M_2$의 열의 개수를 가진 $2\times 2$ 행렬이 된다.

이를 계산하기 위해 수행된 곱셈의 총 횟수를 조사해 보자. 곱셈의 결과 행렬인 $M_3$의 각 원소는 3회의 곱셈을 필요로 한다. $M_3$에서 원소의 개수는 2×2=4개 이므로 총 곱셈의 회수는 3×4=12회가 된다. 이를 일반화하면 $i \times j$ 행렬과 $j \times k$ 행렬의 곱셈에서 총 곱셈 횟수는 $i \times j \times k$가 된다는 것을 알 수 있다.

이제 여러 개의 행렬을 곱하는 문제를 생각해보자. 예를 들어 각 행렬의 행과 열이 다음과 같이 구성되어 있다고 하자.

$$M_1 : 20 \times 50 \;,\; M_2 : 50 \times 10 \;,\; M_3 : 10 \times 40 \;,\; M_4 : 40 \times 5$$

이 4개의 행렬을 연속해서 곱하는 문제 $M_1 \times M_2 \times M_3 \times M_4$가 있을 때 곱셈의 횟수를 최소로 줄이는 방법을 생각해 보자. 행렬의 곱셈은 결합법칙이 적용하므로 이들을 곱하는 순서는 여러 가지가 있을 수 있다. 이 순서들을 모두 나열한 후 필요한 곱셈의 횟수를 나타내면 다음과 같다.

$$M1 \times (M_2 \times (M_3 \times M_4)) : 20 \times 50 \times 5 + 50 \times 10 \times 5 + 10 \times 40 \times 5 = 9{,}500$$

$$(M1 \times M_2) \times (M_3 \times M_4) : 20 \times 50 \times 10 + 20 \times 10 \times 5 + 10 \times 40 \times 5 = 13{,}000$$

$$M1 \times ((M_2 \times M_3) \times M_4) : 20 \times 50 \times 5 + 50 \times 10 \times 40 + 50 \times 40 \times 5 = 35{,}000$$

$$(M1 \times (M_2 \times M_3)) \times M_4 : 20 \times 50 \times 40 + 50 \times 10 \times 40 + 20 \times 40 \times 5 = 64{,}000$$

$$((M1 \times M_2) \times M_3) \times M_4 : 20 \times 50 \times 10 + 20 \times 10 \times 40 + 20 \times 40 \times 5 = 22{,}000$$

이 결과를 살펴보면 필요한 곱셈의 횟수는 적게는 9,500회에서 많게는 64,000회까지 일어난다. 이와 같이, 연속되는 행렬의 곱셈에서 곱셈의 횟수는 각 행렬의 곱셈순서에 따라 많이 달라질 수 있다는 것을 알 수 있다. 이를 컴퓨터로 처리한다면 연속 행렬의 곱셈에서 곱셈의 순서가 전체 실행시간을 좌우할 수 있다는 의미가 된다.

연속 행렬의 곱셈 문제는 필요한 총 곱셈의 횟수를 최소한으로 할 수 있는 곱셈 순서를 결정하는 것이다. 가장 직관적이고 간단한 방법은 위와 같이 가능한 모든 순서를 나열하고 각 순서에 필요한 곱셈횟수를 측정한 후 그 중 가장 작은 값을 가지는 순서를 택하면 될 것이다. 하지만 $n$개의 행렬을 곱해야 하는 경우에 가능한 모든 순서의 개수만 하더라도 지수 시간의 복잡도를 가지게 된다.

따라서 이 문제를 좀 더 효율적으로 처리할 수 있도록 동적프로그래밍을 이용한 알고리즘에 대해 알아보기로 하자.

행렬 $M_1, M_2, \ldots, M_n$이 있을 때 $k$번째의 행렬 $M_k$의 행의 개수를 $d_{k-1}$, 열의 개수를 $d_k$라고 하자. 그렇다면 이 행렬들의 행과 열의 개수를 행렬의 나열 순서에 따라서 나타내면 $d_0$, $d_1$, $\cdots$ , $d_k$, $\cdots$ , $d_n$이 된다.

$M_1$ : $d_0 \times d_1$

$M_2$ : $d_1 \times d_2$

$\cdots$

$M_k$ : $d_{k-1} \times d_k$,

$\cdots$

$M_n$ : $d_{n-1} \times d_n$

$n$개의 행렬을 곱하려면 어떤 순서에 의하더라도 $n-1$번의 행렬 곱셈이 필요하다. 이 중 $n-2$번째의 행렬 곱셈이 끝나면 두 개의 행렬이 남게 되고 마지막으로 $n-1$번째의 곱셈을 처리하면 전체 행렬의 곱셈은 마무리된다. 예를 들어 4개의 행렬이라면 2번의 행렬 곱셈을 마치면 두 개의 행렬이 남게 된다. 3번째 행렬 곱셈은 남아 있는 두 행렬을 곱해서 최종적인 결과 행렬을 만든다.

$M_1$, $M_2$, $M_3$, $M_4$ 행렬의 곱셈에서는 총 3번의 행렬 곱셈이 발생하는데, 이 중 마지막 곱셈인 3번째 행렬 곱셈을 하기 직전의 상태를 모두 나열하면 다음과 같이 세 가지의 경우가 존재한다. 이때 괄호안의 행렬들은 이미 행렬 곱셈을 마친 상태이며 현재는 한 개의 행렬임을 이해하자.

경우1: $(M_1) \times (M_2 M_3 M_4)$

경우2: $(M_1 M_2) \times (M_3 M_4)$

경우3: $(M_1 M_2 M_3) \times (M_4)$

예를 들어, 첫 번째 경우에서 $(M_1)$ 은 $d_0 \times d_1$ 행렬이며 $(M_2 M_3 M_4)$ 는 $d_1 \times d_4$ 행렬이다. 두 행렬 $(M_1)$ 과 $(M_2 M_3 M_4)$의 행렬 곱셈에 필요한 순수 곱셈 횟수는 $d_0 \times d_1 \times d_4$가 된다. 이 횟수에 행렬 $(M_1)$과 $(M_2 M_3 M_4)$ 에 소요된 곱셈 횟수를 더하면 총 곱셈 횟수가 된다. $(M_1)$에 소요된 최소 곱셈 횟수를 $C(M_1)$ , $(M_2 M_3 M_4)$에 소요된 최소 곱셈 횟수를 $C(M_2 M_3 M_4)$라고 하면 앞의 세 가지 경우에 필요한 최소 곱셈 횟수는 다음과 같이 계산된다.

경우1: $(M_1) \times (M_2 M_3 M_4)$ : $C(M_1) + d_0 \times d_1 \times d_4 + C(M_2 M_3 M_4)$

경우2: $(M_1 M_2) \times (M_3 M_4)$ : $C(M_1 M_2) + d_0 \times d_2 \times d_4 + C(M_3 M_4)$

경우3: $(M_1 M_2 M_3) \times (M_4)$ : $C(M_1 M_2 M_3) + d_0 \times d_3 \times d_4 + C(M_4)$

이 세 가지 경우의 곱셈 횟수 중에서 최소의 값이 $M_1 \times M_2 \times M_3 \times M_4$에 필요한 최소 곱셈 횟수가 된다. 앞의 표현에 따라서 $M_1 \times M_2 \times M_3 \times M_4$에 필요한 최소 곱셈 횟수는 $C(M_1 M_2 M_3 M_4)$로 나타낼 수 있으며 다음과 같이 정의할 수 있다.

$$
\begin{aligned}
C(M_1 M_2 M_3 M_4) = \min[\, & C(M_1) + d_0 \times d_1 \times d_4 + C(M_2 M_3 M_4), \\
& C(M_1 M_2) + d_0 \times d_2 \times d_4 + C(M_3 M_4), \\
& C(M_1 M_2 M_3) + d_0 \times d_3 \times d_4 + C(M_4)]
\end{aligned}
$$

물론, 이 값을 계산하기 위해서 우리는 $C(M_1)$, $C(M_2 M_3 M_4)$, $C(M_1 M_2)$, $C(M_3 M_4)$, $C(M_1 M_2 M_3)$, $C(M_4)$ 등의 값을 알아야만 한다.

여기에서 몇 개의 예만 구해보자.

먼저, $C(M_1)$은 곱셈이 필요 없는 상태이므로 $C(M_1) = 0$이란 것을 쉽게 알 수 있다.

$C(M_1 M_2)$를 알기 위해서는 다음의 경우만 고려하면 된다.

$(M_1)(M_2)$ : $C(M_1) + d_0 \times d_1 \times d_2 + C(M_2)$

따라서 $C(M_1 M_2)$의 값을 구하기 위해서는

$$C(M_1 M_2) = \min(C(M_1) + d_0 \times d_1 \times d_2 + C(M_2))$$

이 되고 이 값은 $d_0 \times d_1 \times d_2$이 된다.

$C(M_2 M_3 M_4)$를 알기 위해서는 다음과 같이 두 경우를 고려해야 한다.

$(M_2)(M_3 M_4)$ : $C(M_2) + d_1 \times d_2 \times d_4 + C(M_3 M_4)$

$(M_2 M_3)(M_4)$ : $C(M_2 M_3) + d_1 \times d_3 \times d_4 + C(M_4)$

따라서 $C(M_2 M_3 M_4)$는 이 중에 최소값을 취하면 된다.

$$C(M_2 M_3 M_4) = \min[\, C(M_2) + d_1 d_2 d_4 + C(M_3 M_4),$$
$$C(M_2 M_3) + d_1 d_3 d_4 + C(M_4)]$$

이 과정을 정리하면 연속적인 행렬의 곱셈에서 최소 곱셈 횟수를 구하는 재귀적 관계식을 일반화할 수 있다. 이를 배열로 나타낼 수 있도록 $C(M_1 M_2 M_3 M_4)$와 같은 표현은 첫 행렬과 마지막 행렬의 첨자를 이용해서 2차원 배열의 표현과 같이 C[1][4]로 나타내기로 하자. 즉, C[$i$][$j$]는 $M_i$에서 $M_j$까지의 행렬 곱셈에 필요한 최소의 곱셈 횟수이다.

$C[i][j] = 0, \quad i = j$인 경우

$C[i][j] = \min_{i \le k < j}(C[i][k] + d_{i-1} d_k d_j + C[k+1][j]), \quad i < j$인 경우

이 식에서 $k$는 전체 행렬이 계산되기 직전에 형성되어있는 두 행렬의 경계점을 의미한다. 즉, $(M_1)(M_2 M_3 M_4)$와 같이 분리되는 경우에는 $k = 1$, $(M_1 M_2)(M_3 M_4)$의 경우에는 $k = 2$, $(M_1 M_2 M_3)(M_4)$의 경우에는 $k = 3$이 된다.

예를 들어 C[1][4]를 구하기 위해서 앞의 식을 적용하면 $1 \leq k < 4$의 조건에 의해 $k$는 1, 2, 3으로 변한다. 일반식을 C[1][4]에 적용하면 다음과 같다.

$$C[1][4] = \min(\ C[1][1] + d_0 \times d_1 \times d_4 + C[2][4],$$
$$C[1][2] + d_0 \times d_2 \times d_4 + C[3][4],$$
$$C[1][3] + d_0 \times d_3 \times d_4 + C[4][4])$$

만약 C[1][4]의 값을 구하기 위해 C의 원소 값을 재귀적으로 구하게 되면 동일한 값을 중복적으로 계산하는 경우가 발생하게 된다. 동적 프로그래밍은 이를 방지하고 작은 부분 문제부터 계산하여 이를 이후의 단계에서 활용하는 원리를 사용하므로 이들을 구해나가는 순서가 중요한 관심사항이 된다.

C[1][4]를 구하기 위해 필요한 배열 C의 원소 위치를 'x'로 표시하면 다음과 같다.

| | [1] | [2] | [3] | [4] |
|---|---|---|---|---|
| [1] | x | x | x | C[1][4] |
| [2] | | | | x |
| [3] | | | | x |
| [4] | | | | x |

C[2][4]를 구하기 위해서는 $2 \leq k < 4$의 조건에 의해 $k$는 2, 3으로 변한다. 이 식을 나열하면 다음과 같다.

$$C[2][4] = \min(\ C[2][2] + d_1 \times d_2 \times d_4 + C[3][4],$$
$$C[2][3] + d_1 \times d_3 \times d_4 + C[4][4])$$

C[2][4]를 구하기 위해 필요한 배열 C의 원소 위치를 'x'로 표시하면 다음과 같다.

| | [1] | [2] | [3] | [4] |
|---|---|---|---|---|
| [1] | | | | |
| [2] | | x | x | C[2][4] |
| [3] | | | | x |
| [4] | | | | x |

이와 같이 C[$i$][$j$]의 값을 구하기 위해서는 $i$행에서 앞부분의 원소들과 $j$열에서 아래 부분의 원소들의 값이 필요하다는 것을 알 수 있다. 따라서 C[1][4]의 값을 구하기 위해서는 가운데의 대각선에 위치한 원소부터 시작해서 한 단계씩 오른쪽에 있는 대각선의 원소를 차례로 구해나가면 된다. 2차원 배열에서 각 원소 값을 계산하는 순서를 나타내면 다음과 같다.

| | [1] | [2] | [3] | [4] |
|---|---|---|---|---|
| [1] | 1 | 5 | 8 | 10 |
| [2] | | 2 | 6 | 9 |
| [3] | | | 3 | 7 |
| [4] | | | | 4 |

지금까지의 과정을 정리하여 알고리즘으로 나타내면 다음과 같다.

**[알고리즘 6.4] 연속 행렬의 최소 곱셈 수 (1)**

```
int MinChainMulti(int n, int d[])
{
  int i, j, diag;
  int C[1..n][1..n];

  for (i=1; i<=n; i++)
    C[i][i] = 0;
  for (diag=1; diag<=n-1; diag++)
    for (i=1; i<=n-diag; i++) {
```

```
        j = i + diag;
        C[i][j] = min_{i ≤ k < j}( C[i][k] + C[k+1][j]
                                   + d[i-1] × d[k] × d[j]);
    }
  return C[1][n];
}
```

$M_1 \times M_2 \times \ldots \times M_n$의 행렬 곱셈에서 $n$은 연속으로 곱셈할 행렬의 개수이다. 배열 d는 앞에서 설정한 바와 같이 각 행렬의 행과 열의 개수이다. 앞의 설명에서 $d_0$에서 $d_n$까지로 나타낸 행 및 열의 개수는 알고리즘에서는 입력 배열 d의 원소인 d[0]에서 d[$n$]으로 입력된다. 첫 번째 for문은 배열 C에서 대각선에 위치한 원소들의 값을 지정한다. 이들은 $(M_1)$, $(M_2)$, … $(M_n)$과 같이 한 개의 행렬만으로 이루어져 있어 곱셈이 필요 없으므로 0으로 설정된다.

두 번째 for문은 배열 C에서 오른쪽에 있는 각각의 대각선상에 있는 원소 값들을 계산하기 위해 사용되었다. 여기에서 변수 diag는 배열에서 $n-1$개의 각 대각선을 하나씩 가리킨다. 대각선이 오른쪽으로 한 칸씩 진행될 때마다($n$이 1에서 하나씩 증가할 때마다) 각 대각선상에 있는 원소들의 수는 1개씩 줄어든다.

$M_1$, $M_2$, $M_3$, $M_4$이 2×5, 5×1, 1×4, 4×5의 행렬로 이루어져 있다고 할 때, 이 알고리즘에 따라 배열 C의 값을 조사하면 다음과 같다.

| | [1] | [2] | [3] | [4] |
|---|---|---|---|---|
| [1] | 0 | 10 | 18 | 40 |
| [2] | | 0 | 20 | 45 |
| [3] | | | 0 | 20 |
| [4] | | | | 0 |

이 알고리즘의 복잡도는 중첩된 for문 안에 있는 비교 연산의 총 횟수를 조사하면 된다. 이 비교 연산은 C[$i$][$j$] 값을 결정하기 위해서 최소값을 찾는

과정에서 발생하는 연산이다. 두 개의 중첩된 for문 안에서 비교 횟수는 diag-1회 발생하므로 비교 연산의 총 실행 횟수는

$$\sum_{diag=1}^{n-1} \sum_{i=1}^{n-diag} (diag-1)$$

가 된다. 이를 정리하면 이 알고리즘의 복잡도는 $O(n^3)$에 해당한다.

알고리즘 6.4는 행렬의 연속 곱셈에서 필요한 최소 곱셈 수를 나타낼 뿐이며 이 곱셈의 횟수가 어떤 곱셈 순서에 의해 결정되었는지를 나타내지는 않는다. 이를 알아내기 위해서는 알고리즘 6.4를 변경하여 약간의 코드를 첨가하면 된다.

**[알고리즘 6.5] 연속 행렬의 최소 곱셈 수 (2)**

```
int MinChainMulti(int n, int d[], int P[][])
{
  int i, j, diag;
  int C[1..n][1..n];

  for (i=1; i<=n; i++)
    C[i][i] = 0;
  for (diag=1; diag<=n-1; diag++)
    for (i=1; i<=n-diag; i++) {
      j = i + diag;
      C[i][j] = min_{i≤k<j}(C[i][k]+C[k+1][j]
                          +d[i-1]×d[k]×d[j])
      P[i][j]=C[i][j]가 최소값이 되기 위한 k;
    }
  return C[1][n];
}
```

이 알고리즘에 따라 배열 P의 값을 조사하면 다음과 같다.

| P | [1] | [2] | [3] | [4] |
|---|---|---|---|---|
| [1] | | 1 | 2 | 2 |
| [2] | | | 2 | 2 |
| [3] | | | | 3 |
| [4] | | | | |

배열 P가 구해지면 이를 이용해 최적의 곱셈 순서를 나타낼 수 있다. 이 순서는 다음의 알고리즘과 같이 재귀적인 방식으로 출력한다.

### [알고리즘 6.6] 곱셈 순서의 출력

```
void MultiOrder(int i, int j)
{
  if (i==j)
    Print(i);
  else {
    Print('(');
    MultiOrder(i, P[i][j]);
    MultiOrder(P[i][j]+1, j);
    Print(')');
  }
}
```

알고리즘 6.5로 구한 배열 P를 바탕으로

```
MultiOrder(1, 4);
```

와 같이 외부에서 이 함수를 호출했을 때 재귀호출로 인한 실행 순서는 다음과 같다.

```
MultiOrder(1, 4)
     Print('(');
     MultiOrder(1, 2);
```

```
                Print('(');
                MultiOrder(1, 1);
                    Print(1);
                MultiOrder(2, 2);
                    Print(2);
                Print(')');
            MultiOrder(3, 4)
                Print('(');
                MultiOrder(3, 3);
                    Print(3);
                MultiOrder(4, 4);
                    Print(4);
                Print(')');
            Print(')');
```

이 과정의 출력을 순서대로 나타내면 다음과 같이 된다.

( ( 1 2 ) ( 3 4 ) )

이는 $((M_1 \times M_2) \times (M_3 \times M_4))$의 순서로 행렬 곱셈을 했을 때 총 곱셈 횟수가 최소가 된다는 것을 의미한다.

## 6.4 문자열 편집 거리

문자열의 편집 거리(string edit distance)는 두 문자열의 유사도(similarity)를 측정하기 위해 사용한다. 편의상 두 문자열 중 하나를 원본 문자열(source string), 다른 하나를 목표 문자열(target string)이라고 하자. 원본 문자열과 목표 문자열이 다르다면 원본 문자열의 일부를 수정해서 목표 문자열과 같게 만들 수 있다. 이때 원본 문자열에서 수정해야할 최소한의 양이 편집 거리가 된다.

편집거리가 클수록 두 문자열의 유사도는 낮아지고, 작을수록 유사도는 커지게 된다. 편집 거리의 계산에 따른 문자열의 유사도는 다양한 응용분야에서 유용하게 사용된다. 예를 들어 철자 교정기는 주어진 단어를 근거로 이와 유사한 단어들을 검색하여 제시한다. 음성, 언어, 이미지를 대상으로 하여 유사한 대상을 검색할 경우에는 비슷한 패턴을 발견하는 것과 같다. 또한 DNA 분석에서는 염기서열과의 비교를 통하여 두 DNA의 유사점을 찾아내기도 한다.

이제 편집거리에 대해 정의를 해보기로 하자. 길이 $n$의 원본 문자열 S와 길이 $m$의 목표 문자열 T가 있을 때 이들을 이루고 있는 문자들을 다음과 같이 나타낸다.

$$S = s_1 s_2 \ldots s_n$$

$$T = t_1 t_2 \ldots t_m$$

우리는 S에 대해서 몇 개의 편집 연산을 적용하여 S를 T와 똑같게 만들려고 한다. 원본 문자열 S에 적용할 수 있는 편집 연산의 종류로는 문자의 삽입(insert), 삭제(delete) 및 대치(change)가 있으며 각 편집 연산에 필요한 비용은 문제에 따라 다를 수 있다. 한 문자의 삽입에 필요한 비용을 Ins, 삭제에 필요한 비용을 Del, 대치에 필요한 비용을 Chg라고 하자. 이때 문자열 편집 거리 문제는 S를 T로 변화시키는데 필요한 최소의 총 비용을 구하는 것이다.

예를 들어 문자열 S가 다음과 같을 때 두 문자열의 편집거리를 계산해보자. 이때 세 종류의 편집연산에 필요한 비용 Ins, Del, Chg는 편의상 모두 1로 가정하자.

$$S = s_1 s_2 s_3 = bab$$

$$T = t_1 t_2 t_3 t_4 t_5 = abaab$$

S를 T로 변환하는 방법은 여러 가지가 있을 수가 있다. S의 모든 문자(bab)를 모두 삭제하고 T의 모든 문자(abaab)를 삽입하는 방법도 그 중 하나이다.

이 경우에 S에서 세 문자를 삭제하는 비용과 S에 다섯 문자를 삽입하는 비용을 합해 총 비용은 8이 된다. 만약 $s_1$, $s_2$, $s_3$을 $a, b, a$로 대치하고 그 뒤에 $a, b$를 삽입하는 방법을 택한다면 총 비용은 5가 된다.

또 다른 방법으로는 $s_1$과 $s_3$의 앞에 $a$를 각각 삽입해서 S를 T로 변환할 수 있다. 이 경우에는 두 문자를 삽입하는 연산만 필요하므로 총 비용은 2가 된다. 가능한 여러 가지의 편집 방법 중에 비록 우리는 세 가지 방법 밖에 따져보지 않았지만 마지막 방법에 소요된 비용 2가 최소 비용임을 알 수 있다. 왜냐하면 S와 T의 길이의 차이가 2이므로 이보다 작은 편집 비용은 존재할 수 없기 때문이다. 따라서 문자열 S와 T의 편집거리는 2가 된다.

$S = s_1s_2 \cdots s_i \cdots s_n$과 $T = t_1t_2 \cdots t_j \cdots t_m$이 있을 때 S의 부분 문자열 $s_1s_2 \cdots s_i$를 T의 부분 문자열 $t_1t_2 \cdots t_j$로 변환할 때 필요한 최소비용(편집거리)을 D$(i, j)$라고 하자. 그렇다면 다음과 같은 재귀적 관계식이 성립한다.

$$D(i, j) = \min[D(i-1, j) + Del,\ D(i, j-1) + Ins,\ D(i-1, j-1) + (0 \mid Chg)]$$

이 식에서 (0 | Chg)의 값은 $s_i = t_j$일 때 0, 그렇지 않으면 Chg의 값을 갖는다.

이해를 위해서 위의 관계식에 나타낸 세 가지 경우에 대해서 하나씩 살펴보자.

1. 부분 문자열 $s_1s_2 \cdots s_{i-1}$을 부분 문자열 $t_1t_2 \cdots t_j$로 변환하는 최소비용이 D$(i-1, j)$라면 $s_1s_2 \cdots s_i$를 $t_1t_2 \cdots t_j$로 변환하기 위해서는 이 비용에 $s_i$를 삭제하는 비용만 추가하면 된다. 따라서 총 비용은 D$(i-1, j)$+Del이 된다.

2. 부분 문자열 $s_1s_2 \cdots s_i$를 부분 문자열 $t_1t_2 \cdots t_{j-1}$로 변환하는 최소비용이 D$(i, j-1)$이라면 $s_1s_2 \cdots s_i$를 $t_1t_2 \cdots t_j$로 변환하기 위해서는 이 비용에 $t_i$를 삽입하는 비용만 추가하면 된다. 따라서 총 비용은 D$(i, j-1)$+Ins가 된다.

3. 부분 문자열 $s_1s_2 \cdots s_{i-1}$을 부분 문자열 $t_1t_2 \cdots t_{j-1}$로 변환하는 최소비용이 D$(i-1, j-1)$이라면 $s_1s_2 \cdots s_i$를 $t_1t_2 \cdots t_j$로 변환하기 위해서는 이 비용에 $s_i$를 $t_j$로 대치하는 비용만 추가하면 된다. 이때 $s_i$와 $t_j$가 같다면 추가적인 비용은 0이고, 다를 때에만 비용 Ins가 추가된다. 따라서 총 비용은 D$(i, j-1)$+(0 | Chg)가 된다.

즉, 위의 세 가지 경우 중에 최소값을 취하면 S의 부분 문자열 $s_1s_2 \cdots s_i$를 T의 부분 문자열 $t_1t_2 \cdots t_j$로 변환할 때 필요한 최소비용 D$(i, j)$를 구할 수 있다. 또한 전체 문자열 S의 길이가 $n$이고 T의 길이가 $m$이므로 D$(n, m)$을 구하면 이는 최종적으로 우리가 계산하려는 S와 T의 편집거리가 된다.

이 재귀 관계식에서 $i$ 또는 $j$가 0일 때를 살펴보자. 만약 $i=j=0$이라면 두 문자열은 동일하게 빈 문자열이므로 편집 거리 D(0, 0)은 0이다.

$$D(0,0)=0$$

$i=0$이고 $j>0$일 때는 S만 빈 문자열이므로 S를 T로 변환하기 위해서는 T의 문자 $t_1, t_2, \dots, t_j$를 하나씩 삽입하는 연산만이 필요하다. 이때의 편집거리 D$(0, j)$는 삽입 연산에 필요한 비용 Ins가 $j$회 사용되었을 경우의 비용이 된다.

$$D(0,j)=Ins \times j, \quad j>0\text{인 경우}$$

$i>0$이고 $j=0$일 때는 T만 빈 문자열이므로 S를 T로 변환하기 위해서는 S의 문자 $s_1, s_2, \dots, s_i$를 하나씩 삭제하는 연산만이 필요하다. 이때의 편집거리 D$(i, 0)$은 삭제 연산에 필요한 비용 Del이 i회 사용되었을 경우의 비용이 된다.

$$D(i,0)=Del \times i, \quad i>0\text{인 경우}$$

이 절의 앞에서 보았던 두 문자열 S=bab 과 T=abaab의 예를 가지고 이 재귀 관계식을 적용해가는 과정을 몇 개 들어보자. 이때 $n$은 3이고 $m$은 5이다. 편집 비용 Ins, Del, Chg의 값은 1로 가정한다.

D(i, j) = min[D(i-1, j)+Del, D(i, j-1)+Ins, D(i-1, j-1)+(0 | Chg)]

에 $i$와 $j$의 값을 각각 적용하면 다음과 같다.

D(3, 5) = min[D(2, 5)+1, D(3, 4)+1, D(2, 4)+0]

D(2, 5) = min[D(1, 5)+1, D(2, 4)+1, D(1, 4)+1]

D(3, 4) = min[D(2, 4)+1, D(3, 3)+1, D(2, 3)+1]

D(2, 4) = min[D(1, 4)+1, D(2, 3)+1, D(1, 3)+0]

이들의 계산을 큰 문제에서 작은 문제로 풀어가는 방식인 재귀적 호출로 처리한다면 중복된 계산을 하게 된다. 위의 예에서 보이듯이 D(2, 4)의 값은 D(3, 5)와 D(2, 5)에서 공통적으로 필요한 값이다. 이와 같은 현상은 $i$와 $j$의 값이 커질수록 많이 나타난다. 이는 동적프로그램 방식에 의해 작은 문제부터 처리한 후 이 후의 단계에서는 앞에서 저장한 결과값을 사용하는 것이 효율적임을 의미한다.

D(i, j)는 $i$와 j를 첨자로 이용해서 2차원 배열로 나타내면 간단하다. 재귀관계식에서 $D[i][j]$를 구하기 위해 필요한 세 가지 값은 $D[i-1][j]$, $D[i][j-1]$, $D[i-1][j-1]$이다. $D[i-1][j]$는 배열 D에서 $D[i][j]$의 한 칸 위에, $D[i][j-1]$은 한 칸 왼쪽에, $D[i-1][j-1]$은 대각선 방향으로 왼쪽 위에 위치한다. 따라서 2차원 배열의 원소 값을 각 행을 채우면서 아래쪽으로, 또는 각 열을 채우면서 오른쪽 방향으로 진행하며 계산하면 된다.

| | 0 | … | j-1 | j | … | m |
|---|---|---|---|---|---|---|
| 0 | … | … | … | … | … | … |
| … | … | … | … | … | … | … |
| i-1 | … | … | $D[i-1][j-1]$ | $D[i-1][j]$ | … | … |
| i | … | … | $D[i][j-1]$ | $D[i][j]$ | … | … |
| … | … | … | … | … | … | … |
| n | … | … | … | … | … | $D[n][m]$ |

이에 따라 두 문자열 S=bab 과 T=abaab의 예를 가지고 몇 개 원소의 값을 구하는 순서와 그 계산 값을 보이면 다음과 같다.

$$D[1][1] = \min(D[0][1]+1,\ D[1][0]+1,\ D[0][0]+1)$$
$$= \min(1+1,\ 1+1,\ 0+1) = 1$$

D[1][2] = min(D[0][2]+1, D[1][1]+1, D[0][1]+0)
= min(2+1, 1+1, 1+0) = 1

D[1][3] = min(D[0][3]+1, D[1][2]+1, D[0][2]+1)
= min(3+1, 1+1, 2+1) = 2

D[1][4] = min(D[0][4]+1, D[1][3]+1, D[0][3]+1)
= min(4+1, 2+1, 3+1) = 3

D[1][5] = min(D[0][5]+1, D[1][4]+1, D[0][4]+0)
= min(5+1, 3+1, 4+0) = 4

D[2][1] = min(D[1][1]+1, D[2][0]+1, D[1][0]+0)
= min(1+1, 2+1, 1+0) = 1

D[2][2] = min(D[1][2]+1, D[2][1]+1, D[1][1]+1)
= min(1+1, 1+1, 1+1) = 2

D[2][3] = min(D[1][3]+1, D[2][2]+1, D[1][2]+0)
= min(2+1, 2+1, 1+0) = 1

D[2][4]에서 D[3][5]를 구하는 과정은 생략한다.

여기서는 행을 기준으로 1, 2, 3행의 순서(row-major order)로 계산하였으나 열을 기준으로 1, 2, 3, 4, 5열의 순서(column-major order)로 계산해도 마찬가지의 결과를 얻을 수 있다.

| | | T = | a | b | a | a | b |
|---|---|---|---|---|---|---|---|
| | 배열 D | [0] | [1] | [2] | [3] | [4] | [5] |
| S = | [0] | 0 | 1 | 2 | 3 | 4 | 5 |
| b | [1] | 1 | 1 | 1 | 2 | 3 | 4 |
| a | [2] | 2 | 1 | 2 | 1 | … | … |
| b | [3] | 3 | … | … | … | … | … |

배열 D에서 0행과 0열의 원소 값들은 다른 원소에 대한 참고 없이 초기값으로 설정할 수 있다. 0행의 원소들은 삽입 연산에만 필요한 비용이고 0열의 원소들은 삭제 연산에만 필요한 비용이다. 이들은 열 또는 행이 하나 증가하면 그에 따른 삽입 또는 삭제 연산 비용도 1씩 증가하게 된다.

문자열 편집 거리를 계산하는 알고리즘을 나타내면 다음과 같다.

**[알고리즘 6.7] 문자열의 편집 거리**

```
number EditDist(char S[], int n, char T[], int m)
{
  int i, j;
  number D[0..n][0..m];
  number cost;

  D[0][0] = 0;
  for (j=1; j<=m; j++)
    D[0][j] = D[0][j-1] + Ins;
  for (i=1; i<=n; i++)
    D[i][0] = D[i-1][0] + Del;
  for (i=1; i<=n; i++)
    for (j=1; j<=m; j++) {
      if (S[i]≠T[j])
        cost = Chg;
      else
        cost = 0;
      D[i][j] = min(D[i-1][j]+Del ,D[i][j-1]+Ins,
                    D[i-1][j-1]+cost);
    }
  return D[n][m];
}
```

이 알고리즘에서 입력 S와 T는 원본 문자열과 목표 문자열이며, $n$과 $m$은 S와 T에 있는 문자들의 개수이다. 알고리즘의 출력은 두 문자열 S와 T의 편집거리인 D[$n$][$m$]이다. 이 함수에서 삽입, 삭제, 대치 연산에 사용된 비용 Ins, Del, Chg는 함수의 외부에서 지정한 것으로 간주한다. 이 값은 이 알고리즘의 응용목적에 따라 다양하게 지정할 수 있다.

알고리즘에서 첫 번째 for문은 배열 D의 0행 값들을 초기화하는 부분이며 두 번째 for문은 0열의 값들을 초기화하는 부분이다. 세 번째 for문은 중첩된 반복에 의해서 $n$행과 $m$열의 원소를 채워나가는 부분이다. s[$i$]와 t[$j$]에 있는 문자가 같을 경우에는 한 문자의 대치에 드는 비용이 필요 없으므로 이를 처리하기 위하여 변수 cost가 사용되었다.

이 알고리즘에서 가장 빈번히 실행되는 연산은 D[$i$][$j$]의 값을 구하기 위한 덧셈 또는 최소값을 찾기 위한 비교연산이다. 덧셈 연산은 첫 번째 for문에서 $m$회, 두 번째 for문에서 $n$회 실행한다. 세 번째 for문에서는 반복횟수가 $m \times n$이고, 한 번의 반복에 3회의 덧셈이 있으므로 $3mn$회가 일어난다. 비교연산은 세 번째 for문에서 최소값을 구하기위해서 실행되고 한 번의 반복에 2회의 비교가 필요하므로 $2mn$회가 발생한다. 따라서 이 알고리즘의 시간 복잡도는 $O(mn)$이 된다.

1. 이항계수의 알고리즘 6.1과 6.2를 구현하고 몇 가지 예를 대상으로 그 실행 시간을 실제적으로 비교하시오.

2. 알고리즘 6.2에서 1차원 배열을 이용해서도 그 결과를 구할 수 있다. 이를 알고리즘으로 작성하고 구현하시오.

3. 경기의 최종 승산 확률은 행 또는 열의 순서로도 각 칸의 값을 구할 수 있다. 이에 대한 알고리즘을 작성하시오.

4. 동적프로그래밍 알고리즘이 최적화 문제에서 가져야 할 요건에 대해 설명하시오.

5. 4개 행렬의 행과 열의 구성이 5×3, 3×10, 10×4, 4×5 와 같을 때 최소의 곱셈횟수와 곱셈 순서를 구하는 과정을 보이시오.

6. 최소 곱셈 횟수의 알고리즘에서 본문에서 소개한 비교 연산의 실행 횟수를 구하시오.

7. 문자열 A=aabab, B=baba 일 때 이들의 편집거리를 구하는 과정을 나타내시오.

제 7 장

# 백트래킹 기법

최단 경로를 구하는 문제와 같이 문제에 주어진 입력 데이터의 구조 자체가 이미 실체적인 그래프의 형태를 갖춘 경우도 있지만, 어떤 문제들은 그래프가 실질적으로 존재하지는 않지만 문제를 해결하는 과정이 암시적(implicit)인 그래프를 형성하는 경우도 존재한다. 예를 들면 바둑과 같은 게임에서 트리의 각 노드는 바둑판 위에 있는 바둑돌들의 위치를, 노드 사이의 간선은 한 수가 더 진행되는 것을 나타낸다. 이때 루트 노드는 빈 바둑판을 표현하고, 한 수가 진행될 때마다 부모 노드의 하위에 한 수의 돌이 더 놓여진 바둑판을 나타내는 새로운 자식 노드들이 생성된다.

일반적으로 그래프로 나타낼 수 있는 많은 문제들은 이 그래프에서 특정 조건의 노드나 그에 이르는 경로를 찾는 문제가 된다. 이때 이 그래프가 상당히 많은 양의 노드로 이루어져 있다면 이 그래프 전체를 물리적으로 구축한 후 탐색 기법을 동원해서 해답을 구하는 것은 시간과 공간의 낭비일 뿐만 아니라 경우에 따라서는 거의 불가능할 수도 있다. 그러므로 해답에 대한 탐색을 진행하면서 필수적인 부분 그래프만 유지하여 시간과 공간을 절약하는 것이 중요하다. 백트래킹은 문제를 푸는 과정에서 암시적으로 만들어지는 그래프를 효율적으로 탐색하는 기법중의 하나이다.

7.1절에서는 백트래킹을 사용한 첫 번째 문제로 n-퀸 문제를 소개한다. 또한 순열에 의해 모든 경우를 탐색하는 방법을 함께 제시하여 백트래킹을 이용한 방법에 의한 결과와 비교한다. 7.2절과 7.3절은 0-1 배낭 문제를 해결하는 과정을 소개한다. 이 문제에 대해서 7.2절에서는 일반적 조건에 의한 백트래킹을, 7.3절에서는 최적화 문제에 이용되는 개념인 한계 값을 적용한 분기 한정법을 설명한다.

## 7.1 N-퀸 문제

n-퀸(n-queens) 문제는 $n \times n$의 체스판에 $n$개의 퀸을 배치하는 문제이다. 이때 $n$개의 퀸은 서로 위협할 수 없도록 배치해야한다. 위협할 수 있는 조건

은 같은 행, 같은 열, 같은 대각선상에 2개 이상의 퀸이 존재할 경우이다. 즉, 모든 퀸을 서로 다른 행, 열, 대각선상에 배치해야만 한다.

| x | x | x |   |
|---|---|---|---|
| x | Q | x | x |
| x | x | x |   |
|   | x |   | x |

[그림 7.1] 퀸의 위협 위치

예를 들어 그림 7.1과 같은 위치에 퀸(Q)이 있다면 'x'로 표시된 칸은 모두 이 퀸에 의해 위협을 받을 수 있는 위치들이다. 그러므로 'x'로 표시된 칸에는 다른 퀸을 배치할 수 없다.

여기에서는 가장 널리 알려진 8-퀸 문제를 생각해 보자. 이 문제를 해결하는 가장 쉬운 방법은 체스판에 8개의 퀸을 놓을 수 있는 모든 경우를 하나씩 시도하면서 조건에 맞는지를 검사하는 것이다. 물론, 이 방법은 실용성이 거의 없다. 왜냐하면 총 64개의 위치에서 퀸의 위치 8개를 선택할 수 있는 경우의 수는 C(64, 8)=4,426,165,368 가지나 된다.

n-퀸의 조건을 생각하면, 조금은 더 개선된 방법을 생각할 수 있다. 8개의 행에 걸쳐 8개의 퀸을 배치해야하고 같은 행에 절대 2개 이상의 퀸을 배치할 수 없으므로 모든 행에는 반드시 한 개의 퀸이 있어야만 한다. 즉, 각 행에서 몇 번째 열에 퀸을 배치할 것인지 만을 결정하면 된다. 이는 다음과 같이 8개의 원소로 이루어진 배열로 나타낼 수 있다.

| 배열 B | [1] | [2] | [3] | [4] | [5] | [6] | [7] | [8] |
|---|---|---|---|---|---|---|---|---|
| 열 위치 | 3 | 1 | 6 | 2 | 8 | 6 | 4 | 7 |

이 예는 1행 3열, 2행 1열, 3행 6열, … , 8행 6열에 퀸을 배치하는 것을 나타낸다. 이 예의 경우를 확인해보면 3번째와 6번째 행에 있는 두 개의 퀸이 3번째 열에 있으므로 해답이 아닌 것은 쉽게 알 수 있다. 이 방식을 알고리즘으로 나타내면 다음과 같이 8개의 중첩된 반복문으로 처리할 수 있다.

**[알고리즘 7.1] 8-퀸(1)**

```
void Queens1()
{
  int i1, i2, … , i8;
  int B[1..8];

  for (i1=1; i1<=8; i1++)
    for (i2=1; i2<=8; i2++)
      …
        for (i8=1; i8<=8; i8++) {
          B= [i1, i2, i3, … , i8];
          if (B가 해답)
            Print B;
        }
}
```

이와 같이 해결한다면 고려할 총 경우의 수는 $8^8 = 16,777,216$이 되어 이전의 방법보다는 그 수가 훨씬 줄어든다. 참고로, 이 알고리즘을 실제로 실행해보면 1,299,852개의 경우를 검사한 후에 8-퀸의 조건을 만족하는 첫 해답을 찾아낸다.

이 알고리즘에도 여전히 개선할 점이 보인다. 이 알고리즘은 B=[1, 1, 1, 1, 3, 3, 6, 6]과 같은 배열도 해답의 후보 대상으로 고려하여 처리한다. 하지만 이 배열은 1열, 3열, 6열에 퀸이 여러 개가 배치된 상태이므로 이미 해답의 조건에 벗어난다는 것을 알 수 있다. n-퀸에서 각 행에 해당하는 조건은 각 열에도 마찬가지로 적용된다. 즉, 8개의 열에 8개의 퀸을 배치하되 하나의 열에 2개 이상의 퀸을 배치할 수 없으므로 모든 열에도 반드시 한 개의 퀸만이 있어야한다.

이를 만족시키기 위해서는 배열의 8개 원소들이 각각 서로 다른 열을 가리킬 수 있도록 그 값이 모두 달라야만 한다. 따라서 1에서 8까지의 숫자를 중복되지 않게 배열의 각 원소에 나열할 수 있는 경우만을 대상으로 하면 된다. 이는 1에서 8까지의 숫자로 이루어진 순열을 의미한다. 이 순열들을 대상으로 알고리즘의 골격을 나타내면 다음과 같은 형태가 될 것이다.

**[알고리즘 7.2] 순열을 이용한 알고리즘의 골격**

```
void Queens2()
{
  repeat
    B=새로운 순열;
    if (B가 해답)
       Print B;
  until (B==마지막 순열)
}
```

알고리즘 7.2를 구현할 수 있도록 하기 위해서 $n$개의 숫자로 이루어진 순열을 차례대로 생성하는 알고리즘을 작성한 후, 하나의 새로운 순열이 생성될 때 마다 해답이 되는지를 검사하는 방식을 택하기로 하자. 이 알고리즘은 다음과 같이 재귀적으로 구현한다.

**[알고리즘 7.3] 8-퀸(2)**

```
void Perm(int i)
{
  int j;

  if (i==n) {
```

```
    if (B가 해답)
      Print B;
  }
  else
    for (j=i; j<=n; j++) {
      B[i]와 B[j]를 교환;
      Perm(i+1);
      B[i]와 B[j]를 교환;
    }
}
```

이 알고리즘에서 배열 B는 $n$개의 원소로 이루어져 있으며 B와 변수 $n$은 함수의 외부에서 전역적으로 선언하여 이용한다. 8개의 숫자로 이루어진 순열을 생성하기 위해서는 Perm 함수의 외부에서 전역 배열 B를 [1, 2, 3, …, 8]로 초기화하고 다음과 같이 호출한다.

```
Perm(1);
```

이 방법을 사용하면 고려해야할 경우의 수는 8!=40,320으로 알고리즘 7.1의 결과보다 더 줄어들게 된다. 참고로, 이 알고리즘을 실제로 실행해보면 2,830개의 경우를 검사한 후에 8-퀸의 조건을 만족하는 첫 해답을 찾아낸다.

이 방법은 순열들을 생성하는 알고리즘 때문에 일차원 배열에서 모든 경우들을 다 고려하는 알고리즘 7.1 보다 더 복잡하게 보일 수도 있다. 하지만 이 방법에 의해 생성된 각 순열의 경우에는 각 열에 대한 검사가 필요하지 않으므로 알고리즘 7.1보다 해답 후보에 대한 검사가 더 간단해지는 장점이 있다. 각 열에 대한 검사는 할 필요가 없이 대각선에 대한 조건만 검사하면 되기 때문이다.

그렇지만 앞에서 소개한 두 가지 방법 모두 중대한 결점을 가지고 있다. 앞의 두 방법은 모든 퀸의 위치가 확정되기 전까지는 각 경우가 해답이 될 수 있는지를 검사할 수가 없다. 즉, 배열의 8개 원소 값을 모두 결정한 뒤에야 n-퀸 문제의 조건이 맞는지를 판단한다. 예를 들면 배열에 있는 앞부분의 두 원소 값에 의해 이미 대각선상의 조건을 위반했더라도 나머지 6개의 원소를 일단은 다 채운 후에야 해답이 될 수 없다는 것을 판정하기 때문이다.

백트래킹은 이러한 판단을 가능하면 일찍 할 수 있게 함으로써 고려해야할 해답 후보(candidate solution)의 개수를 줄이고 이에 따라 탐색의 효율성을 증대시킨다. 그 첫 단계로 문제의 크기를 줄여서 4-퀸 문제를 트리 탐색문제로 전환하여 생각해보자.

4-퀸의 해답을 탐색하는 트리의 구성은 그림 7.2와 같다. 루트노드는 해답을 찾기 위한 출발을 의미한다. 루트 노드의 각 자식노드는 체스판의 첫 번째 행에서 퀸을 배치한 위치에 해당한다. 4개의 열 중에서 하나를 선택할 수 있으므로 자식노드들의 수는 4개가 된다. 이 노드들도 각각 4개의 자식 노드들을 가지며 이들은 두 번째 행에서 퀸을 배치한 위치에 해당한다. 이를 반복하여 4 번째 행에서 퀸의 위치를 나타내는 자식 노드들까지 나열해가면 루트노드에서 잎(leaf) 노드에 이르는 각 경로는 퀸들을 배치할 수 있는 해답 후보가 된다.

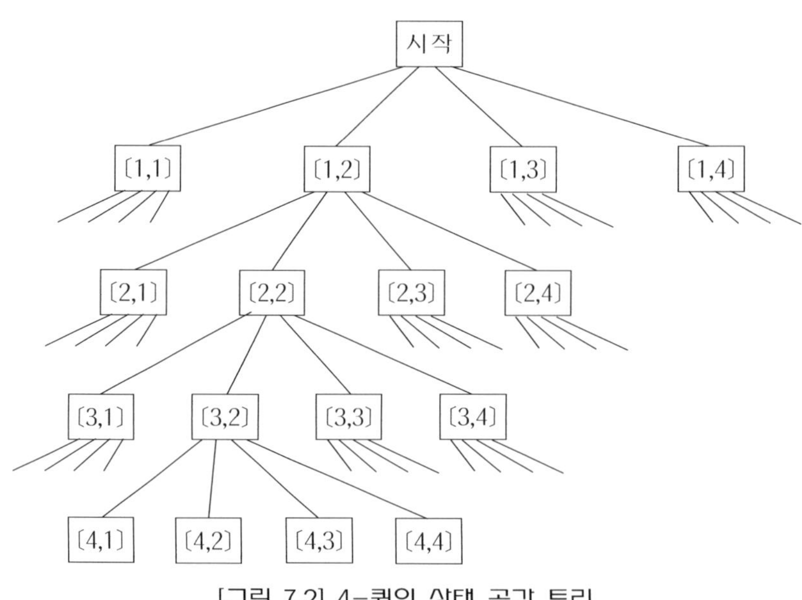


[그림 7.2] 4-퀸의 상태 공간 트리

그림 7.2와 같이 나타낸 트리를 상태 공간 트리(state space tree)라고도 부른다. 이 그림의 노드에 표시된 [4, 2]와 같은 숫자는 퀸을 4행 2열에 배치한다는 것을 말한다. 루트 노드에서 노드 [4, 2]에 이르는 경로는 ([1, 2], [2, 2], [3, 2], [4, 2])이다. 물론, 이 경로는 4개의 퀸 모두를 각 행의 2번째 열에 배치한 경우를 의미하므로 해답은 될 수 없다.

가능한 모든 해답 후보들이 이 상태 공간 트리에 나타나있으므로 해답을 찾기 위해서는 일정한 순서에 의해 경로들을 탐색하면 된다. 백트래킹은 트리의 탐색순서에서 깊이우선(depth first) 탐색을 기본으로 한다. 깊이 우선 탐색은 루트노드에서 시작하여 하위의 자식노드를 한쪽 방향으로 계속 전진하며 방문한다. 만약 그 방향에서 더 이상 방문할 수 있는 자식노드가 없으면 위로 거슬러 올라가서 다른 자식노드를 선택하여 계속 전진하며 방문한다.

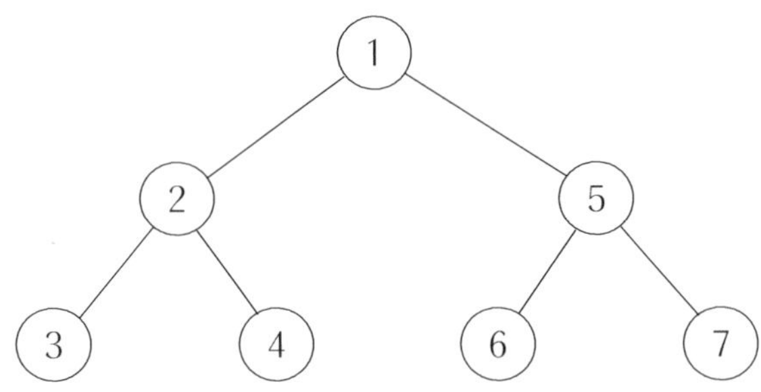


[그림 7.3] 깊이 우선에 의한 탐색 순서

예를 들어 그림 7.3의 트리에서 각 노드에 표시된 숫자는 깊이 우선으로 탐색할 때 각 노드를 방문하는 순서를 나타낸 것이다.

그림 7.2의 상태 공간 트리를 탐색할 때, 방문하는 각 노드 자체가 해답 후보를 말하지는 않는다. 이 노드는 단지 특정 행과 특정 열에서 퀸의 위치를 나타낼 뿐이다. 후보 해답은 잎 노드까지 방문했을 때 루트노드에서 잎 노드까지의 경로에 의해서 표현된다. 이 경로는 8-퀸 문제에서는 $8^8$지가 된다.

이 상태 공간 트리의 노드들을 깊이 우선 탐색에 의해 마지막 레벨의 잎 노드까지 하나씩 차례로 방문하고, 그 경로가 해답이 되는지를 검사하는 방식으로 진행한다면 알고리즘 7.1과 비교해서 나아질 부분은 아무것도 없게 된다. 왜냐하면 이는 일차원 배열에서 1에 8까지의 숫자로 모든 경우를 나열하여 검사하는 것과 마찬가지이기 때문이다.

하지만 트리의 중간 레벨에 있는 노드를 방문했을 때 만약 그 하위노드들을 방문을 할 필요가 없다는 것을 안다면 더 이상 자식노드들을 방문하지 않고 부모노드로 거슬러 올라가서 다른 자식 노드로 진행할 수 있다. 백트래킹은 이와 같이 방문한 노드의 아래로는 더 이상 문제에 대한 해답을 기대할 수 없을 때 부모 노드로 되돌아가 다른 경로로 탐색을 진행하는 것을 말한다. 이는 상태 공간 트리에 나타나는 모든 노드를 전부 방문할 필요는 없다는 의미이다.

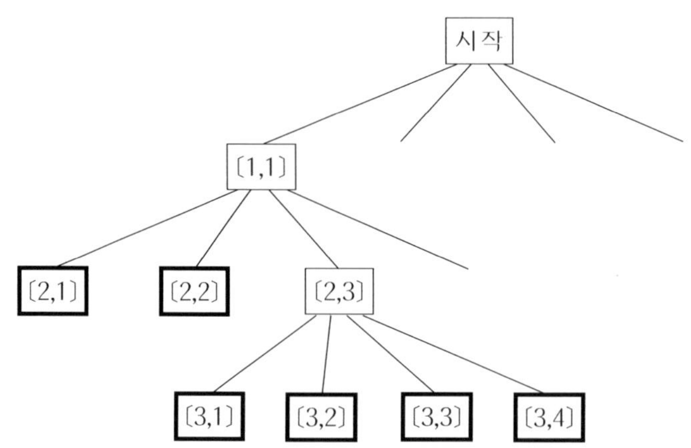


[그림 7.4] 4-퀸에서 백트래킹이 일어나는 노드들

그림 7.4에서는 백트래킹을 할 수 있는 몇 개의 노드들을 예로 나타내었다. 이 노드들의 하위노드들을 방문하지 않고 백트래킹 할 수 있는 이유는 다음과 같다.

[2, 1] : 상위의 [1, 1]과 같은 열에 퀸이 있음

[2, 2] : 상위의 [1, 1]과 같은 대각선에 퀸이 있음

[3, 1] : 상위의 [1, 1]과 같은 열에 퀸이 있음

[3, 2] : 상위의 [2, 3]과 같은 대각선에 퀸이 있음

[3, 3] : 상위의 [1, 1]과 같은 열, [2, 3]과 같은 대각선에 퀸이 있음

[3, 4] : 상위의 [2, 3]과 같은 대각선에 퀸이 있음

이 노드들은 현재 상태에서 이미 n-퀸 문제의 조건을 벗어났으므로 하위의 자식노드들은 방문할 가치가 없다. 따라서 이들의 하위에 있는 모든 노드들은 해답이 될 수 있는지를 검사하지 않고도 배제할 수 있다. 이는 전체 트리에서 상당수의 노드들을 고려대상에서 제거함으로써 그에 필요한 연산을 줄일 수 있음을 의미한다.

이를 알고리즘 7.2와 같이 순열에 의해 만들어진 배열을 검사하는 알고리즘과 비교해보자. 8-퀸의 문제에서 배열의 처음 두 원소가 B[1]=1과 B[2]=2인 경우(즉, B=[1, 2, x, x, x, x, x, x, x, x]의 형태)의 수는 순열에 의해 총 6!=17,280가지가 된다. 알고리즘 7.2는 이 배열의 8개 원소가 확정이 된 후에 해답인지를 검사하므로 17,280개에 해당하는 해답후보를 모두 검사해야만 한다. 반면에 그림 7.4에서는 경로 ([1, 1], [2, 2])가 B[1]=1과 B[2]=2인 해답 후보를 나타내므로 이 노드에서 백트래킹 한다는 것은 B=[1, 2, x, x, x, x, x, x, x, x]에 해당하는 해답 후보를 모두 검사한 것과 마찬가지가 된다. 이를 위해 방문 및 검사를 행한 노드의 개수는 [1, 1]과 [2, 2] 두 개뿐이다.

n-퀸 문제를 풀 때 배열의 순열을 검사하는 방법보다 백트래킹을 사용하여 얻을 수 있는 장점은 두 가지로 정리할 수 있다.

첫째, 트리에서 방문해야할 노드의 수가 배열 내 모든 순열의 개수 보다 훨씬 적어진다. 8-퀸의 경우 순열의 수가 8!=40,230개 인데 비해 백트래킹으로 배제되는 노드를 제외하면 실제 노드는 2,057개만 남는다. 참고로, 8-퀸의 경우 순서에 따라 114개의 노드를 탐색하면 조건을 만족하는 첫 해답을 얻을 수 있다.

둘째, n-퀸의 조건을 위반하는지에 대해 검사할 때, 한 개의 노드에 걸리는 시간이 한 개의 순열을 검사하는 시간보다 적게 걸린다. 순열을 검사할 때에는 $n$개의 퀸에 대해 서로 위협을 가하는지 모든 쌍에 대해 검사해야한다. 이에 반해 백트래킹을 사용하는 트리에서는 상위 노드에 있는 퀸들 간에는

이미 검증이 되어있는 상태이므로 현 노드의 퀸과 상위 노드에 있는 퀸들과의 관계만 검사하면 된다.

이제 트리의 탐색과정에서 현재 방문한 노드가 n-퀸의 조건을 위반하는지에 대해 검사하는 방법을 생각해보자. 예를 들어 현재의 노드가 ([1, 1], [2, 3], [3, 4])의 경로로 내려왔을 때의 노드 [3, 4]라고 하자. 이는 1행의 1열, 2행의 3열, 3행의 4열에 퀸이 위치한 것을 말한다. 이를 배열 B의 값으로 나타내면 B[1]=1, B[2]=3, B[3]=4가 된다.

B[1]과 B[2]의 퀸들 간에는 탐색과정에서 현재의 노드에 이르기 전에 이미 검사를 마쳤으므로 문제가 없을 것이다. 따라서 B[3]과 B[1], B[3]과 B[2]간의 관계만 검사하면 된다.

먼저, 같은 열에 두 개 이상의 퀸이 있는지에 대한 검사는 배열의 원소 값이 같은지만 검사하면 된다. 즉, $i$번째 행에 있는 퀸과 $k$번째 행에 있는 퀸이 같은 열에 위치하는지는 'B[$i$]==B[$k$]' 인지를 검사하면 된다.

다음으로 대각선상에 두 개 이상의 퀸이 있는지를 검사해야한다. 이때 우리는 두 방향의 대각선을 같이 고려해야한다. 현재의 노드가 B[3]=4일 때, 퀸의 위치를 Q, 이 퀸으로 인해 위협이 되는 대각선상의 위치를 x로 나타내었다.

| | | | |
|---|---|---|---|
| | x | | |
| | | x | |
| | | | Q |
| | | x | |

3행 4열에 의해 문제가 되는 위치는 1행 2열, 2행 3열, 4행 3열에 해당하는 퀸이 된다. 이는 두 퀸 간의 행 간격과 열 간격이 같으면 서로 대각선상에 있다는 것을 의미한다. 즉 $i$번째 행에 있는 퀸과 $k$번째 행에 있는 퀸이 대각선상에 있는지를 알기 위해서는 $|i-k|$와 $|B[i]-B[k]|$의 값이 같은지를 검사하면 된다.

앞의 두 가지 검사를 바탕으로 현재 방문한 노드가 n-퀸 문제의 조건을 만족하는지를 검사하는 함수는 다음과 같다.

### [알고리즘 7.4] 현 노드의 검사

```
boolean Place(int k)
{
  int i;

  i = 1;
  while (i<k) {
    if ( B[i]==B[k] or |B[i]-B[k]|==|i-k| )
      return false;
    i++;
  }
  return true;
}
```

함수 Place는 현재 방문한 노드가 $k$번째 행의 퀸의 위치를 의미할 때 적어도 현재까지는 문제의 조건을 만족하는지를 검사한다. 만약 조건을 위반했다면 false를, 그렇지 않다면 true를 반환한다. 변수 $i$는 경로 상에서 상위의 노드들(조상노드들)이 속한 1번째 행에서 $k-1$번째까지 행을 가리키기 위해 사용되었다. 만약 이 행들의 퀸과 현재 노드의 퀸이 서로 위협이 되지 않으면 조건을 만족한다. if문의 조건은 열과 대각선상에서 위협이 되는지를 검사한다. 함수 Place는 탐색과정 중에 현재 방문한 노드에서 백트래킹을 해야 하는지를 결정하기 위해 사용된다.

백트래킹 기법을 이용해서 작성한 n-퀸의 최종 알고리즘은 다음과 같다.

**[알고리즘 7.5] n-퀸의 백트래킹 알고리즘**

```
void Queens(int k)
{
  int i;

  for (i=1; i<=n; i++) {
    B[k] = i;
    if (Place(k)) {
      if (k==n)
        Print B;
      else
        Queens(k+1);
    }
  }
}
```

알고리즘 7.5에서 변수 $n$과 배열 B는 외부에 전역적으로 선언하면 된다. 이때 배열 B의 원소 수는 $n$과 같고, $n$은 체스판의 크기 또는 퀸의 개수를 말한다. 8-퀸 문제를 처리하자면 $n=8$로 지정하고 이 함수의 외부에서 다음과 같이 호출한다.

```
Queens(1);
```

기억해야할 점은 앞에서 언급한 바와 같이 백트래킹에 필요한 상태 공간 트리는 실제적으로 존재하는 트리가 아니다. 이 트리는 알고리즘이 실행되는 동안 논리적으로 마치 이런 트리가 존재해서 일부분의 노드들이 생성되고 소멸하는 과정을 되풀이 하는 듯이 보일뿐이다. 즉, 가상의 암시적(implicit)인 트리이다.

알고리즘 7.5를 좀 더 간단하게 이해하는 방법은 이 알고리즘에서 if (place(k)) 부분을 제거해보면 된다. 즉, 현 노드에서 n-퀸 문제의 조건을 검증하기위해 쓰인 조건식(Place 함수의 호출을 포함하는)을 제거하면 상태 트리에서 각 잎 노드에 해당하는 경로를 모두 출력한다. 즉, 깊이우선 순서에 의해 각 노드를 방문했을 때 잎 노드에 해당하는 배열 B의 내용을 다음과 같이 차례로 출력한다. 다음의 예는 $n=4$인 경우이다.

[1, 1, 1, 1], [1, 1, 1, 2], [1, 1, 1, 3], [1, 1, 1, 4],

[1, 1, 2, 1], [1, 1, 2, 2], [1, 1, 2, 3], [1, 1, 2, 4],

… ,

[4, 4, 4, 1], [4, 4, 4, 2], [4, 4, 4, 3], [4, 4, 4, 4]

알고리즘에서 Place(k)의 값이 false라면 현재 노드 상태에서 이미 조건을 위반하였으므로 하위노드로의 탐색을 중지하고 상위노드로 백트래킹을 하게 된다. 반면에 Place(k)의 값이 true이면 가능성이 있는 노드이므로 하위의 노드들로 계속 진행한다. 이때 $k=n$이면 현재의 노드가 잎 노드이므로 루트에서 현재 노드에 이르는 경로가 해답이 되고 이를 나타내는 배열 B를 출력한다.

4-퀸 문제에 대해 알고리즘 7.5를 이용해서 처리했을 때 첫 해답을 이루는 배열 B의 값은 다음과 같다.

| 배열 B | [1] | [2] | [3] | [4] |
|---|---|---|---|---|
| 열 위치 | 2 | 4 | 1 | 3 |

이에 해당하는 각 퀸의 위치를 그려보면 다음과 같다.

| | | | |
|---|---|---|---|
| | Q | | |
| | | | Q |
| Q | | | |
| | | Q | |

[그림 7.5] 4-퀸의 첫 해답

## 7.2 0-1 배낭 문제

서로 다른 종류인 $n$개의 물건과 이 물건들을 담을 수 있는 배낭이 있다. $n$개의 물건 중 몇 개의 물건들을 선택하여 이 배낭 속에 넣은 후 배낭 안에 있는 물건들의 총 가격을 계산한다. $0-1$ 배낭($0-1$ knapsack) 문제는 이 배낭 속의 물건들의 총 가격이 최대가 될 수 있도록 하기 위해서 어떤 물건들을 선택해야하는지에 대한 문제이다.

이때 배낭이 찢어지지 않고 견딜 수 있는 무게는 제한되어있으므로 배낭 안 물건들의 총 무게가 제한된 무게를 넘지 않도록 해야 한다. 각 물건에 대해서는 그 무게와 가격이 정해져있으며 한 물건의 일부분만 잘라서 넣는 것은 허용되지 않는다. $0-1$ 배낭 문제를 정리하여 설명하자면 다음과 같다.

$n$ : 물건의 개수

$m$ : 배낭이 견딜 수 있는 제한 무게

$p_i$ : $i$번째 물건의 가격

$w_i$ : $i$번째 물건의 무게

$x_i$ : $i$번째 물건에 대한 포함 여부

여기에서 $x_i$는 0과 1중 한 가지 값만 가질 수 있다. $i$번째 물건이 배낭에 포함되었다면 $x_i=1$, 그렇지 않다면 $x_i=0$이 된다. 예를 들어 4개의 물건이 주어진 문제에서 1번째 물건과 3번째 물건만을 선택하여 배낭에 넣었다면 $x_1=1$, $x_2=0$, $x_3=1$, $x_4=0$이 된다. 이에 따른 배낭 안 물건들의 총 가격은 다음과 같이 계산할 수 있다.

$$p_1x_1+p_2x_2+p_3x_3+p_4x_4=p_1+p_3$$

이때 배낭 안 물건들의 총 무게는 다음과 같다.

$$w_1x_1+w_2x_2+w_3x_3+w_4x_4=w_1+w_3$$

이 선택이 해답 후보가 되기 위해서는 배낭 내 물건들의 총 무게가 배낭의 제한 무게 m보다 크지 않아야한다.

이제 0－1 배낭문제를 일반화된 식으로 나타내면

$$\sum_{i=1}^{n} w_i x_i \leq m, \qquad x_i = 0 \text{ 또는 } x_i = 1$$

인 조건에서

$$\sum_{i=1}^{n} p_i x_i$$

를 최대화 할 수 있도록 $x_1$, $x_2$, $\cdots$, $x_n$의 값을 정하는 것이 된다. 설명의 편의를 위해 $p_i$, $w_i$, $x_i$ 대신에 $n$개의 원소를 가진 배열 $p[]$, $w[]$, $x[]$로 표기하도록 하겠다. 따라서 이 문제는 배열 x에 있는 $n$개의 원소 값을 0 또는 1로 결정하는 문제와 같다.

이 문제를 해결하기위해 머리에 떠올릴 수 있는 가장 간단하면서 직관적인 방식은 모든 경우를 시도해 보는 것이다. 배열 x의 각 원소가 0 또는 1로 이루어질 수 있도록 모든 경우를 검사한 후, 제한 무게를 넘지 않는 조건에서 총 가격이 가장 큰 경우를 선택하면 된다. 배열의 각 원소인 $x[1]$에서 $x[n]$까지의 원소 값을 나열할 수 있는 모든 경우의 수는 $2^n$개 된다. 각 원소 x[$i$]는 0과 1 두 가지 중에 하나가 될 수 있기 때문이다. 즉, $2^n$개의 해답 후보 중에서 제한 무게의 조건을 만족하는 후보들만을 대상으로 비교한 후, 이중에서 총 가격이 가장 큰 값을 갖는 후보를 해답으로 결정하면 된다.

이와 같이 모든 해답 후보들을 하나씩 나열하면서 검사하는 방법의 단점은 n-퀸 문제에서 이미 언급한 바가 있다. 이 방법을 그대로 사용한다면 각 해답 후보는 배열 $x$의 모든 원소 값이 채워진 뒤에야 배낭에 있는 물건들의 총 무게가 제한 무게 $m$을 넘었는지를 검사하게 된다. 하지만 배낭에 넣을 물건을 하나씩 선택할 때마다 현 상태의 배낭이 이 조건을 위반했는지를 알 수 있다면 나머지 물건들의 선택 여부와는 관계없이 현 상태에서 더 이상 고려할 필요가 없다는 것을 판단할 수 있다.

예를 들어 $x[1]=1, x[2]=0$이고 현재 3번째 물건을 선택하는 시점이라고 하자. 만약 3번째 물건을 $x[3]=1$과 같이 배낭에 포함시켰을 때 총 무게가 이미 제한 무게를 초과한다면 배열 $x$의 원소로 이루어진 순열에서 처음 세 원소 값이 1, 0, 1인 모든 해답 후보는 고려대상에서 제외시킬 수 있다. 물건의 종류가 $n$개 일 때 이 경우에 한해 제외할 수 있는 순열의 개수는 다음과 같이 $2^{n-3}$개가 된다.

| [1] | [2] | [3] | [4] | [5] | … | [n-1] | [n] |
|---|---|---|---|---|---|---|---|
| 1 | 0 | 1 | 0, 1 | 0, 1 | … | 0, 1 | 0, 1 |

이제 이를 상태 공간 트리에서 생각해 보자. 뿌리 노드는 빈 배낭을 의미하고 그 자식노드들은 1번째 물건을 포함 또는 포함하지 않는 선택을 말한다. 이들의 자식노드는 2번째 물건의 포함여부를 나타낸다. 따라서 이 트리에서 레벨 $i$의 노드들은 $i$번째 물건의 포함여부를 의미한다. 여기에서 왼쪽의 자식노드는 해당 물건을 포함($x[i]=1$), 오른쪽 노드는 포함하지 않는 것 ($x[i]=0$)으로 설정하자.

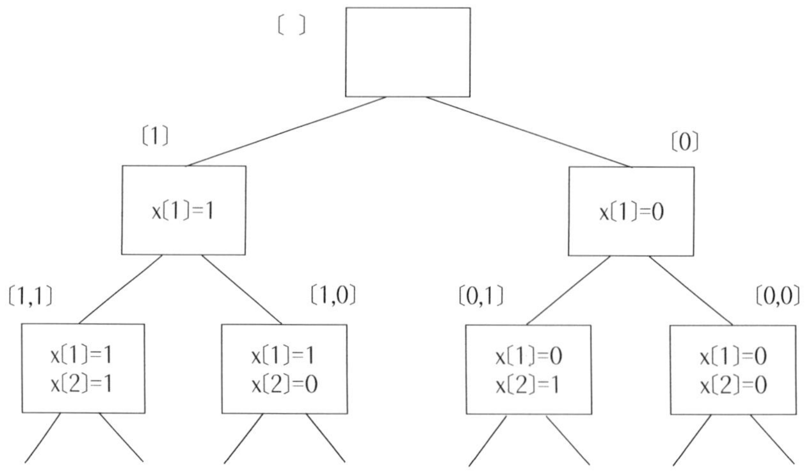


[그림 7.6] 0-1 배낭문제의 상태 공간 트리

그림 7.6에서 노드 [1, 1]은 1번째 물건이 배낭에 포함된 상태에서 2번째 물건을 배낭에 넣는 것을 뜻한다. 이에 반해 노드 [1, 0]은 1번째 물건은 포함하지만 2번째 물건은 넣지 않는 경우를 의미한다. 이와 같은 방식으로 하위 노드들을 계속 확장하면서 탐색을 진행한다면 현재 방문 중인 노드가 이미 배낭의 제한 무게를 초과했을 경우에는 그 하위노드들을 탐색하지 않고도 고려대상에서 배제할 수 있다.

배낭의 제한 무게 $m = 12$kg일 때, 각 물건의 무게와 가격이 다음과 같이 주어졌다고 가정하자.

| | 가격 | 무게 |
|---|---|---|
| 1번째 물건 | 60원 | 4kg |
| 2번째 물건 | 45원 | 9kg |
| 3번째 물건 | 12원 | 3kg |
| 4번째 물건 | 21원 | 7kg |

이 예를 사용하여 상태 공간 트리를 나타내면 다음과 같다.

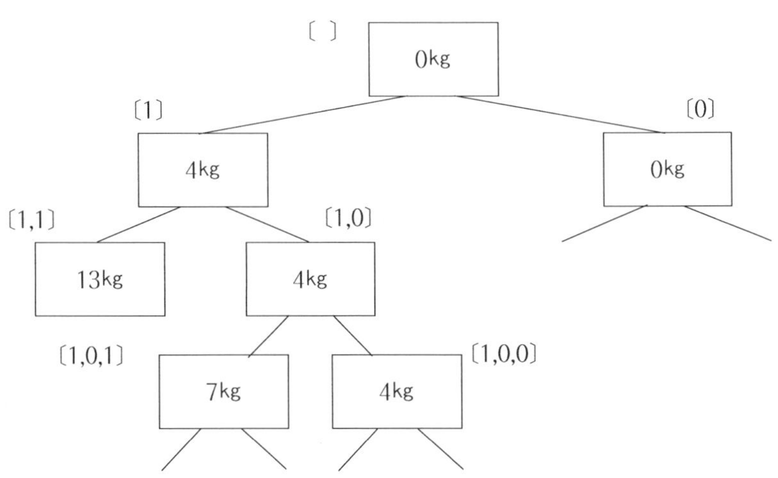


[그림 7.7] 상태 공간 트리에서의 백트래킹

예를 들어 그림 7.7에서 노드 [1, 1]은 배낭의 제한 무게인 12kg을 초과하였으므로 그 하위의 노드들은 고려할 필요 없이 백트래킹을 하게 된다. 백트래킹에 대한 소개는 n-퀸에서 자세히 설명하였으므로 여기서는 생략하겠다.

주의해야할 점은 n-퀸 문제와는 달리 0−1 배낭 문제는 최적화 문제라는 점이다. n-퀸 문제는 문제의 조건을 만족하는 해답을 찾는 것이므로 현재의 노드가 그 조건을 만족할 경우에는 그 즉시 해답임을 결정할 수 있다. 반면에 0−1 배낭문제는 조건에 해당하는 후보 해답 중 최대값을 구하는 문제임으로 이에 해당하는 모든 노드를 검사하지 않는 한 현재 방문한 노드가 최종 해답이 되는지를 결정할 수 없다. 즉, 해답 후보가 될 수 있는 모든 노드를 다 검색한 뒤에야 특정 노드가 전체 트리에서 최대값을 갖는지를 판단할 수 있다.

이를 위해서는 탐색 과정에서 현재까지 방문한 노드(배낭 또는 해답 후보) 중에서 최대인 가격을 계속 갱신하고 저장할 필요가 있다. 즉, 노드를 방문할 때마다 그 상태가 무게 제한 조건을 위반하지 않는다면 현재 노드의 가격이 지금까지 발견된 최대 가격보다 더 큰지를 확인해야한다. 만약 더 크다면 현재노드의 총 가격을 현재까지 발견된 최대가격으로 갱신하면 된다.

백트래킹을 이용하여 0−1 배낭문제를 해결하는 알고리즘을 기술하면 다음과 같다.

### [알고리즘 7.6] 0-1 배낭문제의 백트래킹

```
void Knapsack(int k, number cp, number cw)
{
  y[k]=1;
  if (cw+w[k]<=m) {
    if (k<n)
      Knapsack(k+1, cp+p[k], cw+w[k]);
    if (cp+p[k] > fp) {
      fp = cp+p[k];
      x[1..k] = y[1..k];
```

```
        lastx = k;
      }
    }

    y[k]=0;
    if (k<n)
      Knapsack(k+1, cp, cw);
}
```

알고리즘 7.6에서 $cp$와 $cw$는 탐색 중인 현재 노드(레벨 $k$)의 부모 노드(레벨 $k-1$)에서 계산한 배낭의 총 가격 및 총 무게이다. 그러므로 $cp+p[k]$와 $cw+w[k]$는 현재 노드의 가격과 무게이다. 현재노드의 상태를 나타내는 배열 y는 배열 $x$를 위한 임시 배열이며 현재 방문한 노드(배낭)안의 물건들을 표시한다.

$fp$는 탐색 과정에서 현재까지 발견된 최대가격이며, 이 가격을 제공한 노드에 대한 각 물건의 포함여부는 배열 $x$에 저장된다. last$x$는 이 배열 $x$에 마지막으로 포함된 물건을 가리킨다. 트리에 대한 탐색이 완전히 종료한 후 배열 $x$의 원소들 중에서 $x[lastx]$ 뒤의 원소 값들은 무시하면 된다.

알고리즘의 입력에 해당하는 제한 무게 $m$, 물건의 개수 $n$, 물건의 무게 배열 $w$, 가격 배열 $p$와 출력에 해당하는 배열 $x$는 전역적으로 선언한다. 변수 $fp$, $lastx$, $y[]$도 함수의 외부에서 선언된 전역변수이며, 이 알고리즘을 실행하기 위해서는 함수 Knapsack을 함수의 외부에서 다음과 같이 호출하면 된다.

```
Knapsack(1, 0, 0);
```

이 알고리즘은 왼쪽과 오른쪽의 자식노드들을 재귀적으로 호출하여 처리한다. 함수 Knapsack은 크게 두 부분으로 나뉜다. $y[k]=1;$로 시작하는 앞부분은 자식 노드 중 왼쪽 노드를, $y[k]=0;$으로 시작하는 뒷부분은 오른쪽 노드를 생성하며 방문하는 것을 의미한다. 배열 y의 구조와 의미는 지금까지 논의한 배열 x와 동일하다. $y$는 새로운 노드를 방문할 때마다 계속 갱신되지만 $x$는 현재까지 발견된 최대가격의 배낭보다 더 큰 배낭이 발견될 때에만 갱신된다.

왼쪽의 자식노드를 방문할 때에는 새로운 물건이 배낭에 추가됨에 따라 총 가격이 현재의 최대가격보다 더 큰 경우가 발생한다. 이에 따라서 알고리즘에서 보이듯이 $fp$와 $x$를 갱신하는 코드가 있어야한다. 하지만 오른쪽의 자식노드를 방문할 때에는 배낭의 내용물에는 변화가 없으므로 그 하위 자식 노드들을 생성하는 역할만 한다.

이 절에서 백트래킹을 사용할 수 있는 조건으로 우리는 배낭의 제한 무게를 초과한 경우에만 한정하여 처리하였다. 0−1 배낭 문제와 같은 최적화 문제에서는 백트래킹을 할 수 있는 추가적인 조건이 존재하는데 이를 고려하면 상태 공간 트리에서 탐색할 노드의 수를 더욱 감소시키는 효과를 볼 수 있다. 이는 다음 절에 설명하기로 하고 이 절에서는 백트래킹의 원리와 알고리즘을 이해하는데 목적을 두었다.

## 7.3 분기한정에 의한 0-1 배낭 문제

앞 절에서는 0−1 배낭 문제에서 백트래킹 기법을 사용해서 고려해야할 후보 해답의 수를 어느 정도 줄일 수 있다는 것을 보았다. 0−1 배낭 문제와 같이 최적화 문제의 경우에는 이와 병행해서 각 노드의 한계(bound) 값을 이용하면 고려해야 할 후보 해답의 수를 더욱 감소시킬 수 있다. 이와 같이 한계 값을 이용해서 탐색해야할 공간을 줄이는 것을 분기한정(branch and bound)이라고 한다.

앞 절에서는 각 노드를 방문한 후 그 하위자식들을 방문하지 않는 조건은 현재 노드가 의미하는 배낭의 무게가 제한 무게를 초과하는 경우에 한했다. 만약 이에 더해서 현 노드의 하위 노드들에서는 지금까지 알려진 최대가격보다 더 큰 값을 가진 배낭을 절대 만들 수 없다는 것을 확인할 수 있는 방법이 있다면 이는 하위노드들의 방문을 생략할 수 있는 또 하나의 조건이 될 수 있다. 즉, 0−1 배낭 문제에서는 최대가격을 갖는 해답을 찾는 것이 목적이므로 현재의 노드가 비록 제한 무게를 초과하지 않더라도 그 하위노드들이 현재까지 알려진 최대가격을 넘지 못한다면 하위의 노드들을 고려할 필요가 없어진다.

노드의 상한(upper bound)값은 이 노드의 하위 노드들에서 기대할 수 있는 최대값의 한계를 말한다. 이는 하위 노드들의 최대가격이 상한값과 같을 수도 있지만 때에 따라서는 이들의 최대가격이 상한값에 미치지 않을 수도 있다는 것을 의미한다. 하지만 분명한 것은 하위 노드들의 최대가격이 상한값보다는 클 수 없다는 사실이다. 이 성질을 이용하면 현 노드의 상한값이 현재까지 발견된 최대가격보다 작을 때에는 백트래킹을 하면 된다.

노드의 상한값을 설정하기 위해서는 먼저 각 물건들이 단위 무게 당 가격이 높은 순으로 정렬되어야한다. 그 이유는 "부분 배낭문제에서 단위 무게 당 높은 가격의 순서로 배낭에 물건을 채워나가면 최대가격을 얻을 수 있다"는 사실을 상한값의 결정에 사용하기 위해서다. 배낭 문제를 구성한 상태 공간 트리를 부분 배낭문제의 관점에서 바라본다면 각 노드와 그 하위노드들에게서 기대할 수 있는 최대값을 정확하게 계산할 수 있다. 그리고 이 값은 동일한 노드와 그 하위노드들을 대상으로 0-1 배낭문제의 조건에 따라 구할 수 있는 최대값보다 항상 크거나 같다. 따라서 부분 배낭문제의 관점에서 구한 각 노드의 최대값을 각 노드의 상한값으로 설정하면 된다.

임의의 노드에서 상한값을 구하는 계산을 살펴보자. 현재노드가 트리에서 레벨 k에 있고 그 아래의 하위노드들에서 배낭의 제한 무게를 초과하지 않는 상태에서 넣을 수 있는 마지막 물건이 $i$번째 물건이라고 하자. $i$번째 물건을 넣고도 배낭에 여유 무게가 남는다면 $i+1$번째 물건은 일부분이 들어갈 수도 있다. 예를 들어 $i$번째 물건까지 넣은 뒤 배낭의 여유 무게가 2kg이고 $i+1$번째 물건의 무게가 3kg이라면 $i+1$번째 물건은 2/3만 배낭에 들어간다. 배낭에 일부분만 포함된 $i+1$번째 물건의 가격은 다음과 같이 계산하면 된다.

$$2 \times \frac{p[i+1]}{w[i+1]}$$

이를 바탕으로 노드의 상한값 bound를 계산하는 식을 나타내면 다음과 같다.

$$bound = kp + \sum_{j=k+1}^{i} p_j + (m - tw) \times \frac{p[i+1]}{w[i+1]}$$

bound는 3개 항의 합으로 계산된다. 첫 번째 항의 kp는 루트 노드에서 레벨 k에 있는 현재 노드에 이르는 동안 배낭에 포함된 물건들의 총 가격이다. 두 번째 항은 현재 노드의 하위 노드들에 해당하는 $k+1$번째 물건에서 $i$번째 물건까지를 합한 가격이다. 세 번째 항은 남아있는 배낭의 여유무게 만큼 $i+1$번째 물건을 넣을 때의 가격이다. 이때, $tw$는 $i$번째 물건까지를 넣었을 때의 배낭 무게이다. 따라서 $(m-tw)$는 $i+1$번째 물건의 일부를 넣을 수 있는 배낭의 여유무게가 된다.

상태 공간 트리의 탐색과정에서 현재 방문한 노드의 상한값 bound가 현재까지 발견된 최대가격 $fp$보다 크지 않다면 이 노드의 하위노드들은 방문할 필요가 없다. 따라서 각 노드에서 상한값에 따른 백트래킹의 조건은 다음과 같다.

bound(노드의 상한 값) $\leq$ $fp$(탐색 중 발견된 최대가격)

이해를 돕기 위해서 현재 방문한 노드의 bound를 계산하는 방법을 몇 개의 예를 통해 알아보자. 배낭의 제한 무게 $m = 12$kg일 때, 각 물건의 무게와 가격이 다음과 같이 주어졌다고 가정하자. 상한값을 측정할 수 있도록 이 물건들은 이미 단위 무게 당 높은 가격의 순으로 정렬되어있음을 주목하자.

| | 가격 | 무게 | 가격/무게 |
|---|---|---|---|
| 1번째 물건 | 60원 | 4kg | 15원/kg |
| 2번째 물건 | 45원 | 9kg | 5원/kg |
| 3번째 물건 | 12원 | 3kg | 4원/kg |
| 4번째 물건 | 21원 | 7kg | 3원/kg |

이 예제에 대한 트리는 그림 7.8을 참고하기로 하자. 각 노드에 대한 표기는 7.2절의 그림 7.7에 나타낸 트리와 동일한 의미로 사용하였다.

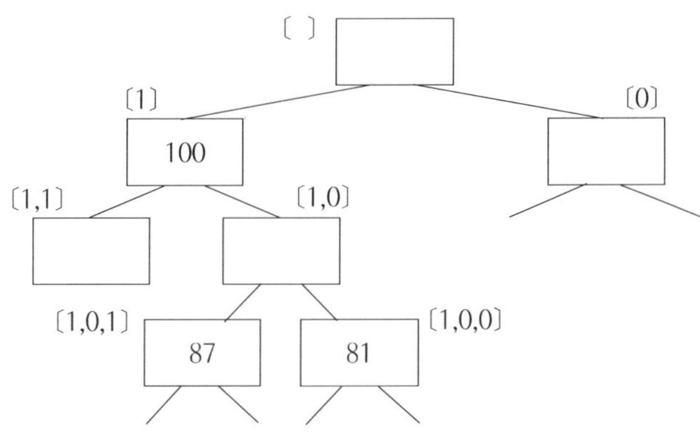


[그림 7.8] 상태 공간 트리

노드 [1]은 $x[1]=1$을 의미하므로 트리의 1번째 레벨에서 빈 배낭에 1번째 물건을 포함시킨 경우의 노드이다. 현재노드의 배낭 가격 $kp=60$원, 배낭 무게는 4kg이다. 배낭의 여유 공간이 8kg이고 2번째 물건의 무게가 9kg이므로 이 배낭에 2번째 물건의 일부까지 포함한 가격이 이 노드의 상한값이 된다. 이 노드는 bound를 구하는 식에서 $k=1$, $i=1$, $m-tw=8$인 경우에 해당한다.

$$bound = 60 + 0 + 8 \times 5 = 100$$

노드 [1,0,1]은 x[1]=1, x[2]=0, x[3]=1을 의미하므로 배낭에 1번째 물건만 있는 상태에서 3번째 물건을 지금 포함시킨 노드이며 트리에서는 레벨3에 위치한 노드이다. 현재노드까지의 배낭 가격 kp=60+12=72, 배낭 무게는 4+3=7kg이다. 배낭의 여유 공간이 5kg이고 4번째 물건의 무게가 7kg이므로 4번째 물건의 일부까지 포함한 가격이 이 노드의 상한값이 된다. 이 노드는 bound를 구하는 식에서 $k=3$, $i=3$, $m-tw=5$인 경우에 해당한다.

$$bound = 72 + 0 + 5 \times 3 = 87$$

노드 $[1,0,0]$은 $x[1]=1$, $x[2]=0$, $x[3]=0$을 의미하므로 배낭에 1번째 물건만 있는 상태에서 3번째 물건을 포함 시키지 않는 노드이며 트리에서는 레벨3에 위치한 노드이다. 현재노드까지의 배낭 가격 kp=60, 배낭 무게 는 4 kg이다. 배낭의 여유 공간이 8kg이고 4번째 물건의 무게가 7kg이므로 4번째 물건을 모두 넣고도 1kg의 여유 공간이 있다. 하지만 예제에서는 더 이상의 물건이 없으므로 이 공간은 쓸모가 없다. 따라서 현재노드에 4번째 물건 전체를 포함한 가격이 이 노드의 상한값이 된다. 이 노드는 bound를 구하는 식에서 $k=3$, $i=4$, $m-tw=1$인 경우를 말한다. 이때 5번째 물건의 단위가격은 0으로 처리하면 된다.

$$bound = 60 + 21 + 1 \times 0 = 81$$

각 노드를 방문한 뒤 그 하위노드들을 더 이상 방문하지 않고 백트래킹 할 수 있는 조건을 정리해보자. 첫째, 현재 노드에서 이미 배낭의 제한 무게를 초과했다면 이 하위노드들은 해답이 될 수 있는 가능성이 없다. 둘째, 현재 노드에서 계산한 상한값이 현재까지 발견된 최대가격을 넘지 않는다면 이 하위노드들도 해답이 될 수 있는 가능성이 없다. 따라서 트리의 탐색과정에서 현재 노드가 이 두 조건 중 하나라도 해당한다면 하위의 노드들에 대한 탐색을 생략하고 부모노드로 거슬러 올라가면 된다.

지금까지의 논의를 바탕으로 0－1문제에서 각 노드를 탐색하는 과정에서 고려해야할 점을 정리하면 다음과 같다.

(1) 각 노드의 탐색과정에서 현재까지 발견된 최대가격은 탐색이 끝날 때까지 저장하며 필요할 때마다 계속 갱신한다. 최대가격을 제공한 노드의 상태도 별도로 저장한 후 필요할 때마다 갱신하여야한다.

(2) 현재 방문한 노드의 하위노드들을 방문할 필요가 없을 때에는 백트래킹한 후 탐색을 계속 진행한다. 백트래킹의 조건은 앞에서 언급한 두 가지 경우이다.

(3) 더 이상 방문할 노드가 없을 때에는 전체 상태 공간 트리를 모두 방문한 셈이므로 저장된 최대가격과 노드의 상태를 해답으로 출력한다.

그림 7.9는 지금까지 설명한 분기 한정에 따라 상태 공간 트리를 탐색하는 과정을 나타내었다.

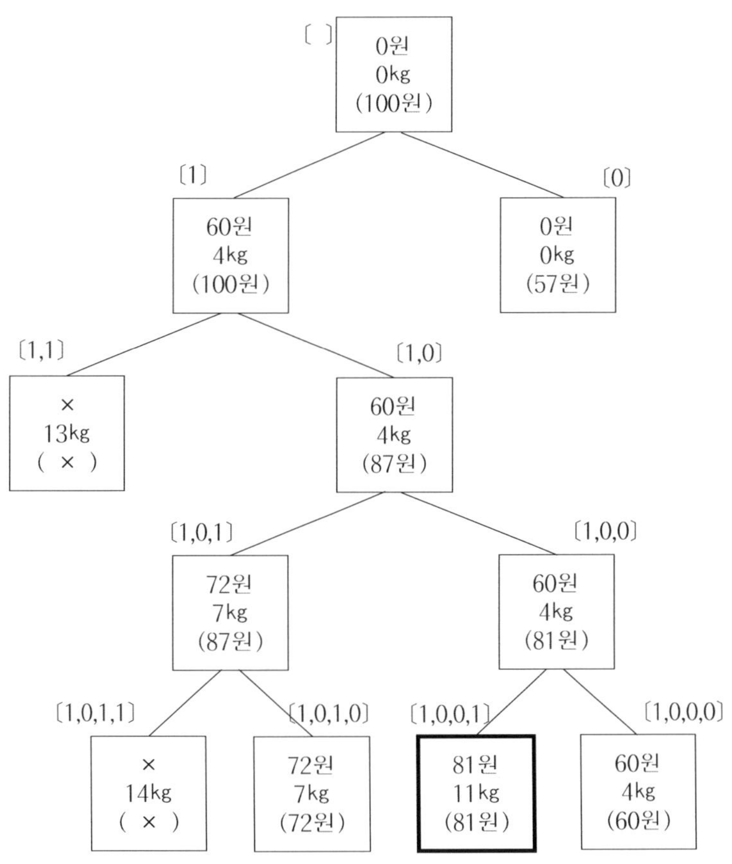


[그림 7.9] 분기 한정에 의한 상태 공간 트리 탐색

그림 7.9의 트리에서 각 노드 안에 표시한 값은 현재 노드(배낭)까지의 가격 $kp$, 무게 $kw$, 상한값 bound를 차례로 나타낸다. 이 트리에서 각 노드를 방문하는 과정을 기술하면 다음과 같다.

1. 초기에 현재까지 발견된 최대가격을 0원으로 설정한다.

   $fp = 0$(원)

2. 뿌리 노드 []에서 시작한다.

   $kp = 0(\text{원}), kw = 0(\text{kg}), bound = 0 + 60 + (12 - 4) \times 5 = 100(\text{원})$

   $kw \le m$이고, $bound > fp$이므로 자식 노드를 계속 검색한다.

3. 노드 [1]을 방문한다.

   $kp = 60(\text{원}), kw = 4(\text{kg}), bound = 60 + 0 + (12 - 4) \times 5 = 100(\text{원})$

   $kw \le m$이고, $kp > fp$이므로 $fp = 60(\text{원})$으로 갱신한다.

   $bound > fp$이므로 자식 노드를 계속 검색한다.

4. 노드 [1, 1]을 방문한다.

   $kp = 105(\text{원}), kw = 13(\text{kg})$

   $kw > m$이 되어 제한 무게를 초과하였으므로 $kp$와 bound는 무시하고 노드 [1]로 백트래킹 한다.

5. 노드 [1, 0]을 방문한다.

   $kp = 60(\text{원}), kw = 4(\text{kg}), bound = 60 + 12 + (12 - 7) \times 3 = 87(\text{원})$

   $kw \le m$이고 $bound > fp$이므로 자식 노드를 계속 검색한다.

6. 노드 [1, 0, 1]을 방문한다.

   $kp = 72(\text{원}), kw = 7(\text{kg}), bound = 72 + 0 + (12 - 7) \times 3 = 87(\text{원})$

   $kw \le m$이고, $kp > fp$이므로 $fp = 72(\text{원})$으로 갱신한다.

   $bound > fp$이므로 자식 노드를 계속 검색한다.

7. 노드 [1, 0, 1, 1]을 방문한다.

   $kp = 93(\text{원}), kw = 14(\text{kg})$

   $kw > m$이 되어 제한 무게를 초과하였으므로 $kp$와 bound는 무시하고 노드 [1, 0, 1]로 백트래킹 한다.

8. 노드 [1, 0, 1, 0]을 방문한다.

$kp = 72(원), kw = 7(\text{kg}), bound = 72 + 0 + (12 - 7) \times 0 = 72(원)$

$kw \leq m$이지만 $bound > fp$가 아니므로 $[1, 0, 1]$, $[1, 0]$으로 백트래킹한다.

9. 노드 [1, 0, 0]을 방문한다.

$kp = 60(원), kw = 4(\text{kg}), bound = 60 + 21 + (12 - 11) \times 0 = 81(원)$

$kw \leq m$이고 $bound > fp$이므로 자식 노드를 계속 검색한다.

10. 노드 [1, 0, 0, 1]을 방문한다.

$kp = 81(원), kw = 11(\text{kg}), bound = 81 + 0 + (12 - 11) \times 0 = 81(원)$

$kw \leq m$이고 $kp > fp$이므로 $fp = 81(원)$으로 갱신한다.

$bound > fp$가 아니므로 $[1, 0, 0]$으로 백트래킹한다.

11. 노드 [1, 0, 0, 0]을 방문한다.

$kp = 60(원), kw = 4(\text{kg}), bound = 60 + 0 + (12 - 4) \times 0 = 60(원)$

$kw \leq m$이지만 $bound > fp$가 아니므로 $[1, 0, 0]$, $[1, 0]$, $[1]$, $[]$으로 백트래킹한다.

12. 노드 [0]을 방문한다.

$kp = 0(원), kw = 0(\text{kg}), bound = 0 + 57 + (12 - 12) \times 4 = 57(원)$

$kw \leq m$이지만 $bound > fp$가 아니므로 $[]$으로 백트래킹한다.

13. 더 이상 탐색할 노드가 없으므로 트리의 탐색은 종료된다.

$fp$의 현재 값이 81(원)이므로 이 값이 배낭의 최대가격이다. 이 값을 제공한 노드는 [1, 0, 0, 1]이므로 1번째 물건과 4번째 물건을 배낭에 넣는 것이 이 문제에서 최대가격이 될 수 있는 해답이다.

이제 이에 필요한 알고리즘을 살펴보자. 각 노드의 상한값 bound를 구하는 함수는 다음과 같이 나타낼 수 있다.

**[알고리즘 7.7] 노드의 상한값**

```
number Bound(number cp, number cw, int k)
{
  int i;
  number b, c;

  b = cp;
  c = cw;
  for (i=k+1; i<=n; i++) {
    c = c+w[i];
    if (c<m)
      b = b+p[i];
    else
      return b+(m-c)*(p[i]/w[i]);
  }
  return b;
}
```

입력 변수 $k$는 탐색 트리에서 $k$번째 레벨에 있는 노드를 말한다. $cp$와 $cw$는 이 노드에 해당하는 배낭안의 물건들의 총 가격 및 총 무게이다. 함수 Bound가 반환하는 값은 현재의 노드에서 기대할 수 있는 상한값이다. 이는 현재 노드의 하위 노드인 $k+1$번째 레벨부터 해당하는 물건들을 차례로 배낭에 넣어봄으로써 결정된다.

분기 한정을 사용한 0－1 배낭 문제의 전체 알고리즘은 함수 Bound를 이용하여 상한값을 고려해서 처리할 수 있도록 알고리즘 7.6을 약간만 수정하면 된다.

**[알고리즘 7.8] 분기한정을 이용한 0-1 배낭문제**

```
void Knapsack(int k, number cp, number cw)
{
  int j;

  y[k]=1;
  if (cw+w[k]<=m) {
    if (k<n)
      Knapsack(k+1, cp+p[k], cw+w[k]);
    if (cp+p[k] > fp) {
      fp = cp+p[k];
      x[1..k] = y[1..k];
      lastx = k;
    }
  }

  y[k]=0;
  if (Bound(cp, cw, k)>fp)
    if (k<n)
      Knapsack(k+1, cp, cw);
}
```

알고리즘 7.8에서 나타낸 배열과 변수는 알고리즘 7.6에서 설명한 것과 마찬가지이다. 알고리즘의 입력에 해당하는 제한 무게 $m$, 물건의 개수 $n$, 물건의 무게 배열 $w$, 가격 배열 $p$와 출력에 해당하는 배열 $x$는 전역적으로 선언한다. 변수 fp, lastx, y[]도 함수의 외부에서 선언된 전역변수이며, 이 알고리즘을 실행하기 위해서는 함수 Knapsack을 함수의 외부에서 다음과 같이 호출하면 된다.

```
Knapsack(1, 0, 0);
```

이 알고리즘은 왼쪽과 오른쪽의 자식노드들을 재귀적으로 호출하여 처리한다. 함수 Knapsack은 크게 두 부분으로 나뉜다. y[*k*]=1;로 시작하는 앞부분은 자식 노드 중 왼쪽 노드를, y[*k*]=0;으로 시작하는 뒷부분은 오른쪽 노드를 생성하며 방문하는 것을 의미한다.

그림 7.9에서 보다시피 왼쪽 자식노드의 상한값은 부모노드의 상한값과 동일하다. 왜냐하면 상한값을 결정하는 계산은 부분 배낭 문제의 해결 방법을 따르므로 각 레벨에 해당하는 물건을 차례로 배낭에 포함시키는 것을 전제로 하기 때문이다. 예를 들어 부모와 왼쪽 자식노드의 관계를 가지는 노드 []와 [1], 노드 [1,0]과 [1,0,1], 노드 [1,0,0]과 노드 [1,0,0,1]의 상한값은 서로 같다.

따라서 알고리즘 7.8에서 왼쪽 노드를 방문하는 코드에서는 Bound 함수를 호출할 필요가 없어진다. 반면에 오른쪽 자식 노드는 그 부모노드와 상한값이 달라지게 되므로 Bound 함수를 호출하여 현재 방문하는 노드의 하위노드들이 방문할 가치가 있는지를 검사하여야한다.

그림 7.9에서 노드 [1, 1]은 배낭의 제한 무게 조건에 따라 그 하위노드들에 대한 탐색이 생략된 부분이다. 상한값의 조건에 따라 탐색공간이 감소한 부분은 노드 [0]이하의 하위노드들이다. 노드 [1, 1]의 하위레벨에서 6개, 노드 [0]의 하위레벨에서 14개의 노드가 존재하므로 전체 상태 공간 트리에서 총 20개 노드에 대한 탐색시간이 절약된 셈이다.

우리가 다룬 예제에서 분기한정과 백트래킹을 이용한 방법에 의해 탐색할 노드의 수를 제법 줄일 수는 있었지만 이 방법이 0－1 배낭문제의 근본적인 문제점을 해결해주지는 않는다. 이를 확인하기 위해서 상태 공간 트리의 각 레벨에 있는 노드의 개수를 생각해 보자.

레벨 0의 노드 : 1

레벨 1의 노드 : $2^1$

레벨 2의 노드 : $2^2$

…

레벨 $n$의 노드 : $2^n$

루트 노드에서 레벨 $n$까지의 노드를 모두 합하면 그 개수는 다음과 같이 계산된다.

$$1 + 2^1 + 2^2 + \ldots + 2^n = 2^{n+1} - 1$$

이에 따라 만약 전체 트리의 모든 노드를 탐색해야하는 최악의 경우라면 노드의 총 개수는 $2^{n+1}-1$개가 된다. 이는 이 알고리즘의 복잡도가 여전히 $O(2^n)$이므로 경우에 따라서는 지수 시간이 소요될 수도 있음을 의미한다. 참고로, $0-1$ 배낭 문제는 순회 외판원 문제등과 함께 지수시간 이하에 해결할 수 있는 알고리즘이 현재까지 발견되지 않은 문제 중의 하나이다.

이 절에서 제시하는 분기 한정법은 적정한 크기의 $0-1$ 배낭 문제를 효율적으로 해결할 수 있는 방법 중의 하나를 제시한 것이며, 이를 벗어나는 크기의 문제는 근사적 알고리즘 등으로 해결해야 한다. 근사적 알고리즘은 최적화 문제에서 비록 완전한 최대 또는 최소의 해답이 아니더라도 그에 근접하는 해답을 실용적(다차함수의 복잡도를 가진)인 시간에 얻을 수 있는 알고리즘을 말한다.

1. 4-퀸 문제에 대해 알고리즘 7.1, 7.3, 7.5를 적용하고 그 결과를 비교하시오.

2. 다음과 같이 0－1 배낭 문제가 주어질 때 이를 분기 한정에 의해 탐색하는 과정을 그림 7.9와 같은 방식으로 나타내시오.

| | 가격 | 무게 |
|---|---|---|
| 1번째 물건 | 40원 | 2kg |
| 2번째 물건 | 30원 | 5kg |
| 3번째 물건 | 50원 | 10kg |
| 4번째 물건 | 10원 | 5kg |

3. 7.3절의 예제에 대해 너비 우선에 의해 탐색하는 과정을 그림 7.9와 같은 방식으로 나타내시오. 또한 그 과정을 순서에 따라 설명하시오.

4. 순회 외판원 문제에 정의하고, 분기 한정으로 해결할 수 있는 알고리즘을 제시하시오. 이때, 트리의 각 노드에서 하한 값을 정하는 방법에 대해서도 설명하시오.

5. 0－1 배낭 문제를 해결하는 알고리즘들의 복잡도는 모두 지수시간으로 나타난다. 이와 같이 지수시간이하의 알고리즘이 발견되지 않은 문제들은 어떠한 것들이 있는가?

6. 분기 한정을 이용하기 위해 그 상한값 또는 하한값을 실제의 최대 또는 최소값에 근접할 수 있도록 정확하게 계산한다면 실행시간의 관점에서 어떤 영향을 미치겠는가? 이에 대해 설명하시오.

제 8 장

# 행렬 곱셈과 힙 응용

이 장에서는 행렬의 곱셈, 힙을 응용한 정렬에 관한 알고리즘들을 소개한다. 8.1절에서 소개하는 스트라센 알고리즘은 행렬 곱셈을 처리하는 일반적 알고리즘의 시간적 효율성을 높이기 위해 제시된 알고리즘이다. 스트라센의 알고리즘은 분할 정복법을 기반으로 한다. 8.2절에서는 특별한 데이터 구조의 하나인 힙에 대해 소개하고 이를 정렬에 응용하는 방법을 소개한다. 힙은 그 구조가 가지는 특징으로 인해 우선순위 큐로도 유용하게 이용할 수 있다.

## 8.1 스트라센의 행렬 곱셈

$n \times n$의 두 정방행렬을 곱하는 문제를 해결하기 위한 기존의 알고리즘은 이미 익숙할 것이며, 이 책의 초반에서도 이미 다룬바가 있다. 이 절에서는 정방행렬의 곱셈을 위한 또 다른 방법인 스트라센(Strassen)의 알고리즘에 대해 소개한다. 이 방법은 행과 열의 크기인 $n$이 2의 지수일 때 적용할 수 있다. 먼저 두 행렬 A와 B를 대상으로 기존의 곱셈 방식과 스트라센의 곱셈방식에 대해 각각 살펴보자.

$2 \times 2$의 행렬 A와 B, 이들의 곱셈 결과인 행렬 C가 있을 때 행렬 A, B, C의 원소들을 다음과 같이 나타내기로 하자.

$$A \times B = C$$

$$\begin{bmatrix} a11 & a12 \\ a21 & a22 \end{bmatrix} \times \begin{bmatrix} b11 & b12 \\ b21 & b22 \end{bmatrix} = \begin{bmatrix} c11 & c12 \\ c21 & c22 \end{bmatrix}$$

기존의 행렬 곱셈 방식에 의해서 행렬 C의 원소 값 $c_{ij}$를 구하기위해서는 다음의 식을 이용해서 계산한다.

$$c_{ij} = \sum_{k=1}^{n} a_{ik} b_{kj}$$

2×2의 행렬 곱셈에서 $n=2$이므로 그 결과 행렬 C의 각 원소는 다음과 같이 된다.

$$c_{11}=a_{11}b_{11}+a_{12}b_{21}$$

$$c_{12}=a_{11}b_{12}+a_{12}b_{22}$$

$$c_{21}=a_{21}b_{11}+a_{22}b_{21}$$

$$c_{22}=a_{21}b_{12}+a_{22}b_{22}$$

다음으로, 지금 소개할 스트라센의 방식에 따라 행렬 곱셈을 알아보자. 스트라센이 제안한 방식에 의해 행렬 C의 원소 값을 구하기위해서는 먼저 다음의 값들을 계산해야한다.

$$x_1=(a_{11}+a_{22})\times(b_{11}+b_{22})$$

$$x_2=(a_{21}+a_{22})\times b_{11}$$

$$x_3=a_{11}\times(b_{12}-b_{22})$$

$$x_4=a_{22}\times(b_{21}-b_{11})$$

$$x_5=(a_{11}+a_{12})\times b_{22}$$

$$x_6=(a_{21}-a_{11})\times(b_{11}+b_{12})$$

$$x_7=(a_{12}-a_{22})\times(b_{21}+b_{22})$$

여기서 구한 $x_1$, $x_2$, $\cdots$, $x_7$의 값을 이용하면 행렬 C의 각 원소는 다음과 같이 결정된다.

$$c_{11}=x_1+x_4-x_5+x_7$$

$$c_{12}=x_3+x_5$$

$$c_{21}=x_2+x_4$$

$$c_{22}=x_1+x_3-x_2+x_6$$

스트라센 방식의 행렬 곱셈의 의미는 기존의 방식에 비해 곱셈 및 덧/뺄셈의 연산횟수를 줄일 수 있다는 점이다. 여기에서 덧셈과 뺄셈은 시간적으로 같은 비중을 가지는 연산이므로 이들의 횟수는 별도로 구분하지 않고 통합해서 나타낸다.

먼저 2×2행렬의 곱셈에서 이들 연산의 횟수를 비교해 보자. 기존의 방식을 살펴보면 행렬 C의 한 원소를 구하기 위해 2회의 곱셈과 1회의 덧셈을 필요로 한다. C의 원소는 4개이므로 이들의 값을 모두 구하기 위해서 곱셈은 총 8회, 덧셈은 총 4회가 필요하게 된다.

이에 반해 스트라센 방식에서는 먼저 $x_1$, $x_2$, $\cdots$, $x_7$의 값을 구해야하며 이를 위해 모두 7회의 곱셈과 10회의 덧/뺄셈이 요구된다. 다음에 $x_1$과 $x_7$ 사이의 값을 이용해서 C의 각 원소를 계산한다. 이를 위해서는 8회의 덧/뺄셈이 필요하다. 따라서 이 방식에서는 총 7회의 곱셈과 18회의 덧/뺄셈이 필요하다. 곱셈에서 1회가 감소하고 덧/뺄셈에서 14회가 증가하였으므로 2×2의 행렬 곱셈에서 스트라센 방식에 의해 얻을 수 있는 이익은 아무 의미가 없어 보일지도 모른다. 하지만 $n$이 커질수록 이에 대한 효과는 분명해지며 이에 대해서는 이 절의 후반에 복잡도를 중심으로 논의하기로 한다.

스트라센의 방식에 의하면 행렬의 원소들을 네 부분으로 분할하여 각 부분을 하나의 원소로 취급하면 $n>2$인 크기의 행렬에서도 마찬가지의 방식으로 적용할 수 있다. 행렬 A, B의 크기가 $n=2^k$이므로 이들의 원소는 $2^{k-1}\times 2^{k-1}$(또는 $n/2\times n/2$)인 4개의 부분 행렬로 구분할 수 있다. 예를 들어 n=4인 4×4행렬 A는 다음과 같이 2×2 크기인 4개의 부분 행렬 $A_{11}$, $A_{12}$, $A_{21}$, $A_2$로 분할하여 처리할 수 있다.

$$A=\begin{bmatrix}\begin{bmatrix}a_{11}\,a_{12}\\a_{21}\,a_{22}\end{bmatrix}&\begin{bmatrix}a_{13}\,a_{14}\\a_{23}\,a_{24}\end{bmatrix}\\\begin{bmatrix}a_{31}\,a_{32}\\a_{41}\,a_{42}\end{bmatrix}&\begin{bmatrix}a_{33}\,a_{34}\\a_{43}\,a_{44}\end{bmatrix}\end{bmatrix}=\begin{bmatrix}[A_{11}]&[A_{12}]\\ [A_{21}]&[A_{22}]\end{bmatrix}$$

A와 마찬가지로 같은 크기의 행렬 B와 C도 마찬가지로 4개의 부분 행렬로 분할된다.

$$\begin{bmatrix} \begin{bmatrix} A_{11} \end{bmatrix} & \begin{bmatrix} A_{12} \end{bmatrix} \\ \begin{bmatrix} A_{21} \end{bmatrix} & \begin{bmatrix} A_{22} \end{bmatrix} \end{bmatrix} \times \begin{bmatrix} \begin{bmatrix} B_{11} \end{bmatrix} & \begin{bmatrix} B_{12} \end{bmatrix} \\ \begin{bmatrix} B_{21} \end{bmatrix} & \begin{bmatrix} B_{22} \end{bmatrix} \end{bmatrix} = \begin{bmatrix} \begin{bmatrix} C_{11} \end{bmatrix} & \begin{bmatrix} C_{12} \end{bmatrix} \\ \begin{bmatrix} C_{21} \end{bmatrix} & \begin{bmatrix} C_{22} \end{bmatrix} \end{bmatrix}$$

이는 $n=2^k$인 모든 행렬의 곱셈에 스트라센의 방식을 재귀적으로 적용할 수 있음을 의미한다. 즉, 부분 행렬인 $A_{ij}$, $B_{ij}$를 하나의 원소로 취급하여 스트라센의 방식에 의해 $X_1$에서 $X_7$사이의 값을 계산한 다음, 앞에서 소개한 바와 같이 이들을 이용하여 부분 행렬 $C_{ij}$의 값을 구해내면 된다.

이에 대한 예로 다음과 같이 4×4 행렬의 곱셈 $A \times B$를 살펴보자.

$$\begin{bmatrix} \begin{bmatrix} 1\,1 \\ 1\,1 \end{bmatrix} & \begin{bmatrix} 2\,2 \\ 2\,2 \end{bmatrix} \\ \begin{bmatrix} 3\,3 \\ 3\,3 \end{bmatrix} & \begin{bmatrix} 4\,4 \\ 4\,4 \end{bmatrix} \end{bmatrix} \times \begin{bmatrix} \begin{bmatrix} 5\,5 \\ 5\,5 \end{bmatrix} & \begin{bmatrix} 6\,6 \\ 6\,6 \end{bmatrix} \\ \begin{bmatrix} 7\,7 \\ 7\,7 \end{bmatrix} & \begin{bmatrix} 8\,8 \\ 8\,8 \end{bmatrix} \end{bmatrix}$$

행렬 A, B는 먼저 4개의 부분 행렬로 분할된다. 예를 들어 행렬 A의 원소인 부분 행렬 $A_{11}$과 B의 원소인 부분 행렬 $B_{22}$는 다음과 같다.

$$A_{11} = \begin{bmatrix} 1\,1 \\ 1\,1 \end{bmatrix}, \quad B_{22} = \begin{bmatrix} 8\,8 \\ 8\,8 \end{bmatrix}$$

$X_1$과 $X_7$의 값은 스트라센 방식에서 정의한대로 다음과 같이 구할 수 있다.

$$\begin{aligned} X_1 &= (A_{11} + A_{22}) \times (B_{11} + B_{22}) \\ &= (\begin{bmatrix} 1\,1 \\ 1\,1 \end{bmatrix} + \begin{bmatrix} 4\,4 \\ 4\,4 \end{bmatrix}) \times (\begin{bmatrix} 5\,5 \\ 5\,5 \end{bmatrix} + \begin{bmatrix} 8\,8 \\ 8\,8 \end{bmatrix}) \\ &= \begin{bmatrix} 5\,5 \\ 5\,5 \end{bmatrix} \times \begin{bmatrix} 13\,13 \\ 13\,13 \end{bmatrix} \end{aligned}$$

$$X_7 = (A_{12} - A_{22}) \times (B_{21} + B_{22})$$

$$= (\begin{bmatrix} 2\,2 \\ 2\,2 \end{bmatrix} - \begin{bmatrix} 4\,4 \\ 4\,4 \end{bmatrix}) \times (\begin{bmatrix} 7\,7 \\ 7\,7 \end{bmatrix} + \begin{bmatrix} 8\,8 \\ 8\,8 \end{bmatrix})$$

$$= \begin{bmatrix} -2-2 \\ -2-2 \end{bmatrix} \times \begin{bmatrix} 15\,15 \\ 15\,15 \end{bmatrix}$$

마지막으로 곱셈의 결과 행렬 C의 원소도 부분 행렬 $X_1$, $X_2$, …, $X_7$을 조합하여 다음과 같이 구한다.

$$C = \begin{bmatrix} X_1 + X_4 - X_5 + X_7 & X_3 + X_5 \\ X_2 + X_4 & X_1 + X_3 - X_2 + X_6 \end{bmatrix}$$

여기에서 $X_1$과 $X_7$의 결과값을 구하기 위해서는 계산의 마지막 부분에서 2×2의 행렬 곱셈을 필요로 하는 것을 알 수 있다. 즉, 4×4의 행렬 곱셈을 스트라센 방식으로 처리하는 과정에서 원래 행렬보다 작은 크기인 2×2의 행렬 곱셈이 발생한다. 이는 $n \times n$의 행렬 곱셈을 처리하기 위해서는 연쇄적으로 $n/2 \times n/2$, $n/2^2 \times n/2^2$, $n/2^3 \times n/2^3$, …, 2×2 크기의 행렬 곱셈을 해결해야함을 의미한다. 이들의 곱셈 역시 같은 방식으로 분할하여 처리하면 된다. 따라서 스트라센 방식은 전형적인 분할 정복법에 의해 설계한다.

스트라센 방식에 의한 행렬 곱셈을 개략적인 알고리즘으로 나타내면 다음과 같다.

### [알고리즘 8.1] 스트라센의 행렬 곱셈 알고리즘

```
void Strassen(int n, number A[][], number B[][], number C[][])
{
  if ( n <= Size)
    C = A X B 를 기존의 행렬 곱셈 방식으로 계산;
  else {
    배열 A를 A11, A12, A21, A22 로 분할;
    배열 B를 B11, B12, B21, B22 로 분할;
    Strassen(n/2, A11+ A22, B11+ B22, X1);
```

```
        Strassen(n/2, A21+A22, B11, X2);
        Strassen(n/2, A11, B12-B22, X3);
        Strassen(n/2, A22, B21-B11, X4);
        Strassen(n/2, A11+A12, B22, X5);
        Strassen(n/2, A21-A11, B11+B12, X6);
        Strassen(n/2, A12-A22, B21+B22, X7);
        C11 = X1+X4-X5+X7;
        C12 = X3+X5;
        C21 = X2+X4;
        C22 = X1+X3-X2+X6;
    }
}
```

함수 Strassen에서 if문의 조건식에 있는 Size는 입력된 두 행렬 A와 B의 곱셈을 어떤 방식으로 처리할 것인지를 결정한다. 여기서 Size로 설정할 수 있는 가장 작은 값은 1이다. 만약 $n \leq$ Size 이면 두 행렬의 곱셈은 스트라센 방식이 아닌 기존의 행렬 곱셈 방식으로 처리한다. 그렇지 않으면 스트라센 방식에 따라 행렬을 분할하여 재귀 호출로 처리한 후 이들의 결과를 결합하여 결과 행렬을 만들어 낸다.

만약 Size를 1로 설정한다면 이 알고리즘은 두 행렬의 크기가 1×1이 될 때까지 재귀적으로 처리된다. 이때 1×1 행렬은 원소가 하나 밖에 없음을 말하므로 행렬 A와 B의 곱셈은 두 수의 곱셈을 의미한다. 이 절의 앞부분에서 언급한 바와 같이 $n$의 값이 비교적 작을 경우에는 기존의 곱셈 방식이 스트라센의 방식보다 더 효율적일 수 있으므로 Size의 값은 기존의 방식으로 처리하기 위한 기준치를 설정하기 위해 사용된다.

스트라센의 방식을 적용하기 위해서는 정방 행렬의 크기 $n$이 2의 지수 형태라야 한다. 만약 그렇지 않을 경우에는, 이를 해결하는 가장 간단한 방법은 행렬의 크기가 2의 지수가 될 수 있도록 필요한 개수만큼의 행과 열을 삽입하고 이들의 원소를 모두 0으로 설정하면 된다.

이제 스트라센 알고리즘의 복잡도를 평가해보자. 분석을 간략히 하기 위해서 Size의 값은 1이라고 가정한다. 먼저 곱셈연산의 횟수를 측정한다. $n=1$일 때 두 수 A와 B의 곱셈만 일어나므로 곱셈은 1회 수행한다. $n>1$일 경우에는 $n/2$의 크기를 갖는 부분 행렬에 대해 총 7회의 재귀 호출이 이루어진다.

$T(1)=1$

$T(n)=7T(\frac{n}{2})$, $\quad n>1$인 경우

이 순환방정식을 정리하면 다음과 같은 결과를 얻는다.

$$T(n) \approx n^{2.81}$$

따라서 스트라센 알고리즘에서 곱셈연산의 복잡도는 $O(n^{2.81})$이 된다.

다음으로 덧/뺄셈연산의 실행 횟수를 측정해 보자. $n=1$일 때 덧셈연산은 일어나지 않는다. $n>1$일 때는 7번의 재귀호출이 일어나고 이와는 별도로 $n/2 \times n/2$ 크기의 부분 행렬에 대한 덧/뺄셈이 18회 일어난다. 이 는 $X_1$에서 $X_7$까지의 값을 계산하기 위해 10회, $C_{ij}$의 값을 구하기 위해 8회가 발생하기 때문이다. 이 덧/뺄셈 횟수는 $n/2 \times n/2$ 크기의 행렬 전체를 대상으로 한다. $n/2 \times n/2$ 행렬에 대한 1회의 덧/뺄셈은 이 행렬의 원소 수가 $(n/2)^2$이므로 실질적으로는 $(n/2)^2$회의 순수 덧/뺄셈에 해당한다. 따라서 덧셈의 총 실행회수는 다음과 같은 순환방정식에 의해 구할 수 있다.

$T(1)=0$

$T(n)=7T(\frac{n}{2})+18(\frac{n}{2})^2$, $\quad n>1$인 경우

이 식의 결과를 정리하면 다음과 같다.

$$T(n) \approx 6n^{2.81} - 6n^2$$

따라서 스트라센 알고리즘에서 덧/뺄셈의 복잡도는 $O(n^{2.81})$이 된다.

이를 기존의 행렬 곱셈의 복잡도와 비교해 보자. 기존의 방식에서 곱셈에 대한 복잡도는 $n^3$, 덧/뺄셈의 복잡도는 $n^3 - n^2$이다. 곱셈과 덧/뺄셈에서 이들의 복잡도는 모두 $O(n^3)$이므로 $O(n^{2.81})$인 스트라센의 알고리즘이 행렬의 크기 $n$이 커질수록 더 효율적이 된다. 하지만 계속되는 재귀호출로 인한 추가적인 실행시간이 발생하고, 행렬의 크기가 2의 지수가 아닐 경우에 불필요한 행과 열을 추가함으로써 부가적인 부담이 발생한다는 점도 고려하여야한다.

## 8.2 힙의 구조와 정렬

### 8.2.1. 힙의 조건

힙(heap)은 포인터를 필요로 하는 링크(link) 리스트 없이도 배열만으로 효과적으로 구현할 수 있는 특별한 종류의 트리이다. 힙이 가지는 특수한 구조로 인해서 힙은 힙 정렬 및 우선순의 큐를 포함해서 많은 종류의 응용분야를 가지고 있다. 이 절에서 다룰 힙 정렬은 힙이라는 자료 구조를 활용해야한다. 이를 위해서는 먼저 힙에 대해 정의할 필요가 있다. 힙은 트리에서 그 형태에 대한 조건과 각 데이터의 위치에 대한 조건을 둘 다 만족해야한다.

형태에 대한 조건에서 힙은 완전 이진 트리(complete binary tree)가 되어야 한다. 루트(root) 노드가 레벨(level) 0, 최하위의 잎(leaf) 노드가 레벨 i에 있다고 했을 때, 완전 이진 트리는 레벨 0에서 레벨 i-1까지는 각 레벨에서 가질 수 있는 최대의 노드 수로 완전하게 채워져 있고 레벨 i에 있는 잎 노드들은 왼쪽부터 채워져 있는 형태를 말한다.

데이터의 위치에 대한 조건에서 힙은 트리에 있는 모든 노드가 그 하위의 자식노드들 보다 우선순위가 높은 데이터를 가져야한다. 우선순위는 설정하기에 따라 최대값이 될 수도 있고 최소값이 될 수도 있다. 최대값으로 정할 경우에는 최대 힙, 최소값으로 정할경우에는 최소 힙이라고 한다. 이 절에서 설명할 내용은 모두 최대 힙을 사용하므로 앞으로 소개할 내용에서 힙이 라는 표현은 최대 힙을 의미한다.

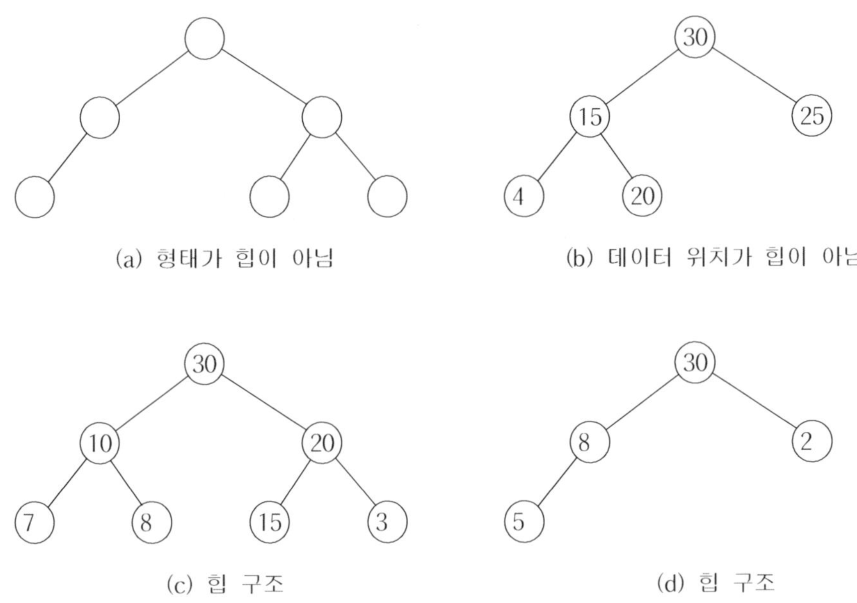


[그림 8.1] 힙 구조의 판별

그림 8.1의 몇 가지 예를 살펴보면 (a)는 최하위 레벨의 잎 노드 중 왼쪽에서 두 번째 부분의 노드가 빠져있으므로 그 형태가 완전 이진 트리가 될 수 없다. (b)는 형태는 완전 이진 트리이지만 하위 노드의 데이터 20보다 부모 노드의 데이터 15가 작으므로 힙의 구조가 아니다. (c)와 (d)는 완전 이진 트리이며 노드의 데이터 값들이 힙의 조건을 만족한다.

힙은 트리의 형태를 갖추고 있지만 1차원 배열을 이용해서 간단하게 표현할 수 있다. 각 노드의 데이터는 트리에서의 위치에 따라 배열에 차례로 배정된다. 이 순서는 루트노드부터 시작하여 상위 레벨에서 하위레벨의 방향으로 진행한다. 같은 레벨에 있는 노드들은 왼쪽에서 오른쪽 방향으로 그 순서가 정해진다.

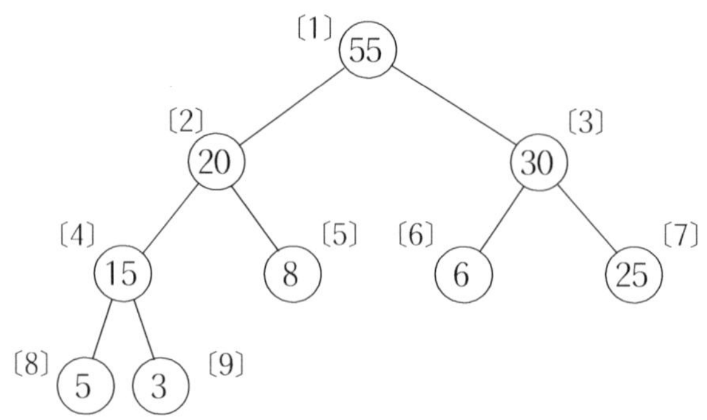


[그림 8.2] 노드의 순서

그림 8.2에 표시한 바와 같이 각 노드의 순서를 배열의 첨자로 이용하면 이 트리를 나타내는 배열은 다음과 같이 구성된다.

| [1] | [2] | [3] | [4] | [5] | [6] | [7] | [8] | [9] |
|---|---|---|---|---|---|---|---|---|
| 55 | 20 | 30 | 15 | 8 | 6 | 25 | 5 | 3 |

힙을 유용하게 사용하기 위해서는 부모노드, 자식노드 및 잎 노드들이 쉽게 파악될 수 있어야한다. 배열의 첨자를 이용하면 이를 쉽게 알 수 있다. 배열의 이름을 A라고 하면 $i$번째 노드는 배열에서 A[$i$]에 해당한다. 이 노드의 왼쪽 자식노드와 오른쪽 자식노드는 A[$2\times i$]와 A[$2\times i+1$]에 해당한다. 예를 들어 A[3]의 왼쪽 자식노드는 A[6], 오른쪽 자식노드는 A[7]임을 알 수 있다.

또한 노드의 총 개수가 $n$일 때 A[1]에서 A[$n/2$]까지의 노드들은 자식노드를 갖고 있는 노드들이며 A[$n/2+1$]에서 A[$n$]까지의 노드들은 잎 노드라는 것을 알 수 있다. 이때 $n/2$의 값은 소수점 이하를 버린 정수 값만을 취한다. 예를 들어 $n=9$일 때 A[5]에서 A[9]까지의 노드들은 자식이 없는 잎 노드들이다.

## 8.2.2. 힙 정렬

힙에 의한 정렬을 자세히 설명하기 전에 개략적인 방법을 소개하겠다. 먼저 정렬해야 할 데이터들로 이미 힙을 구성하였다고 가정하고 시작하자. $n$개의 노드를 가진 힙에서 루트노드는 가장 큰 값이므로 이를 제거하여 배열의 마지막인 A[$n$]에 넣는다. 남아있는 트리는 루트가 비어있는 상태이므로 이를 조정하여 힙을 재구성한다. $n-1$개의 노드를 가진 현재 힙에서 루트노드를 제거하여 A[$n-1$]에 넣는다. 이를 계속 반복하면 오름차순으로 정렬된 배열 A를 얻을 수 있다.

이를 위해서는 크게 두 가지의 작업이 필요하다. 첫째, 정렬하려는 배열의 원소로 초기의 힙을 구성해야한다. 둘째, 힙에서 루트노드를 제거한 뒤에는 남아있는 노드들로 힙을 재구성해야한다. 이 두 작업은 그 범위만 첫째 작업이 더 클 뿐 실제적으로는 같은 원리를 이용한다.

먼저, 이미 힙이 구성된 상태라고 가정하고 이 힙에서 루트노드를 제거한 뒤 힙을 재구성하는 과정을 살펴보자.

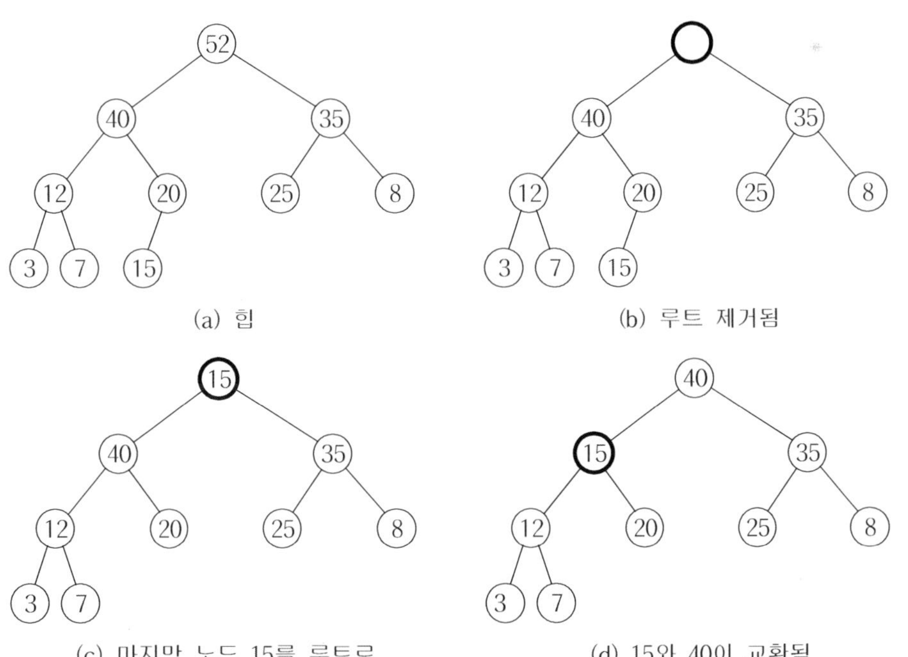


(a) 힙 (b) 루트 제거됨

(c) 마지막 노드 15를 루트로 (d) 15와 40이 교환됨

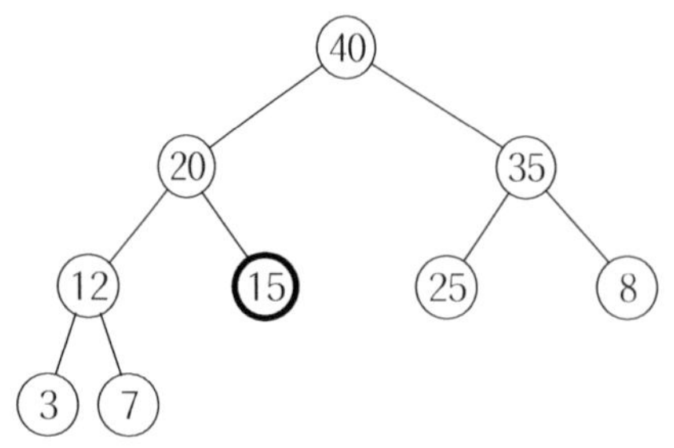


(e) 15와 20이 교환됨

[그림 8.3] 루트 노드를 제거한 후 힙을 재구성하는 과정

그림 8.3에서 루트노드 52를 제거한 후에는 전체 트리는 이미 힙이 아니지만 루트의 왼쪽과 오른쪽 부트리(subtree)는 독립적으로 힙의 성질을 유지하고 있다. 빈 루트 자리에 트리의 마지막 노드인 15를 대신 삽입한 후에는 이 노드가 힙의 구조에서 제자리를 찾을 수 있도록 해야 한다. 이를 위해서는 이 노드가 자식노드들 보다 크거나 같아야 하는 조건을 만족해야한다.

노드 15가 자식노드보다 값이 작다면 자식노드와 위치를 바꾸어서 아래로 내려와야 한다. 만약 두 개의 자식노드가 모두 자신보다 크다면 두 개의 자식노드 중 더 큰 값을 가진 자식노드와 위치를 바꾸어야한다. 예를 들어 그림 8.3 (d)에서는 자식노드 40과 35중에 40이 크므로 노드 15는 40과 위치를 바꾸게 된다. 이 과정은 노드 15가 제자리를 찾을 때까지 계속된다.

배열에서 다시 살펴보자. A[1]=50의 값이 제거된 후 배열의 마지막 원소인 A[10]에 있던 15가 A[1]으로 이동한다. A[1]의 두 자식 노드는 A[2]=40과 A[3]=35이므로 이들 중 더 큰 값인 A[2]와 자리를 바꾼다. A[2]의 두 자식 노드는 A[4]=12와 A[5]=20이므로 A[2]와 A[5]가 다시 자리바꿈을 한다. A[5]의 자식 노드는 A[10]과 A[11]이지만 이들은 배열에 존재하지 않으므로 A[5]가 잎 노드라는 것을 알 수 있고 힙의 재구성을 위한 과정이 끝난다. 그림 8.3의 과정을 배열로 나타내면 다음과 같다.

| | [1] | [2] | [3] | [4] | [5] | [6] | [7] | [8] | [9] | [10] |
|---|---|---|---|---|---|---|---|---|---|---|
| 원래의 힙 | 52 | 40 | 35 | 12 | 20 | 25 | 8 | 3 | 7 | 15 |
| 루트 제거 | | 40 | 35 | 12 | 20 | 25 | 8 | 3 | 7 | 15 |
| 루트로 이동 | *15 | 40 | 35 | 12 | 20 | 25 | 8 | 3 | 7 | |
| A[2]로 이동 | 40 | *15 | 35 | 12 | 20 | 25 | 8 | 3 | 7 | |
| A[5]로 이동 | 40 | 20 | 35 | 12 | *15 | 25 | 8 | 3 | 7 | |

이 단계가 끝나면 원래 데이터에서 두 번째로 큰 값인 40이 힙의 루트에 위치한다. 다시 이를 제거하고 힙을 재구성하면 세 번째로 큰 값인 35가 힙의 루트에 위치할 것이다. 따라서 이 과정을 계속 반복하면 원래 데이터들에서 큰 값의 순서로 데이터를 하나씩 추출한 셈이 된다. 이를 배열에 역순으로 저장하면 오름차순에 의한 정렬이 완료된다.

지금까지의 설명에서는 힙을 이루는 배열과 힙의 최대값인 루트노드를 제거한 후 이를 저장하는 배열을 별개의 배열로 가정하여 소개하였다. 이는 단지 이해를 돕기 위한 것이며 실제로는 하나의 배열로 처리할 수 있다.

여전히 우리는 $n$개의 원소를 갖는 배열 A가 이미 힙 구조로 되어있다고 가정하고 시작한다는 점을 기억하자. 먼저 A[1]과 A[$n$]의 값을 교환한다. 이 결과로 현재 힙의 최대값은 배열 A의 마지막 원소인 A[$n$]으로 이동한다. 비록 배열의 실제크기는 변하지 않았지만 A[$n$]은 무시하고 A[1]에서 A[$n-1$]까지를 현재의 트리 크기로 간주한다.

A[1]에서 A[$n-1$]까지의 노드를 가진 현재의 트리는 힙이 아니므로 앞에서 설명한 방법으로 힙을 재구성한다. 그러면 다시 A[1]은 현재의 힙에서 가장 큰 원소가 된다. 이를 A[$n-1$]과 교환한다. 이 결과로 원래 배열에서 두 번째로 큰 값이 A[$n-1$]에 위치한다. 이제 A[$n-1$]과 A[$n$]은 무시하고 A[1]에서 A[$n-2$]까지의 원소를 현재의 트리 크기로 간주한다.

즉, 힙을 이루는 배열의 실제 크기는 변하지 않지만 각 단계에서 힙의 마지막 노드를 A[$n$], A[$n-1$], A[$n-2$], ⋯, A[1]로 간주함으로써 힙의 크기를 $n$에서 1까지 줄여가는 효과를 나타낸다. 이에 따라 A[$n$], A[$n-1$], ⋯, A[1]의 순서대로 힙의 최대값이 하나씩 들어가고 결국에는 배열 A의 모든 원소가 오름차순으로 정렬된다.

오름차순으로 정렬되는 과정을 각 단계별로 나타내면 그림 8.4와 같다. 각 단계에서 음영으로 처리된 부분은 이미 정렬되어 있는 노드들을 나타낸다. 따라서 음영으로 처리되지 않은 노드들만이 각 단계에서 현재의 힙에 해당한다. 예를 들어 그림 8.4 (b)에서 현재 힙은 데이터 40이 들어있는 루트노드에서 데이터 7이 들어있는 노드까지이다.

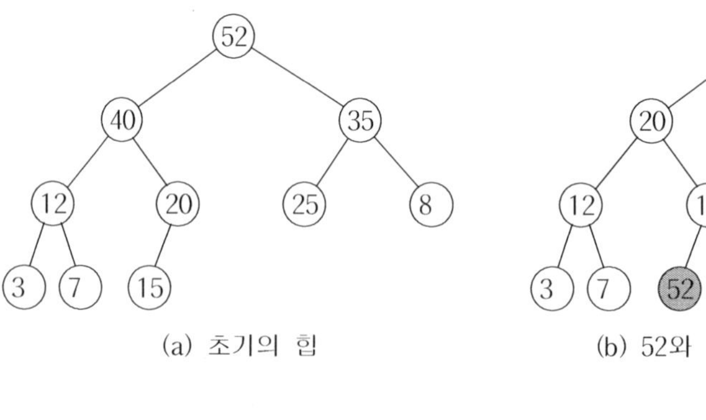

(a) 초기의 힙

(b) 52와 15를 교환 후 재구성

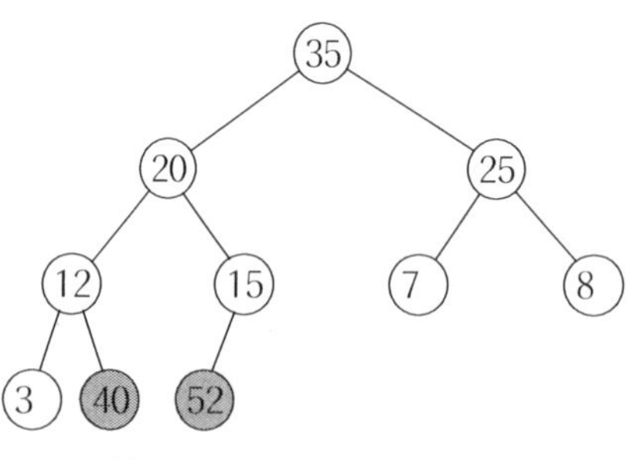

(c) 40과 7을 교환 후 재구성

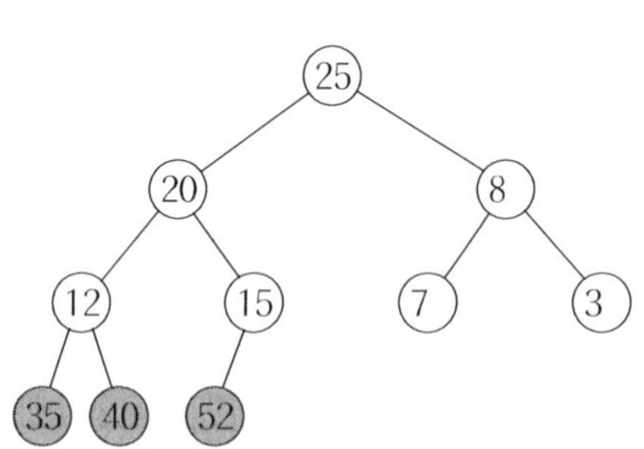

(d) 35와 3을 교환 후 재구성

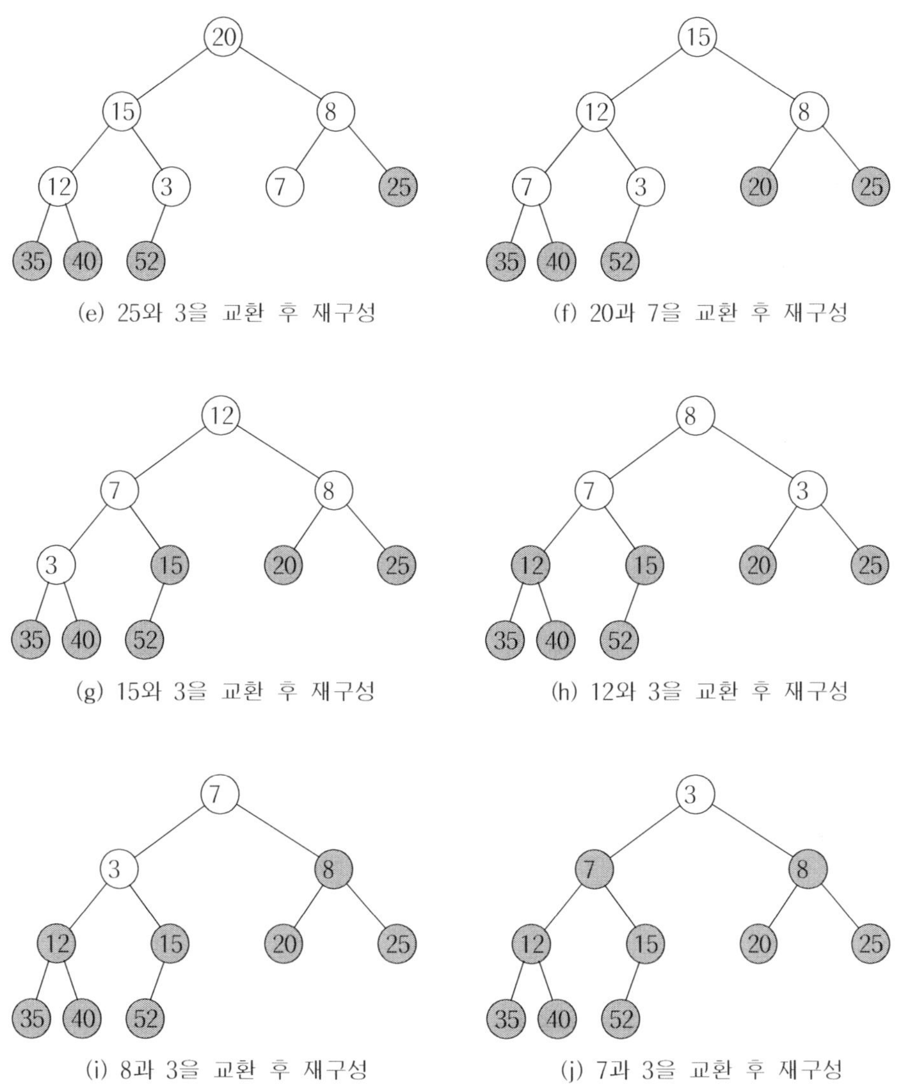


[그림 8.4] 각 단계별 힙의 변화 과정

그림 8.4에서 각 트리는 루트 노드가 제거된 후 힙의 재구성 과정은 생략하고 그 결과만을 나타내었다. 이 트리의 변화를 배열로 나타내면 그림 8.5와 같다. 이 그림에서 이미 정렬된 원소들은 공란으로 남겨두었다.

| | [1] | [2] | [3] | [4] | [5] | [6] | [7] | [8] | [9] | [10] |
|---|---|---|---|---|---|---|---|---|---|---|
| 초기의 힙 | 52 | 40 | 35 | 12 | 20 | 25 | 8 | 3 | 7 | 15 |
| A[10] 확정 | 40 | 20 | 35 | 12 | 15 | 25 | 8 | 3 | 7 | *52 |
| A[9] 확정 | 35 | 20 | 25 | 12 | 15 | 7 | 8 | 3 | *40 | |
| A[8] 확정 | 25 | 20 | 8 | 12 | 15 | 7 | 3 | *35 | | |
| A[7] 확정 | 20 | 15 | 8 | 12 | 3 | 7 | *25 | | | |
| A[6] 확정 | 15 | 12 | 8 | 7 | 3 | *20 | | | | |
| A[5] 확정 | 12 | 7 | 8 | 3 | *15 | | | | | |
| A[4] 확정 | 8 | 7 | 3 | *12 | | | | | | |
| A[3] 확정 | 7 | 3 | *8 | | | | | | | |
| A[2] 확정 | 3 | *7 | | | | | | | | |

[그림 8.5] 각 단계별 배열 내 원소의 변화

지금까지의 과정은 배열 A의 원소들이 초기에 이미 힙 구조를 가지고 있는 가정 하에서 출발하였다. 이제 원래의 입력 배열을 대상으로 이들의 원소를 힙으로 구성하는 작업을 살펴보자.

이를 위해서는 먼저 힙 구조와 관계없이 주어진 배열을 완전 이진 트리의 형태로 나타낸 후 이를 힙 구조로 변환해야한다. 이미 힙 구조로 이루어진 트리에서는 루트 노드가 제거된 후에도 그 하위 부트리들은 독립적으로 힙 구조를 유지하고 있으므로 전체 트리를 재구성하기가 간단했다. 즉, 힙을 위반하는 새로운 루트노드를 대상으로 이 루트노드가 제자리를 찾아가도록 하기만 하면 되었다.

하지만 초기의 트리는 트리안의 어떠한 부트리도 힙의 조건을 이미 만족하고 있다고 가정할 수 없으므로 이들을 하위의 부트리부터 하나씩 힙의 조건을 만족하도록 구성하여야한다. 이를 위해서는 노드 번호의 역순으로 각각의 부트리를 힙으로 구성하여야한다.

다음과 같이 주어진 배열을 힙으로 구성하여 보자.

| [1] | [2] | [3] | [4] | [5] | [6] | [7] | [8] | [9] | [10] |
|---|---|---|---|---|---|---|---|---|---|
| 25 | 7 | 35 | 3 | 15 | 52 | 8 | 40 | 12 | 20 |

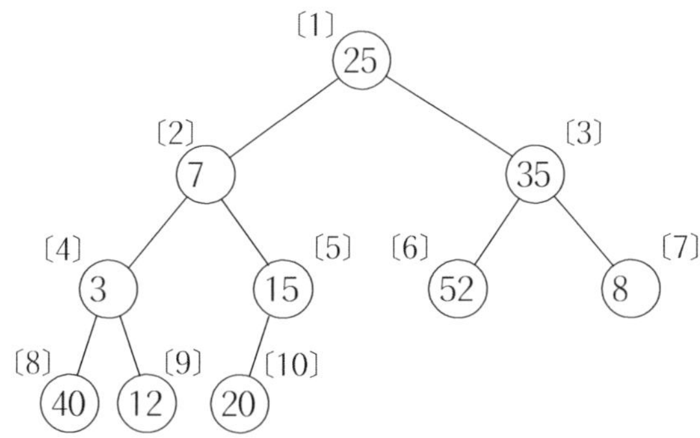


[그림 8.6] 배열 A에 대한 트리

그림 8.6과 같은 트리 전체를 힙으로 구성하기 위해서는 노드 번호의 역순에 따라 각 노드를 루트로 하는 부트리를 힙으로 구성해가면 된다. 여기서 부트리는 전체 트리에 있는 각 노드를 루트노드로 간주할 때 이를 중심으로 그 하위의 부분에 의해 형성되는 부분적인 트리를 말한다.

예를 들어 노드 A[10]이 루트노드인 부트리는 이 노드의 자식노드가 없으므로 노드 A[10]만으로 이루어진 트리가 된다. 노드 A[4]가 루트노드인 부트리는 (A[3], A[8], A[9])로 이루어진 트리이다. 마찬가지로 A[7]을 루트노드로 하는 부트리는 (A[7], A[4], A[5], A[8], A[9], A[10])로 이루어진 트리를 말한다.

이제 A[10]부터 A[1]까지의 순서로 각 부트리를 힙으로 구성해보자. 먼저 A[10], A[9], A[8], A[7], A[6]의 노드가 루트노드인 부트리는 그 하위에 자식노드가 없으므로 각각의 노드가 하나의 부트리이면서 이미 힙 구조를 가지고 있는 셈이 된다.

A[5]가 루트노드인 부트리는 (A[5], A[10])으로 이루어진 트리이다. 이 부트리에서는 노드 A[5]=15가 자식 노드인 A[10]=20보다 작으므로 이 둘을 교환하여 힙을 재구성한다. 이는 앞서 논의한 정렬과정과 마찬가지이며 부트리의 루트노드가 제자리를 찾아감으로 인해 부트리의 힙이 완성된다.

| | [1] | [2] | [3] | [4] | [5] | [6] | [7] | [8] | [9] | [10] |
|---|---|---|---|---|---|---|---|---|---|---|
| 변경 전 | | | | | 15 | | | | | 20 |
| A[10]으로 이동 | | | | | 20 | | | | | *15 |

A[4]가 루트노드인 부트리는 (A[4], A[8], A[9])로 구성된다. 루트 노드인 A[4]=3과 자식노드 A[8]=40, A[9]=12와 비교해서 가장 큰 자식노드인 A[9]와 A[4]를 교환하여 힙을 구성한다.

| | [1] | [2] | [3] | [4] | [5] | [6] | [7] | [8] | [9] | [10] |
|---|---|---|---|---|---|---|---|---|---|---|
| 변경 전 | | | | 3 | | | | 40 | 12 | |
| A[8]로 이동 | | | | 40 | | | | *3 | 12 | |

A[3]이 루트노드인 부트리는 (A[3], A[6], A[7])로 구성된다. 이 트리의 변화는 다음과 같다.

| | [1] | [2] | [3] | [4] | [5] | [6] | [7] | [8] | [9] | [10] |
|---|---|---|---|---|---|---|---|---|---|---|
| 변경 전 | | | 35 | | | 52 | 8 | | | |
| A[6]으로 이동 | | | 52 | | | *35 | 8 | | | |

A[2]를 루트노드로 하는 부트리는 (A[2], A[4], A[5], A[8], A[9], A[10])으로 구성된다. 이 트리의 변화는 다음과 같다.

| | [1] | [2] | [3] | [4] | [5] | [6] | [7] | [8] | [9] | [10] |
|---|---|---|---|---|---|---|---|---|---|---|
| 변경 전 | | 7 | | 40 | 20 | | | 3 | 12 | 15 |
| A[4]로 이동 | | 40 | | *7 | 20 | | | 3 | 12 | 15 |
| A[9]로 이동 | | 40 | | 12 | 20 | | | 3 | *7 | 15 |

A[1]을 루트노드로 하는 부트리는 모든 노드를 포함하는 전체 트리이다. 이 트리의 변화는 다음과 같으며 이는 최종적으로 힙이 완성됨을 의미한다.

| | [1] | [2] | [3] | [4] | [5] | [6] | [7] | [8] | [9] | [10] |
|---|---|---|---|---|---|---|---|---|---|---|
| 변경 전 | 25 | 40 | 52 | 12 | 20 | 35 | 8 | 3 | 7 | 15 |
| A[3]으로 이동 | 52 | 40 | *25 | 12 | 20 | 35 | 8 | 3 | 7 | 15 |
| A[6]으로 이동 | 52 | 40 | 35 | 12 | 20 | *25 | 8 | 3 | 7 | 15 |

이 과정을 정리하면 $n$개의 원소로 이루어진 배열에서 자식노드를 하나라도 가지고 있는 원소인 A[$n/2$]에서 시작하여 A[$n/2-1$], A[$n/2-2$], … , A[1]까지의 노드를 중심으로 그 자식노드들에 대해 힙을 계속 재구성해가는 방식이다. 각 단계에 의해 힙이 완성되어 가는 과정을 그림 8.7에서 트리로 다시 나타내었다.

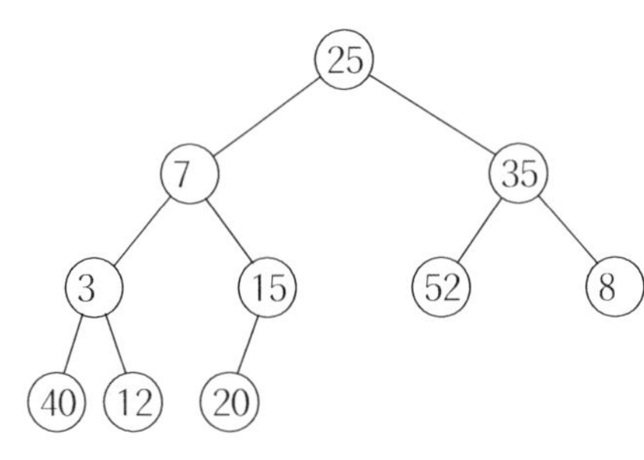

(a) 초기의 트리

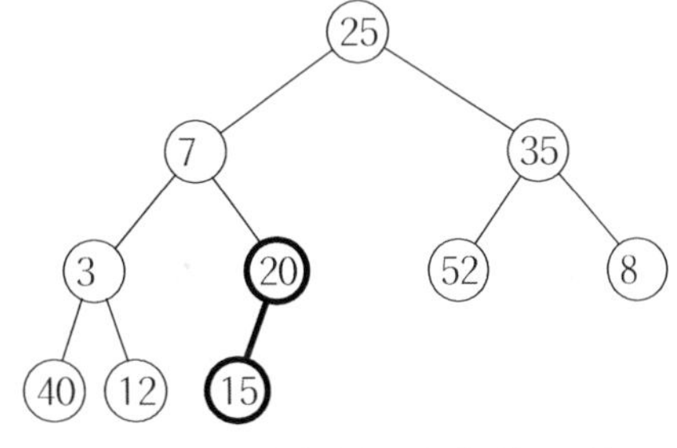

(b) 첫 번째 부트리의 힙 구성

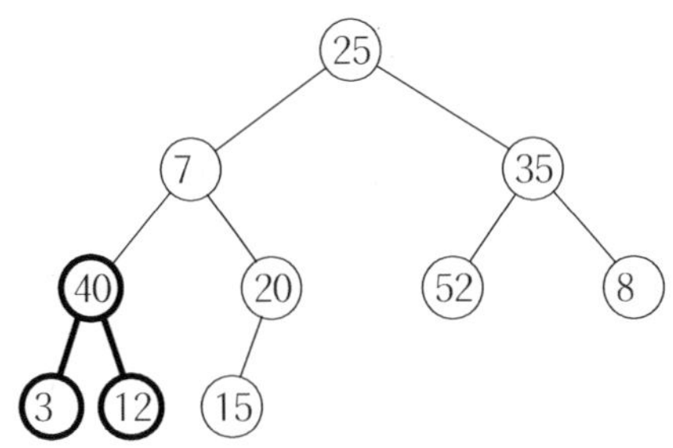

(c) 두 번째 부트리의 힙 구성

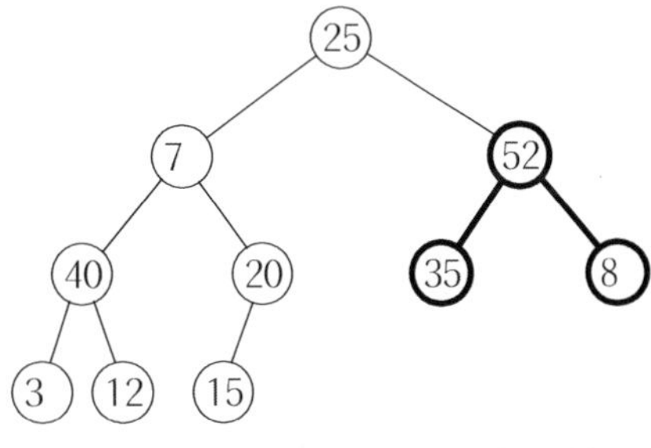

(d) 세 번째 부트리의 힙 구성

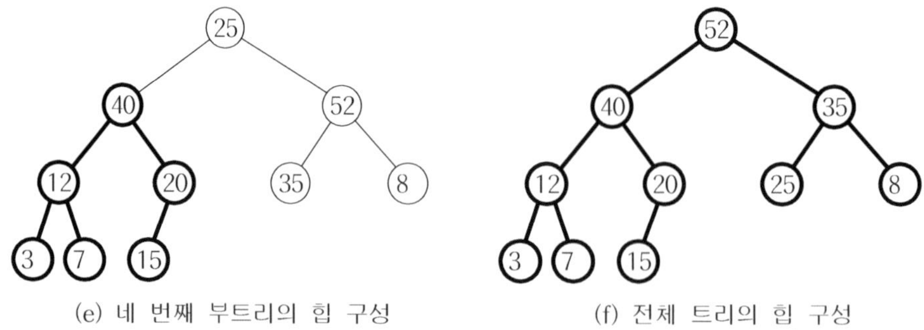


(e) 네 번째 부트리의 힙 구성

(f) 전체 트리의 힙 구성

[그림 8.7] 초기 힙의 완성 과정

힙 정렬에 필요한 작업 중에서 주어진 입력배열을 힙으로 구성하는 첫 번째 작업은 반복적으로 부트리를 힙으로 재구성함으로써 완성된다. 최대값을 제거한 뒤 남아있는 트리를 힙으로 재구성하는 두 번째 작업도 힙의 재구성을 필요로 한다. 비록 두 작업에서 다루는 트리의 범위는 서로 다르지만 특정 범위의 부트리에서 루트노드가 제자리를 찾아가는 방식은 동일하게 이용한다. 따라서 트리의 범위를 지정할 수 있도록 힙을 재구성하는 함수를 만든다면 이를 두 작업에서 공통적으로 사용할 수 있게 하는 것이 가능하다. 이를 바탕으로 힙의 재구성 알고리즘을 나타내면 다음과 같다.

**[알고리즘 8.2] 힙의 재구성**

```
void Heapify(dataType A[], int p, int q)
{
  dataType item;
  int j;

  item = A[p];
  j = 2*p;
  while (j <= q) {
    if ( (j<q) and (A[j]<A[j+1]) )
      j = j+1;
    if (item >= A[j])
```

```
            break;
        A[j/2] = A[j];
        j = j*2;
    }
    A[j/2] = item;
}
```

함수 Heapify는 배열 A, 정수 p와 q를 입력으로 받아들여 전체 트리에서 특정 부분의 부트리를 힙 구조로 재구성한다. 이 부트리의 범위는 p와 q에 의해 지정되며 전체 트리에서 A[p]와 A[q]사이의 노드들이 그 대상이 된다. 이 노드들 중에서도 A[p]를 루트노드로 하는 하위의 자식노드들만이 이 부트리에 속한 노드들이다.

함수 Heapify가 처리할 입력 부트리는 루트노드 A[p]만 제외하면 좌측과 우측의 모든 하위 노드들이 항상 힙 구조를 갖추고 있는 상태이다. 따라서 노드 A[p]의 값만 이 부트리에서 제자리를 찾아가게 하면 된다. 함수 Heapify의 내용은 이 과정만 처리한다.

Heapify에서 item의 값은 현재 부트리에서 루트노드의 값이다. j는 범위내의 마지막 노드인 A[q]를 벗어나기 전까지는 반복적으로 자식노드들의 위치(2j와 2j+1)를 가리키기 위해 사용된다. 만약 이 반복과정에서 item이 자식노드들(A[j]) 보다 크거나 같다면 반복문을 탈출한 후, 이들의 부모노드의 위치인 A[j/2]에 item을 지정하고 힙의 재구성을 완료한다.

이제 함수 Heapify를 이용하여 다음과 같이 힙 정렬 알고리즘을 완성하면 된다.

### [알고리즘 8.3] 힙 정렬

```
void Heapsort(dataType A[], int n)
{
    int i, mid;

    mid = n/2;
```

```
    for (i=mid; i>=1; i--)
        Heapify(A, i, n);
    for (i=n; i>=2; i--) {
        swap(A[1], A[i]);
        Heapify(A, 1, i-1);
    }
}
```

함수 Heapsort에서 입력 $n$은 배열 A에 있는 데이터의 개수이며, A는 아직은 힙 구조를 갖추지 않은 상태이다. 힙 정렬의 전체 알고리즘은 두 부분으로 구성된다. 첫 번째 for문의 역할은 배열 A의 전체 원소들을 대상으로 힙 구조로 만드는 것이다. 두 번째 for문에서는 이미 구성된 최대 힙에서 루트 노드를 제거한 후 나머지 노드들로 힙을 재구성하는 과정을 반복하여 배열 A의 원소를 하나씩 정렬해나간다.

첫 번째 for문에서는 순서에 무관하게 데이터가 들어있는 배열 A 전체를 힙으로 구성하기 위해 전체 트리의 오른쪽 하단의 부트리부터 시작해서 왼쪽 상단 방향으로 거슬러 올라가면서 부트리를 하나씩 힙으로 구성해 나간다. 예를 들어 A가 10개의 원소로 이루어진 배열이라면 첫 반복에서 A[5]~A[10]로 이루어진 부트리를 힙으로 구성한다. 계속된 반복에서 A[4]~A[10], A[3]~A[10], A[2]~A[10], A[1]~A[10]에 해당하는 부트리를 하나씩 힙으로 구성해나간다. 마지막 단계에서 A[1]~A[10]에 대한 힙 구성을 마치면 트리 전체가 힙 구조를 가진 형태가 된다.

두 번째 for문에서는 현재 힙의 최대값(루트노드)과 마지막 노드를 교환한다. 이는 현재 힙의 최대값을 추출하여 힙의 뒤에 놓음으로써 한 개의 원소를 정렬하는 효과를 가진다. 이 후에 새로운 루트노드가 추가된 상태에서 힙을 재구성한다. 이때 루트에서 제거되어 힙의 뒤에 놓인 원소는 이미 정렬된 상태이므로 이를 배제하기 위해서 힙의 크기는 하나씩 줄인다.

A가 10개의 원소로 이루어진 배열이라면 첫 반복에서 현재 힙의 최대값을 A[10]으로 이동시킨 후, A[1]~A[9]로 이루어진 부트리를 힙으로 재구성한다.

계속된 반복에서도 현재의 최대값을 힙의 뒤로 이동시킨 후 A[1]~A[8], A[1]~A[7], … , A[1]~A[2], A[1]~A[1]에 해당하는 부트리를 하나씩 힙으로 재구성해나간다. 이 과정에서 각 힙의 최대값은 A[10], A[9], … A[2]의 순서로 저장되어 최종적인 정렬을 마치게 된다.

이제 힙 정렬의 실행 시간을 살펴보자. 여기서 관심이 되는 기본연산은 함수 Heapify내에서 일어나는 데이터들의 비교 횟수이다. 먼저 Heapify함수에 들어오는 입력 배열의 전체크기가 n이므로 한 번에 처리해야할 부트리에 해당하는 노드의 개수는 많아도 $n$개를 초과할 수 없다. 그러므로 최악의 경우에는 $n$개의 노드로 이루어진 완전 이진 트리에서 마지막 하위레벨까지 비교를 진행했을 때 소요되는 횟수가 최대가 된다. 따라서 Heapify함수에서 비교식의 복잡도는 $O(\log n)$이다.

또한 함수 Heapsort에서 Heapify를 호출하는 횟수는 첫 번째 for문에서 $n/2$회, 두 번째 for문에서 $n-1$회 호출한다. 그러므로 Heapify의 총 호출 횟수는

$$\frac{3}{2}n-1$$

이 된다. 따라서 힙 정렬 전체 알고리즘의 복잡도는 최악의 경우 $O(n\log n)$이 된다.

1. 다음과 같은 두 정방 행렬이 있을 때 스트라센 알고리즘을 적용하여 처리하는 과정을 나타내시오.

$$A = \begin{bmatrix} 1 & 3 \\ 5 & 7 \end{bmatrix}, \quad B = \begin{bmatrix} 2 & 4 \\ 6 & 8 \end{bmatrix}$$

2. 초기 데이터가 다음과 같을 때 이들을 힙으로 구성하는 과정을 단계별로 나타내시오.

   60 100 52 14 82 23 34 79 99

3. 문제 2의 결과인 힙을 대상으로 힙 정렬을 수행하는 과정을 단계별로 상세히 나타내시오.

4. 데이터를 내림차순으로 정렬할 수 있도록 본문의 힙 정렬 알고리즘을 수정하시오.

# 참고문헌


Aho, Hopcroft, and Ullman, The Design and Analysis of Computer Algorithms, Addison Wesley, 1974

Aho, Hopcroft, and Ullman, Data Structures and Algorithms, Addison Wesley, 1983

Baase and Gelder, Computer Algorithms Introduction to Design and Analysis, Addison Wesley, 2000

Brassard and Bratley, Algorithmics Theory and Practice, Prentice Hall, 1988

Cormen, Leiserson, and Rivest, Introduction to Algorithms, McGraw-Hill Book Company, 1992

Horowitz, Sahni, and Rajasekaran, Computer Algorithms/C++, W.H.Freeman and Company, 1997

Neapolitan and Naimipour, Foundations of Algorithms using C++ Pseudocode, Jones and Bartlett Publishers, 1998

Sedgewick, Algorithms in C, Addison Wesley, 1990

도경구 역, 알고리즘, 사이텍미디어, 2004

박정호 저, 컴퓨터 알고리즘, 상조사, 1996

민용식 오삼권 공역, C++ 알고리즘, 대영사, 1997

이재규 저, C로 배우는 알고리즘, 세화 도서출판, 1994

이석호 채진석 공저, 알고리즘과 C++, 정익사, 2005

장직현 역, 컴퓨터 알고리즘/C++, 사이텍미디어, 2000

전문석 편저, 컴퓨터 알고리즘, 홍릉과학출판사, 1992

정인정 저, 알고리즘, 홍릉과학출판사, 1999

조유근 홍영식 이지수 김명 공저, 알고리즘, 이한출판사, 2000

황종선 정영식 공저, C언어로 설명한 알고리즘, 정익사, 1994

# 알고리즘의 이해


| | |
|---|---|
| 지 은 이 | 박지연 |
| 펴 낸 이 | 김형근 |
| 펴 낸 곳 | 도서출판 기한재 |
| 주 소 | 경기도 파주시 회동길 56<br>(파주출판도시) |
| 전 화 | 031)955-0900~2 |
| 팩 스 | 031)955-0100 |
| 등 록 | 1990년 3월 15일 제2-968호 |
| 발 행 | 2017년 8월 30일 1판 4쇄 |
| 정 가 | 17,000원 |




Published by Kihanjae Co.

ISBN 978-89-7018-430-2

http://www.kihanjae.com

E-mail : kihanjae@hanmail.net